75°
60°
45°
30°
15°N
0°
15°S
30°
45°
60°
75°
30°
15°W
0°
15°E
30°
45°
60°
75°
90°
105°
120°
135°
シャンブレー
(フランス 3)
アルマトイ
(カザフスタン 6)
能登半島(日本 12)
下エジプト、デルタ地帯(2)
エジプト・
シナイ半島(2)
東京(日本 6)
エジプト首都カイロ(2)
グジャラート州
カッチ県(インド 11)
福建省福州
長楽(中国 4)
沖縄(日本 4
上エジプト、ナイル河岸キフト村(2)
ゴア
(インド 3)
スーダン東部、紅海沿岸(2)
サウディ・
アラビア西南部
アシール山地(2)
チェンマイ県
(タイ 5)
ガーナ共和国(9)
チェンナイ
(インド 3)
パラオ(10
ゴンマ(エチオピア 8)
マロ(エチオピア 7)
ペンバ島(タンザニア 4)
バガモヨ
(タンザニア 4)
ザンジバル島(タンザニア 4)

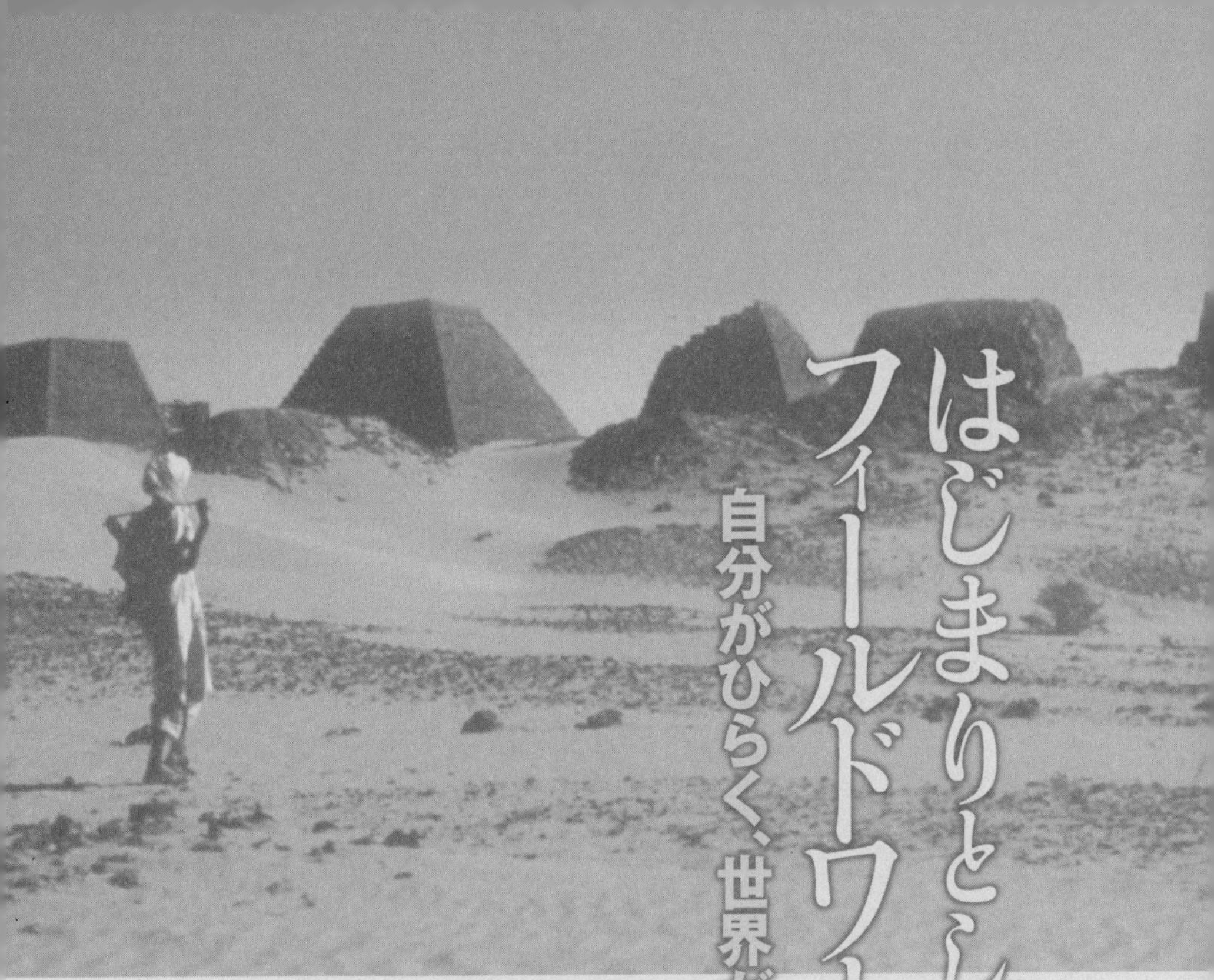

はじまりとしてのフィールドワーク

自分がひらく、世界がかわる

李仁子／金谷美和／佐藤知久 編
Lee Inja　Kanetani Miwa　Sato Tomohisa

昭和堂

はじまりとしてのフィールドワーク
――自分がひらく、世界がかわる

目次

第12章　調査の終わりとハードボイルド・ライティングカルチャー　　川村清志　281

◎コラム

序章

文化人類学の新たなはじまりに向けて

佐藤知久・金谷美和・李　仁子

❋われわれについて。そしてなぜ新たに本を出そうと思うのか？

一九九〇年代の大学院生からみた現在

まずはじめに、私たちが誰であり、なぜこの本を出版しようと思ったかについて述べたい。

本書の著者たちはすべて、京都大学大学院人間・環境学研究科の文化人類学講座でかつて学んだ大学院生だった。編者の三人は一九九三年に開講したこの講座の一期生でもある。この時期に文化人類学（以下、人類学）の大学院に進学（「入院」ともいう）した者たちにとって、人類学はワクワク・ドキドキするような、とても魅力的な学問だった。[*1] 当時、京大の文系学部には人類学を専門で学べる学科がなかったこともあり、学部では異なる専門分野を学びつつ「人類学をやりたい」と思っていたわれわれにとって、専門の大学院ができたことは大きな喜びだった。

＊1
一九六〇年代末から八〇年代にかけては、日本における人類学の黄金時代といってよい。中根千枝『タテ社会の人間関係』や梅棹忠夫『文明の生態史観』（ともに一九六七）、レヴィ＝ストロースの『構造人類学』（一九七二）『野生の思考』（一九七六）、山口昌男の『文化の両義性』（一九七五）『文化の詩学』（一九八三）、雑誌『現代思想』での「特集＝人類学の最前線」（一九八二）、中沢新一『チベットのモーツァルト』（一九八三）などが出版され、論壇でも数

ところが現在。かつての大学院生たる私たちが人類学を教える立場になってみると、風景は一変してしまっている。人類学はもはや多くの学生をひきつける学問ではなくなってしまったようだ。大学院で苦労して勉強しても将来の就職では苦労しそうだとか、「海外」へ行くことが容易になりエキゾティックな異文化の世界を伝えることが人類学者の専売特許ではなくなったといった外的理由もあるだろう。一九八〇年代半ばから九〇年代にかけて人類学の理論と方法について反省と内省とがおこなわれ、それまでの人類学のあり方に人類学者たち自身が根本的な疑問をなげかけたという人類学内部の理由もある。*2 しかしそれらさまざまな理由に基づく「人類学の低迷」をめぐる状況をふまえた上でなお私たちは、今でも人類学の魅力を存分に感じているのだ。

人類学の面白さに気づいていない人たち――とりわけ学生やこれから院へ「入院」しようかと思っている人たち――に、人類学の魅力を伝えたい。もちろん単に「愉快です！」という意味でのオモシロサではないことも含めてだ。私たちは、かつて人類学がその魅力をふりまいていた時代の雰囲気を知っている。その後の低落の時代に大学院生の時期をすごし、就職難に直面しながらも、なんとかサバイブして*3 今も人類学を続けている。そういう私たちなら人類学について何か面白い本がつくれるのではないか。そう考えたのだ。

フィールドワーク、あるいは人類学というブラックボックス

このような動機をふまえた上で、まずは現在のフィールドワーク、あるいは人類学をめぐる状況についての意見を述べよう。

人類学の研究手法であるフィールドワークについては、もはや語り尽くされた感もある。フィールドワークの教科書は少なく見積もっても二〇冊以上ある。フィールドワークの方法論はマニュアル化され技法として整理されている。細かな指南書はもう充分にあるのだ。

多くの人類学関連文献がとりあげられていた。同時期に弘文堂は『現代文化人類学』（一九七八）につづくまとまった教科書として『現代社会人類学』（一九八九）を、さらに人類学的事典としては現在でも最大規模の『文化人類学事典』（一九八七）を出版している。弘文堂の「人類学ゼミナール」シリーズと紀伊國屋書店の「文化人類学叢書」シリーズ（それぞれ一九七七・一九七九年に刊行開始）を中心に、外国語文献の翻訳紹介も八〇・九〇年代には積極的におこなわれた。

＊2
本書第一・三・一二章を参照。

＊3
ただし今後もサバイブし続けられるかどうか、それはまた別問題である。

にもかかわらず、私たちはフィールドワークがきちんと教えられていないという感触をもっている。それはなぜか?

ひとことで言えばそれは、教科書の多くがフィールドワークという方法についての「メタ」議論ばかりだからだ。[*4] そこではフィールドワークがどんなものであるべきかが論じられるが、実際のフィールドワークがどんなものであるのかは詳しく述べられない。一年以上の長期にわたって特定のフィールドに滞在し、現地の人びとと同じものを食べ、飲み、慣習に従い、現地のことばを用いて精力的にデータを収集し、倫理的な問題にもきちんと目配りしつつ、集めた膨大な質的データを民族誌にまとめるスーパーマン／スーパーウーマン。フィールドワーカーはそう理想化される。だが調査がそんなふうにうまくいかないこと、フィールドワーカーが鉄人でも超人でもなくタダの人であることは、まじめにフィールドワークをすればすぐにわかることである。

フィールドワークの具体的経験を語る文献がないわけではない。だがそこでも、フィールドワークの途中にある失敗や迷いは、フィールドワークの成功という主題の枠内で語られ、そこにおさまってしまう。結果として、書かれた論文や著書の背後にあるもの、水面下でバタバタしている足、調査地での失敗やトラブルといったフィールドワークの実情自体が問題にされることはほとんどない。こうしてフィールドワークの実際はブラックボックス化される。フィールドワークが人類学の生産現場である以上、それは人類学の生産現場自体がブラックボックス化されているのとほぼ同じことだ。

人類学教育における二重の学習回路

実をいえば私たちも、正規の教育システムの内部できちんとフィールドワークを教えられたことがない。基本的には「行けばわかる。とにかく行ってこい」というのが当時の京大での教育だった。

＊4 もちろん例外は存在する。たとえば、学部生のフィールドワーク体験における成功と失敗を具体例満載で論じた菅原和孝編『フィールドワークへの挑戦』（二〇〇六）や、地域研究・地域発展論・資源（環境）政策論・国際協力の分野で活躍する若き大学院生や社会人たちが執筆した井上真編『躍動するフィールドワーク』（二〇〇六）は、その最たるものである（他に須藤（一九九六）、山田（一九九六）など）。とくに『躍動するフィールドワーク』は「現場での悩み」や「普通ならばあまり言えないこと」を「あえて吐露」した（同書一三）ものであり、本書に近い意図で編集されている。しかし後述するように、そうした具体例が、これまでの人類学をめぐる反省的議論や、人類学的な思考そのものにどのようにつながっていくのか、どういった理論的課題と接合していくのかという連結線は、それほど明確に示されているとはいえないだろう。

フィールドに行く前と後の指導はみっちりあるが、フィールドワークそのものについての指導はお世辞にもシステマティックなものだったとはいえないものだった。九〇年代初頭から活発化した、マニュアル的なフィールドワーク教科書のスタンスとは対照的である。現状よりもさらにブラックボックス化されていた、といってもいい。

だがその一方で、フィールドでの体験や経験談、そこでの失敗や迷いは、先達から後輩たちに、あるいは同じレベルにある者同士のあいだで、インフォーマルに語られてもいた。ゼミ発表や研究会の後の飲み会で、論文に出てこないエピソード、感情や思いを何度も聞いた。「授業・ゼミ」と「飲み会」、「発表されるもの・書かれるもの」と「ぐだぐだしたおしゃべり」、「教室」と「下宿」といった、フォーマルな場とインフォーマルな場の二項対立的かつ相互補完的な慣習の組みあわせである。

こうした慣習が学部教育に始まり、近衛ロンド[*5]のような研究会から大学院ゼミに至るまでの諸段階で機能することによって、フィールドワークの初学者からエキスパートにいたるさまざまな段階における「ピア的相互扶助」関係を通じた学習がおこなわれていた[*6]。もちろんそこに問題がないとは言わない。だが確認したいのは、少なくともかつて私たちが受けた人類学・フィールドワーク教育が、こうした二重の学習回路を通じたものとしてあったということである。

もちろん現在でも一人一人の人類学者は、さまざまな場面で自らの感情について語るだろう。だが総体としての現状をみれば、フィールドワークの知を透明な技法へと還元していく作業が継続する一方で、フィールドワークの水面下にある実践についてのインフォーマルな知を語る場が組織的・制度的に減少・消滅していくという傾向がみられることはおそらく事実だ。こうした傾向は必ずしも人類学に限ったことではない。だがここでは、インフォーマルな知を語る行為が、人類学者にとっての最も重要な通過ポイントである「フィールドワーク」という実践にダイレクトにかかわっていたことが重要である。そこに人類学の「低落」原因の一つがあるというのは、言いすぎだろうか。

＊5
梅棹忠夫・米山俊直・佐々木高明らを中心に一九六四年に始まり、一九九五年まで継続した人類学の研究会。正式名称は「京都大学人類学研究会」。会員の会費で成り立つ独立した組織で、会員には研究者や学生だけでなくふつうの市民も含まれていた。毎週水曜日の夕方に研究会が持たれた（その回数は千回を数える）。雑誌『季刊人類学』（一九七〇―一九八九）の発行母体でもあった。梅棹（一九七〇）を参照。

＊6
人類学的研究の文脈では、こうした関係は「学習共同体」とか「実践共同体」と呼ばれる。レイヴとウェンガー『状況に埋め込まれた学習――正統的周辺参加』（一九九三）を参照。さまざまな大学の様子を聞いた上で印象を述べれば、近年こうしたインフォーマルな学習関係、すなわち院生同士の飲み会や、先輩・後輩ごちゃまぜになったぐだぐ

フィールドと論文の間にあるもの

フィールドワークの実情について語ることは、フィールドワークをいかに教育するかだけでなく、人類学の学問としてのあり方にも関係する。なぜなら人類学的な思考なるものは、フィールドにおけるさまざまに複雑で混乱した状況における経験と、論文に書かれる整理され精密に分析された議論とのあいだにこそ生まれると私たちは考えるからだ。[*7] 人類学的思考のセンスとでも呼ぶべき感覚は、フィールドワークの結果として練りあげられた認識だけでなく、むしろそうした認識に至るフィールドワーカーの軌跡によってこそ鍛えられるのである。

とらえどころのないフィールドの「現実」と、何かをとらえた結果として書かれる「論文」とのあいだにあるものとは何か。たとえば人類学者は、フィールドに入る前にフィールドについての先行研究や民族誌を読み、問題を設定し仮説を構築する。フィールドに入るといろんなことがあって、問題設定や自分の先入観が覆される。こうして新たな問題設定が調査と同時並行してなされ、仮説や調査項目を修正する。フィールドワークではこうした経験が生じる。だからこそフィールドワークは（単なる仮説検証型調査とは違って）すばらしい。そう語られる。

実際、こうした経験をしたフィールドワーカーは多いと思う。しかしここで考えたいのは、「私の先入観が修正されました」という経験がどれだけ深く――あるいは厚く――語られてきたか、ということだ。[*8] 先入観が変わるという経験それ自体がきわめて人類学的なテーマであるにもかかわらず、論文ではそれがなぜかさらっと語られていないだろうか。自分の想定範囲外の経験にぶちあたったとき、人はおおいに感情的に反発し、思い悩み、紆余曲折するはずである。先入観はどのように壊れていき、そこからどのように認識が再生してくるのか。「現実」と「論文」のあいだにあるこうしたプロセスは、業績生産の風潮の中、今やほとんど語られることがない。

だしたおしゃべりは激減している。

＊7　たとえばレヴィ＝ストロースの最高傑作は何かと言われれば、それは論文でもエッセイでもないようなあの著作、『悲しき熱帯』（一九七七）ではないだろうか。

＊8　本書第三部参照。

フィールドワーカーが人類学者になるとき

だが私たちは、こうした感情的逡巡の時期にこそ人類学的な思考のセンスが芽生え育まれるのだと考えている。そしてその時期においてこそ、フィールドワーカーは人類学者に「なる」のだ。フィールドワークが人類学者にとっての通過儀礼であるというのは、複雑すぎる現実を前にそれを認識へと至らしめるためのプロセスにおいて、どれだけ認識が崩れ・再生し、そのためにどれだけ熟考したかという意味においてである。けっして単なる期間の長さやシンドサによってではない。[*9] こうしたプロセスを経る時点・地点のどこかで、フィールドワーカーは「人類学者」[*10] になる。人類学的知識について座学で学んだだけでは「人類学者」になりえない。人類学的思考のエッセンスは、人類学的な知識や認識だけにではなく、その認識が生まれるプロセスにこそある。それこそが人類学的な思考の魅力なのだ。前述した二重の学習回路とは、こうした人類学的思考のプロセスを伝えるための慣習だったといっていいだろう。

✳本書の目的と意図

人類学的思考のプロセスを伝える「教科書」

以上の考えをもとに本書は、現在のフィールドワーク教育に不足している回路、つまり〈論文に書かれないフィールドでの経験を伝える回路〉たりうる教科書として執筆・編集された。とりわけ本格的に人類学を学ぼうとする初学者・大学生や、これからフィールドワークをおこなう・あるいはおこなっている学生・院生を念頭において本書は書かれている。

＊9 本書第一二章参照。またこうしたプロセスを論じた劇的な民族誌として、レナート・ロサルドの『文化と真実』（一九九八）を参照。

＊10 ここで「人類学者」と括弧くくったのは、本書のいう「人類学者になる」ということばを、職業的な人類学研究者のみに限定したくないからである。人類学的思考は今後、複雑な現実に直面する具体的な社会状況の中でますます必要とされる。本書に必ずしも人類学研究者ではない元大学院生たちのコラムがおさめられているのは、それゆえである。

＊11 代表的な例外はもちろん『マリノフスキー日記』（マリノフスキー一九八七）だ。ただし著者の意図で出版されたものではないが。

本書で私たちが伝えたいと思うのは、これまでに述べてきたような人類学的思考のプロセスである。フィールドワーカーが、フィールドで起きることがらや人びととどのように向きあい、何にワクワクし、何にガラガラと思い込みを崩され、何に悶々とし、どのように逡巡の時期を脱し、何を認識としてつかまえていくのか。失敗談も含めて、フィールドワークのはじまりから終わりに至るまでのプロセスについて伝えること。それが本書の目的である。

失敗、あるいは経験と認識のプロセスについて語る

「プロセス」について伝えるために、本書にはフィールドワーカーのさまざまな迷いやエピソード、私的な感情、調査の失敗をあえて含めるようにした。こうしたプロセスはこれまで、論文のなかにはあまり書かれなかったものである[*11]。本書で私たちは「論文」というスタイルにこだわらずに、私たちがおこなったフィールドワークについて、私たち自身が経験してきた具体的な状況に即して語ることにした。ただし、フィールドでの経験を羅列した単純な経験談を語ることを目指したのではない。本書の意図は、フィールドでの経験・感情・出来事と、人類学的思考が生まれ・生成されてくるプロセスをつなげ、その両方を示すことにある。私たちが大学院生だったときに行った長期的なフィールドワークにおいて、私たちがどのように悩み、どのような人類学的認識へとその経験を昇華させたのか。そのつらなりについて率直に書くことを意図したのである[*12]。

ポジションの生成を示す

それゆえ本書には、調査の最中・終了後にすら揺れ動く、フィールドワーカーたちの姿が描かれている。ただしこれが、自分の立っている立場や自分が何者であるかという意識を明確にしつつ書くこと、「自分の立場《ポジション》を明確にする」[*13]こととは微妙にずれていることも指摘しておきたい。本文（と

＊12
この点で本書の著者たちがみな同じ講座を卒業した元院生たちであり、また編集も同じ元院生が担当するというのは、大きな要素だった。互いの素性を知っているという信頼関係があるからこそ「こんなことを書いてもいいんだろうか」という壁を少しずつ崩すことが、またフィールドワークを実践するプロセスという人類学者にとってのいわば「企業秘密」を一定程度まで明らかにすることができたからである。

＊13
太田好信は日本の人類学に対して、欧米の人類学に代表される「中央」の理論体系内部に自己を位置づけつつ、日本で人類学をおこなっているという自己の「発話のポジションを確認」する必要があるとかつて主張した（太田一九九八：二四四ー五）。

りわけ第二・三部）に明らかなように、人類学者の「立場」はフィールドワークの渦中において動揺し、またそのなかにおいてこそ生成してくるものだからだ。フィールドワーク以前の考え方やアイデンティティは、フィールドワークをすることによって変容していく。その変化のプロセスは、調査が終わったあとにすら継続し、調査者の人格を変化させ続けていくだろう。調査を終えた著者が何者として語るかではなく、フィールドワークを通じて著者が何者へと変容していったのか、その変化の可能性にこそ、「他者」や「自分を含む集団」とともに為されるフィールドワークの可能性がある。本書で私たちが論文調ではない文体を目指したのは、著者自身の立場が変容していく様子、個別的なエピソードと学問的知見の双方を書きうるような文体を必要としたからでもある。

もちろん私たちは、本書に書かれたようなフィールドワークや人類学だけが現在のフィールドワーク・人類学であるべきだとは思っていない。ただ、八〇年代以降批判されてきたフィールドワークと人類学のあり方についての議論をそろそろいったん「終わり」にし、では何ができるのかを「はじめて」いきたいと思う。それがどのような「はじまり」なのか、本書の中にその予兆を感じていただければ、これほど楽しいことはない。

✻本書の構成について

全体的構成およびコラムについて

本書全体は、どのようにフィールドを選択しフィールドワークを「はじめる」かという段階（第一部・第二部）、フィールドワーク中に思い悩む迷いの段階（第三部）、そしてフィールドワークを終え調査地を去った後（第四部）に至るまでの、各時点・地点に沿って構成されている。

また各部のあいだには、大学院で人類学を学んだあとさまざまな仕事についた元院生たちのコラムがおさめられている。かれらの職業は、家庭裁判所調査官・教師・システムコンサルタント・リスク管理支援・新聞記者・博物館学芸員・大学教員とさまざまであるが、そこにはフィールドワークを通じて培った人類学的知識やセンスが、実際の仕事現場や家庭でどのように生かされているのかが記されている。人類学とフィールドワークがいかに「現場」につながるかを示すこれらのコラムも、本書の特徴のひとつである。

最近では「文化人類学」といってもイメージがわかない人も多く、人類学を学ぶことが何の役に立つのか、説明を求められることが多い。人類学が単なる「異文化研究・地域研究」の枠におさまらない可能性をもち、フィールドワーク教育が実際の職業と密接につながる様子が、これらのコラムでは具体的に示されている。人類学が仕事の現場で確実に役立つ実践的な有用性をもつことを示すこうした具体例を、読者のみなさんの参考にしていただきたい。

では以下順に、本書各部の概略を述べていこう。

第一部「人類学をはじめる——他者を知る」

第一部には、フィールドワーカーがどのようにフィールドやフィールドワークへと接近し、人類学的なフィールドワークの「対象《フィールド》」を選ぶに至るのかについての文章がおさめられている。とくにここでは「外」への関心、すなわち自分が知らない「他者」についての関心がどのように育まれ、フィールドワークへと旅立つのか、そこに至る試行錯誤のプロセスが示される。

第一章（佐藤）・第三章（岩谷）で書かれるのは、フィールドワーカーがいわば外から勝手に人びとを「対象」として選びとり、ある生を生きる人びとを「フィールド」とするというプロセスについてである。第二章（縄田）では海外学術調査でいきなり「他者」と出会った著者が、その他者たちについて理解するために「文化人類学」という学問を学び、「フィールドワーク」を通じてかれらとの関係を結んでいくプロセスが描かれる。

異文化に生きる他者たちがもはや一方的に書かれる存在ではないことは、日本に暮らす人びとが人類学者によって書かれる対象でもあることからも明らかだ。それゆえ人びとを「フィールドワークの対象」として選ぶという作業は、多分に問題を含みこむものである。にもかかわらずフィールドワークをおこないたいと思うのは何故か、そのときフィールドワーカーはどのような考えをもってその行為をはじめていったのか。第一部で描かれるのはこうしたことがらである。

この問いに直接答えることはここでの目的ではないが、少なくとも三者に共通するのは、「自分が抱える問題」とどこかで通底している問題について考えるために、フィールドワークへ向かうということだろう。それは一方的に「他者を知る」という行為ではない。むしろ現代のフィールドワークは、現代を生きる〈私〉の位置を、同じように現代を生きる〈かれら〉との比較を通じて考察することにつながっていることを、これらの文章は示している。[*14]

第二部「人類学をはじめる――自分を含む集団を知る」

同じようにフィールドワーカーが人類学をはじめるプロセスについて書いていながら、第一部とは対照的に第二部では、自分を含むあるいは自分に近い人びと――「自分を含む集団」[*15]――を研究の対象として選んだフィールドワーカーの考察がおさめられている。第四章（城田）では沖縄からハワイへ移住した自分の親戚が、第五章（王）では北タイ雲南系華人が、第六章（李）ではロシアや日本に移住したコリアンが、彼女たちのフィールドである。

彼女たちのフィールドワークは「当事者研究」に含まれるかもしれない。だがそれらはどれも「当事者だからよくわかった」とか「当事者から見れば○○人はこうなのだ」といった結論には至って

＊14　クリフォードはフィールドワークについて論じた文章のなかで、フィールドワークが「自分自身について」と同時に、訪問先の人びとや場所について、何か新しいことを学ぶ良い方法」であるとする「ありふれた真実」への注意をうながしている（クリフォード二〇〇二：一一三）。

＊15　鶴見（一九五二）を参照。

いない。その理由のひとつは、彼女たちが、移住していった元同胞たちをその移住先でフィールドワークするという困難な局面において思考しているからである。

自分自身にも重なってくる「移民」という経験を異なる移住先において見ることによって、彼女たちは自分自身の内部にある他者性——自分自身をマイノリティとして見る視線——に思い悩みもする。複雑で時に切実な状況のなか、しかしながら彼女たちのフィールドワークはどこか明るい展望へとつながっていく。それは「二四時間〇〇人として生きる」ことを突き抜けるような生、あるいはマイナーなものをマイナーなものとして見る視線からの解放と呼びうるものなのだが、重要なのはそうした認識が、彼女たち自身の経験として生きられているということだ。それは「アイデンティティの再獲得」といったものとも微妙に異なる経験、自分の身体にからまっていたものがぽろぽろと落ちていくような、そういった解放感をともなう経験である。フィールドワークのプロセスにおいて彼女たち自身が生きた具体的な経験からつむがれた思考が、ここには書かれている。

「他者」についてであれ「自分を含む集団」についてであれ、第一部・第二部の著者たちはフィールドワークを通じて、自分自身の姿が逆に照射されてくるような経験を求め、あるいは実際に経験している。外から見るからこそその集団のことがよくわかる（これまでの他者研究）とか、自分自身のことだから他者が研究するよりよくわかる（いわゆる当事者研究）というのでもない。さまざまな意味で異なる特異点を生きる人びとについてフィールドワークすることによって、自己像と他者像の双方が変容していく。その相互変容のなかで新たな認識が生まれる。そんな人類学の可能性が、ここには示されていないだろうか。

第三部「フィールドワーク中に——おおいに悩む」

調査がうまくいかない。迷った。生理的に理解できない。どう考えたらいいのかさっぱりわからない問題にぶつかった——第三部には、フィールドワークの最中に思ってもいなかった課題に直面し、調査中におおいに悩んだ経験に関する文章がおさめられている。研究対象とのつながりがすでにあるフィールドワークが第二部であったとすれば、これは対象と自分とのつながりの断絶に直面したフィールドワーカーが、そこに何とかして橋をかけようとする話である。

第七章（藤本）では、フィールドに暮らす人びとに集団としてのとらえどころが無く、自分が調査している人たちが誰なのかが分からないままに調査を進めるという状況が語られる。人類学の常識では、フィールドとは「〇〇人が住む地」であった。この前提が脱臼し、「〇〇民族」というエスニックグループの境界がそもそも不分明であるという状況で、フィールドワーカーがいかに格闘したか。その様子が語られる。

第八章（松村）は、「わたしのもの」が「わたしのもの」ではないという、われわれの社会ではありえない状況に直面した著者の話である。些細だが愕然とする具体的な経験、生理的なレベルでの感覚のズレを、著者がどのように認識へとつなげていこうとしたのか。その経過が語られる。

第九章（石井）では、精霊や小人といった「超自然的な存在」とともに暮らしている人びとに直面するという、異文化理解における根源的な課題に、著者がどう取り組んでいったのかが描かれる。

第三部ではこのように、フィールドワーカーが予想外の複雑な現実を前にしながらも、それを人類学的な認識へと至らしめるプロセスが語られる。長年におよぶフィールドワークの果てに著者たちは、フィールドの人たちを「異なるシステムや信念のもとに暮らす人びと」[*16]として描くのとは異なる認識へと至っている。石井にいたっては、実際に彼女自身が小人を見るという「現実的なる経験」について、著者がどのような思考をつむいでいったのかが語られるのである。

石井のいうようにフィールドワーカーの身体は、「フィールドの現実」と「われわれの概念や知覚」のズレを感受する霊媒＝媒体的な存在である。かれらの身体はフィールドで暮らすという経験

＊16　こうした根底的な感覚のズレについて人類学では、フィールドワークの結果を「所有観」や「宗教観」へと整理したり、「かれらはそう信じている」というレトリックで済ますのが常だった。このようなレトリック、とりわけ「信念」という概念に関しては、グッド（二〇〇一）第一章「医療人類学と信念の問題」を参照。

によって、両者の境界に置かれる。そのズレを認識へ昇華させた結果が「人類学的な知識」なのだが、それが結果にしか過ぎないこと、むしろとりだされた知識が生成する過程にこそ豊かな水脈が流れていることをこれらの文章は示している。その過程にこそ、別の現実感覚を単に並置することでわれわれの現実感覚を批判するという通常の比較とは異なる、人類学的思考の可能性があるのではないだろうか。

第四部「フィールドワークの〈終わり〉に――他者と通いあう」

最後に第四部で語られるのは、調査が終わりフィールドを去った後のフィールドワーカーについてである。

第一〇章（三田）では、沖縄とパラオという二つのフィールドでフィールドワークをしながらも、フィールドと日本との政治的関係を直接論じえていないという思いにとらわれていた著者が、フィールドワーク終了後にパラオ国立博物館の展示制作に加わったことによって一つの突破口を開くまでの経過が語られる。著者は他の人びとと協力しながら「日本統治時代」セクションの制作を担当することになったのだ。

第一一章（金谷）では、フィールドワークを終え帰国した後にフィールドで災害が発生し、その後の災害復興にまずは一市民として、次にフィールドワーカーとして著者が関わるに至った経緯が語られる。そこで述べられるのは、著者がフィールドの震災を「一緒に被災した」という感覚である。

フィールドから自分の国や家《ホーム》に帰ってきたとき、たいていのフィールドワーカーは慣れ親しんだはずのホームに違和感を覚える。フィールドワーカーの身体には、さまざまな思いやズレの感覚（たとえば嗅覚のズレ）が残り続ける。それは身体的・生理的なものであり、言語化しにくい感覚である。

そのときフィールドは世界の中の「ある場所」の一つではもはやない。それは「今ここ」ではないかもしれないが「過去の彼処」でもないような、フィールドワーカーの身体に埋め込まれた一部となっているのである。

三田にせよ金谷にせよ、フィールドワークが終わったとしても、フィールドの人びととの関係は終わっていない。それはフィールドワークの経験が、単に遠くの異文化で一定の時間を過ごすというだけでなく、フィールドワーカーの人格にまで影響を与えるような身体的経験でもあることを示している。

最終章である第一二章（川村）では、フィールドワークがフィールドワーカーの日常生活の一部と化すほど親密なものとなりながら、同時にその経験について人類学的な論文を生産するという生活をも生きねばならないことの、矛盾と困難が語られる。

第一二章の文体については、野暮だが解説が必要だろう。タイトルにあるようにこの文章の構造は、村上春樹の小説『世界の終りとハードボイルド・ワンダーランド』*17の構造を参照している。

ここでは、フィールド（石川県）での川村の様子が「調査の終わり」に、論文を執筆する主体である川村の様子が「ハードボイルド・ライティング・カルチャー」（「ハードな局面において文化を記述することを求められる世界」といった意味に読める）に描かれる。前者は「僕」の、後者は「私」の世界である。前者に描かれるのは、フィールドで細やかな人間関係・労働・祭りのなかに生きている「僕」の世界である。後者に描かれるのは、文化人類学という学問的世界のハードな現実*18、そこで論文を書き「人類学者」へと主体化されていく（あるいはそれへの違和感を語り続ける）「私」の、ここまで本音を晒してしまっていいのかと思うほど赤裸々な世界である。

ここには「理論を応酬する場所とフィールドとが隔絶している現実」（本書二八五頁）、フィールドを生きている自分と、フィールドでの経験を客体化し論文へと成形せねばならない自分という、

*17　『世界の終りとハードボイルド・ワンダーランド』は、近未来の日本と思われる現実的世界《ハードボイルドワンダーランド》に生きる職業人の「私」と、外部から隔絶された何処とも不明な「街」《世界の終り》の図書館で夢を読むことを仕事とするファンタジックな「僕」の物語が、交互に語られる小説である。「世界の終り」は静かな世界であり、「ハードボイルド・ワンダーランド」は暴力的な世界だ。小説の中では最後に二つの世界が交錯し、「僕」がかつての「私」であったことが示される。

*18　批判のやりだまにあげられるのは、日本の人類学における調査論および調査手法教育の欠落、欧米理論への寄生、資料批判の不在といったことがらだ。調査論の不在は、本格的なフィールドワーク論が日本では社会学者によって最初に書かれた（佐藤　一九九二）ことに象徴される。

人類学者の生きている二つの立場のズレが鮮明に書かれている。そしてそのズレに無自覚だった日本の人類学者たちに対する憤りも、十分に。

しかしここで川村が露出狂的にさまざまな思いをぶちまけているわけではけっしてないことは、本章を注意深く読むなら明らかだ。むしろ川村が切実なまでに望んでいるのは、フィールドの経験を土台に精練され、それによってフィールドでの経験を精密に捉えうるようなことば・概念・理論である。フィールドワークの内実を誠実に議論しあい、そこから新たな理論を立ち上げうるような空間である。そして、そうしたフィールドワークと思考とを可能にするような教育研究のための空間なのである。*19

著者である私たちが受けた教育回路と、川村の文章がともに二重の構造をもっていることは偶然の一致ではない。フィールドの経験をめぐるインフォーマルな経験や感情と、それを論じるフォーマルな論文や理論の空間との間には、これまでにもそして現在においても、溝が横たわり続けているのだ。

*19 大学院生時代に川村は、フィールドワークを終えた博士課程の院生をさまざまな大学から集めて、自宅で独自に勉強会を組織していた。

✳人類学的思考の新たな生成とはじまりへ向けて

本書の最後を飾る川村の文章が何の代替案も示さないまま、彼の文章の冒頭に戻る「晴れた日の午後」で終わっているように、本書にも明確な結論は存在しない。フィールドワークをめぐる議論が吹き荒れた渦中で、あるいはその直後に人類学者たらんとした私たちがここで試みたのは、その渦のなかを私たちがどのように過ごしたのかを可能なかぎり具体的に述べ、そのプロセスの中に可能性を掴み取ろうとすることによって、そこから新たに人類学をはじめようとすることにすぎない。

だが本書の草稿を執筆し、それぞれの文章を読み比べ、著者たちとの議論をくりかえすなかで、展望が見えてこなかったわけでもない。ここはその展望を示す場ではまだないし、開けつつある眺望の様子も一人一人で違うだろう。[*20] ただ本書の試みが、少なくとも編者たちにとってきわめて面白いものだったことは記しておきたい。フィールドワークとは何か、人類学的思考とは何なのかを、メタレベルからではなく自分たち自身の経験から、自らの感情をふくめてことばにし、そこから得られた思考を他のフィールドワーク＝人類学的思考の経験と比較しながら論じるという意味で、本書は忘れがたい経験となった。本書が新たな人類学的思考の生成へ向けた、さまざまなはじまりとなりえることを願ってやまない。

それはとても、とても、おもしろいことなのだから。

＊20　ここまで私たちは「私たち」という代名詞を無造作に用いてきたが、本書の著者全員がこれからみな同じ方向に進むわけでもおそらくないのだ。

参考文献

石川栄吉編　一九七八『現代文化人類学』弘文堂。

石川栄吉他編　一九八七『文化人類学事典』弘文堂。

井上真編　二〇〇六『躍動するフィールドワーク――研究と実践をつなぐ』世界思想社。

梅棹忠夫　一九六七『文明の生態史観』中公新書。

――　一九七〇「近衛ロンドの五年間――京都大学人類学研究会の歴史と現状」『季刊人類学』一（一）、社会思想社：二二八―二六二。

太田好信　一九九八『トランスポジションの思想――文化人類学の再想像』世界思想社。

グッド、バイロン・J　二〇〇一『医療・合理性・経験――バイロン・グッドの医療人類学講義』江口重幸他訳、誠信書房。

クリフォード、ジェイムズ　二〇〇二『ルーツ――20世紀後期の旅と翻訳』毛利嘉孝他訳、月曜社。

現代思想　一九九二『特集＝人類学の最前線』一〇（八）、青土社。

合田濤編　一九八九『現代社会人類学』弘文堂。

佐藤郁哉　一九九二『フィールドワーク――書を持って街へ出よう』新曜社。

菅原和孝編　二〇〇六『フィールドワークへの挑戦――「実践」人類学入門』世界思想社。
須藤健一編　一九九六『フィールドワークを歩く――文科系研究者の知識と経験』嵯峨野書院。
鶴見和子　一九五二「生活綴方教育にまなぶ」『図書』一〇月号：一一－一三。
中沢新一　一九八三『チベットのモーツァルト』せりか書房。
中根千枝　一九六七『タテ社会の人間関係』講談社現代新書。
マリノフスキー、ブラニスラフ　一九八七『マリノフスキー日記』谷口佳子訳、平凡社。
村上春樹　一九八五『世界の終りとハードボイルド・ワンダーランド』新潮社。
山口昌男　一九七五『文化と両義性』岩波書店。
――　一九八三『文化の詩学』岩波書店。
山田勇編　一九九六『フィールドワーク最前線――見る・聞く・歩く』弘文堂。
レイヴ、ジーン　ウェンガー、エティエンヌ　一九九三『状況に埋め込まれた学習――正統的周辺参加』佐伯胖訳、産業図書。
レヴィ＝ストロース、クロード　一九七二『構造人類学』荒川幾男他訳、みすず書房。
――　一九七六『野生の思考』大橋保夫訳、みすず書房。
――　一九七七『悲しき熱帯』川田順造訳、中央公論社。
ロサルド、レナート　一九九八『文化と真実――社会分析の再構築』椎名美智訳、日本エディタースクール出版部。

人類学をはじめる

第I部

他者を知る

第1章

フィールドはいかに選択されるのか

佐藤知久

✳フィールドワークの危機と〈フィールド選択〉という問題

人類学に魅了される

この本を手に持っているからには、あなたは文化人類学（以下、人類学[*1]と表記する）という学問や、フィールドワークという方法に興味をもっているはずだ。人類学に何らかの可能性を感じ、これから人類学をきちんと学ぼうと、あるいは本格的に研究を進めようとしているのかも知れない。

かつての私も、そのように思っていた（今でも、そう思っている）。大学生のころ、私は人類学こそ最も知的で野心的な学問だと考えていた。人類学は、〈他者の生き方についての理解〉を通じて、〈自分を含む人間全体を理解〉しようとする学問、たとえそれが膨大な作業であるとしても、少なくともそれを志している学問である。人類学は、私が生きるこの社会《ホーム》とは異なる社会《フィールド》が存在することを

*1
文化人類学は人類についての総合的な学としての「人類学」の一部である。人類学は、生物としてのヒトの特徴について考察する自然人類学と、ヒトが具体的に生きる社会と文化をその多様性を基盤に考察する文化人類学（イギリス等では社会人類学）とに大別される。近年では残念なことに、人類学のこうした総合性はあまり強調されない。レヴィ＝ストロース（一九七二）を参照。

前提として、思考する学問である。それは、私たちが「人間」や「社会」に関して抱いている「アタリマエ」（たとえば、家族において両親とその子どもの同居が典型だという考え）を、私たちのそれとは異なる「アタリマエ」が自明である社会についての緻密な理解を通じて、根底から問いなおすことを要求する。人類学は、人間性の基盤を可能なかぎり広く見つめ直しつつ、そこから新たに人間性を再構想しようとする学問なのである。

私が人類学に魅かれたのは、このようにラディカルなその批判能力、つまり、異なる生のありようを知悉することによって、自文化における〈アタリマエさ＝観念や概念や思考や行為や実践の自明性〉を揺り動かし、人間の生の多様性へと思考を開く力によるものだった。私はそこに、近代社会を基本的な思考の枠組とする社会学や、内省的な哲学といった他の学問からは得られないような、豊かな発想の宝庫を見いだした。それは、私たちが今生きている社会のなかで、そこでのアタリマエさにまみれながら〈人間を見る〉のとは、まったく別の視点をもたらしうるものだったからだ。[*2]

こうした人類学の力は、自分が生まれ育った文化・社会とは別の場所で数年間を過ごした、数多くの人類学者の経験と思考とによって蓄積されたものである。つまり、〈自明性の枠〉を出て、フィールドワークをし、民族誌を書くことによって、ということだ。人類学を実践しようとするのであれば、私もまたこのような経験と思考とを実践しなければならないはずである。自らの身体に沁みついたアタリマエさの外に出てこそ、人類学をする意義があるのだから。

ところが、ここに大きな問題があった。フィールドワークと民族誌という人類学の基幹的な方法は、私が大学生のころ、ちょうどこれから本格的にフィールドワークを始めようとするとき、危機的状態にあった。そして私はこの危機を前にして、どこをフィールドにするかを決めることができずにいたのである。

＊2　レヴィ＝ストロース（二〇〇〇）、およびそれへの批判を含む柄谷（一九八九）、特に第二部第一章「精神について」を参照。

かつてフィールドはいかに選択されたのか

こんな話を聞いたことがある（一九七〇年代のフランスでの話だそうだ）。どこをフィールドにするかを決めるには、図書館に行って、人類学の文献カードを見ればよい。地域別に分類されたカードを繰って、文献がもっとも少ない地域を探しなさい。そこがあなたのフィールド候補になる、というのだ。

ある程度誇張されたであろうものとはいえ、このエピソードは、かつての――二〇世紀初頭から半ばすぎにかけての――人類学におけるフィールドのイメージを伝えている。「まだ誰も入っていない」あるいは「ほとんど手がつけられていない」場所。フィールドとは、世界を構成する諸地域のうち、自分たちにとってより知られていない、知識が少ない場所であるべきだ。そういったイメージである。

実際、二〇世紀前半に立ち上がった近代的な人類学は、地理的な意味であれ認識的な意味であれ、空白地帯を埋めるという博物学的な動機と無縁ではなかった。そして重要なのは、このように博物学的な動機・志向性をもった近代的な人類学が、「未開」社会（より直接的にいえば被植民地社会）の研究という特定の方向性へと収斂していった、ということだ。世界の諸社会を知り尽くすことがその研究の核なのであれば、人類学は「未開」社会に限らず「文明」社会をも、その精密な探究の俎上にのぼらせるべきであった。しかし、近代人類学において「集中的かつ限定された地域において研究されるべき対象は、自然な状態における未開の人間性」（Gupta and Ferguson 1997: 6）へと収斂していったのである。

マリノフスキー[*3]に始まるといわれる近代人類学は、その前史において、デュルケム[*4]やモース[*5]の研究にみられるように、後に社会学へと枝分かれしていく研究と非常に近い場所に育っていた。だが

＊3
近代人類学の祖といわれる人類学者。ポーランド生まれ、ドイツとイギリスで教育を受けた（一八八四－一九四二）。

＊4
近代フランス社会学の基礎を築いたといわれるフランスの社会学者（一八五八－一九一七）。著書『宗教生活の原初形態』（一九一二）は現在の社会学と人類学の交差点に位置する。

＊5
フランスの社会学者で、デュルケムの甥（一八七二－一九五〇）。主著に『社会学と人類学』（一九二五）がある。レヴィ＝ストロースを始め数多くの人類学者を育てた。

人類学と社会学は、おもに近代社会を対象とする社会学と、おもに「未開」あるいは伝統社会を〈対象＝フィールド〉とする人類学へと、分岐してしまう。西洋ないし近代文化の影響をあまり受けておらず、（文明化・近代化・人工化された社会＝西欧に比して）より「自然」であること。近代人類学がその初期に、研究対象としてのフィールドとそこに暮らす人びとに期待したのは、これであった。

人類学批判の時代に人類学をはじめる

人類学のこうした傾向については、一九八〇年代後半以後とくに、数多くの批判的な論考[*6]が書かれているが、もう一度簡単にふりかえっておこう。それらの議論は、実際には絡まりあっている現象に関する、二つの側面からの批判として整理できる。一つは、世界を構成する諸社会自体の変質。もう一つは、それら諸社会を研究対象とする人類学・人類学者のいとなみに対する批判である。

①前者について。近年では、世界は、流動する人・モノ・貨幣・情報によって結ばれている。メディア技術は世界を覆い、（先進国の知識にとってそれまでは）マイナーな位置を占めていた諸社会の現状が、テレビのバラエティ番組として放映される。[*7]世界中の人びとが、同じニュース配信システムを通じて、世界の現状についての報告を同じように受け取っている。西欧文化に代表される他文化の影響から隔離され、独立した小規模な社会など、もはやほとんど存在しない（ブルデュー 一九九三）。世界諸地域の文化・社会は、他の社会へと開かれ・つながるという「同時代世界」的な状況にあるのだ（オジェ 二〇〇二）。

②後者について。一九八〇年代後半には、マイナーな諸社会を独自のミクロコスモスとして描く人類学者の著述方法や研究のあり方に対する批判が、人類学内外から続出した。人類学者は対象社会を世界システム[*8]から切り離して論じている。対象社会を独自の文化をもつものとして描くことによって、〈本質主義的な他者〉として描いている。人類学者は他者について語ることを通じて、知

＊6　代表的な文献として、マーカスとフィッシャー『文化批判としての人類学』（一九八九）、クリフォード『文化を書く』（一九九六）がある。原著出版はどちらも一九八六年である。

＊7　『世界ウルルン滞在記』（TBS系列）の放送開始は一九九五年である。知り合いの人類学者のフィールドをこの番組ではじめて見たときの衝撃は、今でも忘れられない。

＊8　アメリカの政治・社会学者ウォーラーステインが提唱した概念。近代の資本主義経済は、世界の諸地域を政治的には分断したままだが、経済的には関連した世界規模のシステムとして成立させていると考える。

的植民地主義者となっている。こうした批判はこの時期以後の人類学を席巻し、一九八〇年代後半から九〇年代にかけての人類学は、深い内省の時代を迎えることになっていった。

①と②は、要するに同じことを別の側面から見ている。ポイントは、世界の各国家や地域社会が、自律した独立の社会として存在しえなくなってきた、ということである。このような状況のもとでは、「小規模で比較的独立した」「伝統的な未開社会」や、「社会的・文化的に均質な、国民ないし民族の居住地」をフィールドとして調査・分析するという、それまでの人類学の理論的・方法的前提は、危機に瀕するほかない。それは、人類学的研究の理論的基礎単位である「文化」と、方法論的基礎単位である「フィールド」という概念の再考を迫るものだ。

私は、人類学を学び始めた初期の段階から、このような人類学批判を前提として人類学を学んだ世代に属している。私たちの世代は一方で、異文化を経由しながら他者たちと自分を含む〈人間〉に関する認識を深めていくという、人類学の学問的可能性に魅了されていた。しかし他方で私たちは、人びとを「異民族」や「他者」として記述し、「かれら」について語ることによって思考を進めていくという営みに関して、展望をえがたい問題設定に捕われていたのである。

当時の人類学がこのようなものであった以上（それは現在でも基本的に変わっていないのだが）、私たちの世代にとってフィールドワークをするということ、そして民族誌を書くということが困難であったのは当然であった。一九九〇年代初頭、はじめて本格的にフィールドへ出ようとしていた私は、いくつもの疑問にとらわれていた。人類学とは何か？　そして自分はいったいどのようにフィールドワークをすればよいのか？

フィールドを選択するという問題

なかでも深刻だったのは、フィールドをどこ（あるいは誰）にするかという問題である。

フィールドを選ぶという行為は、人類学者にとってもっとも重要な学問的（そして政治的）決断のひとつである。個々の研究者は「どこに調査に行くのか」という選択において、単に自らの好みを表明しているのではない。フィールドの選択は、それに続く数年間（あるいはそれ以上）の調査期間の、そして彼／彼女がたどる人生に決定的な影響を及ぼす。

理論的に考えればフィールドの選択は、人類学者がどのように研究対象を切り出すか、どのような観点から世界を見ようとしているのか、つまりはどのような認識の単位によって世界を認識しようとしているのかをあらわしている。フィールドワークはその方法ゆえに、自分の身体で感じることができる小さな場所でしかおこなうことができない。そして前述したように、今や世界中のあらゆる場所が相互に結びつきあっている。われわれは、フィールドワークという手法を捨てない以上、緊密にからみあった世界のなかから「ある小さな場所」を切り出さねばならないが、その小さな場所を独自の単位として切り出すことはきわめて困難なのである。[*9]

フィールドワークをおこなうことが人類学者になるための「通過儀礼」であり、職業的研究者としての自己証明の手段でもある以上、フィールド選択の問題は、人類学の学問としての再生産、つまり人類学的知識がどのように継承され、どのように新たな人類学者によって作り出されて行くかという問題とも切り離すことはできない。なぜなら個々の人類学者は、自らがもつ「人類学的な研究とは何であるか」についての理論やイメージ、いわば人類学についてのイデオロギーをたずさえつつ、自らの研究を他の研究や他の学問領域と区別しようとしながら、そして自らを人類学者として成立させるべく、フィールドを選択するからだ。この意味において、人類学者がフィールドを選択するという行為は、個々の人類学者がどう思おうと、この場所こそが人類学的対象である・人類学的対象であるべきだとする、暗黙の、あるいは明確な価値判断を意味してしまうのである。

このように、フィールドの選択という問題はじつに重大な問題なのだが、驚くべきことに「フィー

＊9
どのような学問にも、研究の目的・対象・方法がある。このうちのひとつでも揺らいでしまうと、学問そのものが揺らいでしまう。

ルドをいかに選択するか」という主題で書かれた論文や本は、私の知るかぎりほとんどない。たとえば主要なフィールドワークの教科書を見ても、フィールドに行ってから何をどうすべきかは詳述されていても、フィールドに行く前にそもそもどこ・何・誰をフィールドとするかについての指南は、ほとんど見当たらないのである。しかしこれまで述べてきたことからすれば、「研究対象としてのフィールド」の選択という問題について考えることが、きわめて重要な意義をもつことは明らかだろう。

以上のような問題意識に立って、本章で私は、人類学者がどのように、そしてどのような価値判断や基準を意識しつつフィールドを選択するのかという問題について考察しようと思う。具体的には、私自身の大学院生時代の経験を再検討しながら考えてみる。それはフィールドを選択するという場面でおこなわれる、世界の現状、個々人の関心、そしてすでに作動している人類学的な知識という学問構造とのあいだの交渉に関する分析となるだろう。またそれは、これから人類学を、そしてフィールドワークを始めようとする人びとにとって、どのようにフィールドを選ぶのかについての参考になるかもしれない。いずれにせよ以下の検討を通じて私は、フィールドの選択が一見個人的な行為のように見えながらも、現在そして未来の人類学をかたち作る、そして現代における他者とは誰なのかという問いにも通じる、ひとつの行為であることを示したい。

✳私はいかにフィールドを選択したのか

どこをフィールドにすればいいのか、わからない

すでに述べたように、〈近代・文明・先進国の立場から、伝統的で「未開」な発展途上国の諸地

域を対象としておこなわれる研究〉としての人類学的なフィールドワークのあり方は、とくに一九八〇年代の後半以後、急激に批判されるようになっていた。

そのころ私は大学の学部生だった。当時の京都大学には、学部に正規の人類学講座がなかったため、学生である私たちはそれぞれ別々の学部・学科に所属しながら人類学を志していた。そんな私がもっとも参考にしたのは、すでに人類学を実践していた教員や先輩研究者たちのフィールドワークである。当時の教員・先輩諸氏の多くは、アフリカやアジアのいわゆる発展途上国において、採集狩猟民・牧畜民・都市出稼ぎ民などに関して比較的小規模な地域集団をベースとした濃密なフィールドワークをおこなっていた。だが同時にかれらは、これまでのフィールドワークに潜むさまざまな問題を論じ、フィールドワークのあり方にまさに根本的ともいえる自己批判をおこなうという、困難な稜線を歩いている最中でもあった（松田他　一九八九）。

先輩人類学者たちによる人類学批判は勉強になったのだが、これから人類学をやろうという学生にとっては大変だった。「未開」の人びとを一方的に表象するという作業には、権力的だという批判が集中している。それならば、「未開」社会研究という前提をフィールド選択の基準から取り去ってもよいはずだ。自明性を批判する能力を鍛錬し、人間を理解するための「鏡」を得るためになら、フィールドはどのような場所や文化であってもいいのではないか。私はそのようにすら考えた。しかしそうすると、「いかにも人類学的なフィールド」という選択基準がなくなってしまい、社会学との区別も曖昧になってくる。

私はどのようにフィールドワークをおこなえばよいのか、具体的にはどこ・何・誰をフィールドにするかという点に関して、ほとんどアイデアを持てなくなっていった。あらゆる地域や集団は等距離に遠くなっていった。どこをフィールドにすればいいのか、わからない。私は途方にくれてしまったのだ。

オーソドックスな地域研究へ？

このような場合、一般的には、自分にとって関心のある研究テーマがフィールドを選択する助けになる。たとえば宗教や開発といった、個別のテーマから場所を選ぶという戦略である。私の関心はかねてから都市社会にあった。ならば、都市研究に適した地域をいくつか予備的に選定し、そのなかから自分にとって調査しやすい（そして他にあまり調査している研究者がいない）場所をフィールドとすればよい。こう考えれば、選択の基準はあくまでテーマにあり、他者を表象することが第一の目的ではないと、自分を納得させることもできる。[*10]

私の最初のフィールドも研究テーマに沿って選ばれた。転機となったのは、大学四回生のときに調査助手として参加したモロッコでの都市調査である。

故米山俊直教授の誘いで参加したこの二ヵ月間の調査で、私はモロッコの人びとに、そしてまた個々人のライフヒストリーから都市社会の像を描くという研究手法に強い興味をもった（米山 一九九六）。調査地で出会った人びとは、西欧とくにフランスの強い影響のなかで、自己の文化をみつめ、モロッコあるいはオリエントと西欧の関係を位置づけようとしていた。かれらにとっての近代は、日本の近代化と似ているけれども異なるような経験であった。私は、モロッコの人びとと自分たちの置かれた場所に、ウィトゲンシュタイン（一九七六）のいう「家族的類似性」、すなわち部分的には類似しているが異なるもの同士の間にあるような、構造的な共通性を感じた。調査中に湾岸戦争が勃発し、日本国政府の行為[*11]によって身の危険を感じたことも、フィールドとホームとの連続性・同時代性を示すものだった。それはまた、伝統的なフィールドワーク、対象社会を「閉じた」世界として記述するという調査を、一九九〇年代以後にはおこなえないことの確認でもあった。

こうした経緯から私は、モロッコの都市社会について、とくにかれらの都市民としてのアイデン

＊10　もちろん、他者がこうしたロジックに納得するかどうかはまったくの別問題である。

＊11　開戦後アメリカを中心とする「多国籍軍」に日本政府は九〇億ドルの資金協力をおこなった。

ティティに関する比較的オーソドックスな地域研究をおこなう計画を作成し、一九九三年に大学院に進学した。そのままモロッコ研究をすすめていれば、フィールドを選んだのは「偶然だった」と、後に私は語るようになっただろう。だが私はこの計画を放棄し、新たな「フィールド」を選択することになってしまう。

HIV／AIDSと出会う

一九九四年、大学院二回生の夏。私は研究テーマとフィールドを、「アメリカ合州国ニューヨーク市におけるＡＩＤＳアクティビズム」へと変更した（一九九五年の最初のフィールドワークの後、研究テーマはＨＩＶとともに生きる人びとの生活世界と、かれらを支援する組織に関する研究へと進展した）。この変更はなぜ、そしてどのように生じたのか。

最初のきっかけは、私の知人であった古橋悌二[*12]という人物が、自分のＨＩＶ感染を周囲の友人たちに書簡を通じて表明したことだった。日本人であり、ゲイであり、芸術家でもあった古橋にとって、一九九二年の日本でＨＩＶに感染していることを公表することは、現在では想像できないほど大きな決断だったと思われる。ゲイでありかつＨＩＶに感染していることへの偏見、ほとんどＨＩＶ感染者を診たことがない当時の医師と一緒に治療をすすめねばならない困難が、彼の眼前には山積みになっていたはずだ。[*13]彼は周囲の友人たちとともに、芸術という方法を使ってそれらの問題を表面化させ、解きほぐそうとしていた（古橋・ダムタイプ　二〇〇〇）。

彼のカミングアウトは、彼と彼の知人たちが、ＨＩＶ／ＡＩＤＳに関するアクティビズム（対抗的な社会行動）を起こすきっかけとなった。[*14]私はその活動のネットワークの中にいた一人だ。当初私は、知人たちと始めた社会的な活動《アクティビズム》に、研究活動とは無関係にコミットしていた。ではなぜそれが人類学的研究テーマや「フィールド」にまで至ったのか。

＊12　一九六〇年生まれ。ダムタイプというパフォーマンスグループの一員として活動した芸術家。代表作にダムタイプ「pH」「S/N」、個人の作品として「Lovers」などがある。一九九五年にエイズによる敗血症で死去した。

＊13　当時の日本の状況については、池田（一九九三）が詳しい。

＊14　このネットワークからエイズポスター・プロジェクト、ウーマンズ・ダイアリー・プロジェクトといった活動が生まれ、後に現在のMASH大阪（大阪のゲイ・バイセクシュアル男性に対する性感染症予防啓発活動をおこなっている）につながっていく。

〈私にとっての問題〉につながる

重要だったのは、この問題と私との出会いかたである。古橋はＡＩＤＳという問題を、〈私たち〉の問題と異なる〈彼〉個人の問題として示そうとはしなかった。彼はＡＩＤＳを、私たちすべてにとっての問題として示した。

ＶＩＲＵＳにとっては男と女のセックス、男と男のセックス、女と女のセックス、制度内のセックス、制度外のセックスという区別は何の意味も持たない。そしてその区別に通低音のように流れる性のモラリティーという現代日本におけるもっとも醜い美学をこのＶＩＲＵＳがなし崩しにしていくさまを異性愛者も同性愛者も両性愛者も目をそらすことなく見つめなければならない（古橋　前掲書：四二）。

たとえば、「ゲイである」ということについて、私はその当時までほとんど真面目に考えたことがなかった。ゲイであることとは、私が異性を性的に欲望するように、男性が同性を性的に欲望することだと単純に思っていた。しかしゲイであることの特異性は、選択される性的対象がマイナーであるということのみにあるのではない。ゲイであることの特異性は、自らがなぜ他の多くの男性と異なるのか、なぜ自分は「変わっている」とされてしまうのか、すなわち、自らの欲望の原因や理由をつねに問い続けること・問い続けざるをえないことにこそある。そして彼らにそうさせているのは、私を含む異性愛者だと思っている者たちである。異性愛者は多くのゲイ男性と異なり、自らのセクシュアリティを当然視する傾向が強いからだ。*15 古橋のいう「性のモラリティーという醜い美学」は、セクシュアリティについてのこの当然視の部分に対応する。

同じことは、「健康」と「病気」の関係についてもいえる。私たちは、病者を差別してはならな

＊15　掛札（一九九二）、平野（一九九四）を参照。

いという。しかしその一方で私たちは、健康はよいことだとその価値をまったく疑いもしない。HIV感染は感染症だから、誰もがその病いの当事者になりうる。しかしながらこの矛盾について考え、病いの意味を問うことをまず要求されるのは、ここでも病者自身なのである。

だとすれば、AIDSはけっして「かれら」の問題ではない。それは私の問題なのだ。「VIRUSが知らない間に私の中に入ってきて私の細胞と共存しているように、あなたも私の細胞と共存している」（同三八）と古橋がいうように、AIDSは〈他者〉たちの問題ではなく、〈私たち〉の問題でもある。私は、古橋が生きていたリアリティを構成しているものが、「私」であり「私たち」であることに気づいたのである。

HIV／AIDSという「フィールド」へ

こうしたことに気づくと、それまで当り前のように過ごしていた日常が、まったく違った相貌《アスペクト》のもとに見えてくるようになった。それはじつに「人類学的な」、つまり「他者」だと思っていた人たちを知ろうとすることが、自己のあり方を根本的に問いなおすことに直結するという経験だった。

HIV／AIDSは単なる病気だが、その病気を生きる人たちの経験は、私を含む自分が健康だと思っている人びとの言説や行為との相互作用によって、「私たち」のそれとは異なる特異な経験としてつくられている。問題のこの性質が、この問題について活動《アクティビズム》という立場からだけでなく、学問的な立場からも取り組む姿勢を私に与えた。[*16] 私ははじめて、問題の当事者として実践的かつ学問的に取り組むことのできる主題を見いだしたと感じた。HIV／AIDSという問題において私ははじめて、自分とフィールドとを結ぶ道があるという感覚をもったのである。

HIV／AIDSについてフィールドワークという手法を使って研究している人は、日本には当時ほとんどいなかったが、調べてみると、HIV／AIDSに関する学問的な研究は、人類学者を

＊16　つけ加えるなら、活動と学問の両立が時間的に不可能になってきたという事情もある。

含めとくにアメリカでは数多くおこなわれていることがわかった。ＨＩＶとともに生きる人びとの経験を、健康だと思っている者という位置から理解するために、フィールドワークはたしかに有効な方法だと思えた。具体的な調査地には、感染している人びとや予防・啓発活動が盛んな場所を考慮した結果、言語的にもそれほど問題がなく、それまでの実践的な活動のなかで得たある程度の予備知識もあった、アメリカ合州国ニューヨーク市を選択した。こうして私は、ＨＩＶ／ＡＩＤＳ問題をめぐる活動を、自分の研究テーマそして「フィールド」として選択したのである。

そのことをはじめて表明した大学院ゼミでの当時のレジュメに、私はこう書いている。

エイズはゲイの病気であるというタイプの言説がメディアに流れるとき……その無節操な物言いに僕は反感を感じる。同性愛者に対する結婚を認めない法律について語るゲイの友人は、僕にとって結婚とは何なのかを考えさせる。感染者、患者として生きることが困難な現状に直面するとき、僕らがつくっている市民社会なるものがいったい何なのかと思う。……僕にとってエイズという病気は、単純に他人事ではなかった。エイズという病気は単なる、免疫系障害を引き起こす難病だけれども、それが引き起こすさまざまな言説、行為、具体的な日々の人間関係のなかで〔そ〕の〔病気に与えられている〕意味は、エイズを単なる病気として考えることを困難にする。……神話はエイズにあるのではなく、僕たちの生活そのものにある。……エイズが問題なのだというよりも（もちろん患者・感染者をめぐる諸問題は重要なのだが）、エイズという病気によって照らし出される僕たちの生活そのもの、僕たちが日々行っている選択、その理由、そのときに考えないでいたこと、それらが一団となって、僕らのもとにおしよせてきたかのようだ（〔　〕内引用者）。

人類学的なＨＩＶ／ＡＩＤＳ研究は、日本では当時ほとんど前例のない研究領域だったが、私の突然のフィールド変更は、それなりに好意的な反応をもって迎えられた（すでにAIDSに関する人類学的研究が多数おこなわれていることを、ゼミの先生方は知っていた）。こうして私は、フィールドへと旅立つことになったのである（佐藤　二〇〇二a、b）。

✻フィールドはどのように選ばれるべきか

フィールドは文化的に異なる場所であるべきか

ここまでフィールドを選択するという問題の重要性と、私自身がフィールドを選択した経緯について述べてきた。以下ではこれまでの叙述をふまえて、フィールドを選ぶという問題について理論的に考えてみたい。二つの論点に沿って議論をすすめることにする。第一は「フィールドの単位」、第二に「フィールド選択の基準」という論点である。前者から始めよう。

一般にフィールドとされるのは、調査者自らのそれとは異なる文化をもつ社会である。フィールドを切り分ける単位とされてきたのが、文化の概念だ。

文化の概念は、多様にみえる諸社会を通覧し、差異を無秩序としてとらえないための、近代人類学における鍵概念である。文化の概念は、世界を「文化的に異なる諸社会」の集合体としてとらえ、そうした世界をより小さなまとまりへと整序していくための、それゆえフィールドを選ぶための単位でもあった。こうした視点に立って人類学は、諸社会を文化的・内的な一貫性をもった社会組織として描いてきたのだ。

だが諸社会を「文化的に異なる社会」としてとらえ、そうやって切り分けられた社会をフィールドとして研究するというパラダイムは、「われわれ」と「かれら」を本質的に区別してしまうという難点を抱えており、すでに限界に達している。
では何がその単位となるのか。たとえば浜本満は、人類学的なフィールドワークの対象は、〈調査者がもつ共同性から排除された他者〉であるという。

民族誌的理解の対象が「他者」であると言うことは、人類学がある種の共同性をすでに前提としており、そこから排除されたものとして自分の研究の対象を規定していたということでもある（浜本 一九九四：v）。

ここで「他者」ということばは、相手のことを単に知らないという意味でではなく、〈相手を自分たちの共同性から排除された他者として見ることが、自分の属する社会的文脈において当然視されるような人びと〉といった意味で用いられている。簡単にいえば、「私たち」と区別される「かれら」という発話が常識的に通用してしまうような人たちのことである。[*17]
フィールドをこのような「他者」たちの生きる場、つまり自分たちとは集合的・集団的に異なる共同性をもって生きている人たちの場だとする考え方は、フィールドとは「自分が内在化している、世界についての秩序ある見方の適用が、極度に難しいところ、目の前に展開される人々の生活が不可解の混沌と映る程度ができるだけ大きい所なら、どこでも良い」という主張（関本 一九八八：二七七）とも通底する。そしてその落差の大きさゆえに、人類学は「未開」にこだわってしまうことになる。
しかしはたしてそれでよいのだろうか。近年では当事者自身による研究や、共同性や世界観や生活様式がオーバーラップする他者たちとともにおこなわれるフィールドワークも増えている。[*18]そもそも日本の私たちにとっての共同性が何なのかということすら怪しいのだ。このような現状をみるとき、「異なる共同性」こそがフィールドを切り出す単位だとは、必ずしもいえなくなってきてい

＊17 たとえば私たちは通常、ＪＲの職員をとりたてて他者扱いはしないと浜本はいう。他者としてみることが常識的であるような人びとがここでいう「他者」である。それゆえ先進国に生きるわれわれにとって、発展途上国に生きる人びとが人類学的な他者として存続するのだ、ということになる。

＊18 本書第二部を参照。

るのではないだろうか。

この点で参考になるのは、アメリカの人類学者、グプタとファーガソンの議論である。

空間的場所から政治的位置へ——自覚的な移動としてのフィールドワーク

グプタとファーガソンは、フィールドワークあるいは民族誌という手法が長年保持してきたのは、その「位置《ロケーション》への注意深さ」であると述べている。「位置《ロケーション》への注意深さ」あるいは「位置の感覚《センス・オブ・ロケーション》」とは、知識なるものは不可避的に「どこかについて」のものであり、そして「どこかから生じる」ものだという感覚のことである。「位置の感覚」こそが、物事を普遍化して論じようとする社会科学一般の傾向に対して、人類学がもち続けてきた強さだと、彼らは述べる（Gupta and Ferguson 1997: 5, 35-40）。

その上で彼らは、フィールドを「社会的・政治的な位置《ロケーション》」として再定義する。ここで「位置《ロケーション》」の語は、空間的・地理的な場所や位置だけでなく、個々人の社会的・政治的な位置、たとえば階級、エスニシティ、性差などによって区別されることがらをも意味している（以下、〈位置〉と表記する）。〈位置〉の語を用いることで、彼らはフィールドを〈空間的に区切られた場〉ではなく、〈空間的／社会的／政治的に特異な場所や、さまざまな関係によって生起する特異な状況〉へと読みかえようとしているのだ。

したがって彼らは、フィールドワークを長距離の空間的移動として捉えることを原則的にやめる。彼らにとってフィールドワークとは、調査者自身の社会的・政治的〈位置〉とは異なるような、別の社会的・政治的な〈位置〉へと向かう「自覚的な移動《ディスロケーション》」なのである（同：36-7）。たとえ空間的・地理的には同じ地域に暮らしていたとしても（あるいは遠くに暮らしていたとしても）、人びとが実践している生活の中身は個々に大きく異なりうる（あるいは類似しうる）。〈位置〉はこうした違いをとらえるための概念である。それゆえ極端ないい方をすれば、社会的・政治的な〈位置〉が異なるのであれば、隣の家でもフィールドワークは可能だ、ということになる。

フィールドの単位を、文化的、政治的、経済的、あるいは社会的に特異な〈位置〉だとすることは、他者たちを異なる文化や共同性を生きる人びととして前提することから解放する。グプタとファーガソンの〈位置〉概念は、フィールドワークを文化概念や空間性から、そして「文明／未開」という人類学に執拗につきまとう軛からも、解放しうるものだ。現代世界の個々人が生きる場を、文化や共同性の場としてではなく、それぞれに特異な〈位置〉の観点から知ろうとすること。フィールドワークはこのような〈位置〉をめぐる移動として、再定義されるのである。*19

人類学的研究の軸とは

だが、フィールドワークを特異な社会的・政治的〈位置〉（具体的には個々の人びとや小さな場）への自覚的な移動にもとづく集中的な調査方法として再定義したとしても、問題は残る。特異な〈位置〉は膨大に存在する。ではいったい何を根拠としてそれら膨大に存在する〈位置〉のひとつをフィールドにして選択するのか？　これが第二の論点、フィールド選択の基準の問題である。

この点があいまいなままだと、人類学は微細なトピックを探求するサブカルチャー研究や、特異なマイノリティ探しと大差ないことになってしまう。かつてであれば、〈異なる文化の研究を通じた人間性の理解〉という軸によって、人類学的諸研究はそれぞれが結びつけられていた。しかし研究対象を「未開」社会でもなく、きわめて遠い空間的に区別された場所で異なる共同性を生きる人びとでもなく、特異な〈位置〉だとすることは、人類学の軸を失わせ、人類学と隣接諸学、とくに社会学や文化研究との境界をあいまいにしてしまう。研究方法としてのフィールドワークは人類学の専有物ではもはやない。社会の一部を集中的・質的に調査することは、他の学問分野でも盛んに

＊19　こうした観点は、グローバル化する世界についての、近年のアントニオ・ネグリやマイケル・ハートらの議論ともひびきあう。彼らはいう。「異なる地域の住民にアプローチするさい、私たちはもはや「彼らはわれわれと同じだ」と言うか「彼らはわれわれにとって他者だ」と言うかの二者択一を迫られる必要はない……。私たちは特異な生の形態からなる多数多様性であると同時に、共通のグローバルな実存を分かちもっているのだ。マルチチュードの人類学とは、特異性と共通性の人類学なのである」（ネグリ・ハート　二〇〇五：二一二）。

おこなわれているのだ。

それゆえ私たちはここで改めて、フィールドの選択がどのような判断基準をもってなされるのかを問う必要がある。それは人類学的フィールドワークがどのような意図や目的に沿っておこなわれるのか、ひいては人類学が今後どのような学問を目指していくのかを問うことでもある。

フィールド選択の基準——多様な近代性《モダニティ》の理解に向けて

批判的思考の質と強度

私の場合をふりかえってみる。ＨＩＶ／ＡＩＤＳとともに生きるということは、文化的に同質な集団に属することでも、空間的に分離された場所を生きることでもない。それは医学的に、あるいは文化的・社会的・政治的に、ある特異な〈位置〉を生きることである。私はこのような〈位置〉を、かれらの社会的状況に私自身を委ねようとすることによって知ろうと試みた。そのとき念頭にあったのは、その〈位置〉について知ることが、ＨＩＶとともに生きる人びとを含む私たちの生をよりよきものへと変容させるための重要なプロセスになるという予感だった。私がＨＩＶ／ＡＩＤＳというフィールドへと旅立ったのは、ＨＩＶ／ＡＩＤＳに関することがらについて知ることが、私自身が自明に思っていたセクシュアリティ・健康・病気に関する認識の多くを、批判的に解体していくさまに惹きつけられたからである。私がＨＩＶ／ＡＩＤＳをフィールドに選んだのは、それが自らの自明性を揺さぶる強度を備えた〈位置〉だったからなのだ——そういう気がする。

かつてフーコーは、文化人類学と精神分析は、さまざまな学問のなかで独自の位置を占めると述べた（フーコー　一九七四）。それはこの二つの学問が、無意識と非西欧という、近代の西欧的理性・

それにもとづく近代的な学問全体の土台を揺るがす対象をその研究基盤としてもっていたからである。近代初期の人類学における自明性の批判は、まずは西欧的理性・そしてそれにもとづく近代的思考をその対象としていた。社会学の自明性批判が「近代社会」をどう理解するかという枠内におけるものだとすれば（玉野 二〇〇四）、人類学のそれは伝統と近代、西欧と非西欧を包み込む「人類史＝誌」という、より広大な枠組みにおけるものなのである。

だが現在、〈西欧〉と〈非西欧〉という枠組みは、明確には存在しない。日本の現状を見てもわかるように（本章の論述にもそれは現れている）、西欧と非西欧、伝統と近代は、世界各地で入り混じり、新たな生のかたちを作りつつある。それは、これまでの人類学が維持してきた自明性批判の立脚点の消滅を意味するのだろうか。

私はそうは思わない。というのもフーコー的な観点を押し進めるとき、人類学の歴史は少し違った相貌《アスペクト》から見えてくるからだ。すなわち、これまでの人類学が〈近代〉に〈非近代＝伝統〉を、〈西欧〉に〈非西欧〉を対置し続けてきたのは、そのような対比と比較こそが、そこでの文脈における「われわれ」、西欧の人類学者とその読者たちの自明性を、もっとも強く揺さぶる質を備えていたからではないだろうか、というように。

だとすれば現在必要なのは、そうした批判を現在の文脈でおこなうようにたりえるような質と強さを備えた立脚点を、世界のさまざまな〈位置＝フィールド〉のなかに発見していくことである。

たとえば近代化のプロセスは、地域・集団・個々人・国家が、どのような初期状態で近代へと入り込んでいったかによって異なるものとなる。*20 たとえひとつの国家が全体として近代化のプロセスに大きく入り込んだとしても、その内部において生きられる個々の生は、じつに多様なかたちをとる。現代は、あらゆる種類の「他者」が跳梁跋扈している時代であるようにも見える。ライフスタイルの異なる隣人や移民たち。階級、性差、文化資本の格差。差異は他者の姿を無数に細分化し、

＊20 非西欧というバックグラウンドをもつ人びとが近代という現象をどう生きるのかを個々の状況に即しつつ検証する作業は、まさにこれからの人類学的な課題である。とくに日本に生きる私たちは、非西欧国家に生まれ、西欧の影響を受けた教育のなかで育った人間として、さまざまな〈位置〉における近代化の実態をフィールドワークし、その作業を通じてさまざまな〈位置〉における近代性のありようを比較し考察する基礎となるような、さまざまな知見をすでに得ているといえる。

私たちの世界像もまた、あいまいでぼやけたままである。しかしだからこそ、さまざまに特異な〈位置〉についての詳細なフィールドワークを通じて、現代世界の複雑な様相を描き出すという役割が、今まさに人類学者に求められているのではないだろうか。

したがって私は、「人生至るところフィールドあり」（菅原　二〇〇六）という主張に、深く共感する。だがこの主張が、好事家的に多様な生活形式を認識することこそ人類学の目的だという意味に解釈されるなら、私はその解釈を断固として拒絶するだろう。人類学的思考は、世界についての詳細なデータを単に蓄積するためにあるのではない。人類学のラディカルな批判能力は今でも、フィールドでの経験を通じて自己を含む「私たち」の自明性を再考し、世界についての認識を再構築していく力をもっている。フィールドを選択する基準は、さまざまな〈位置〉での経験が、私たちの自明性をどの程度、そしてどのように批判する射程をもっているのかにある。その質と強度にこそ、人類学的思考の批判能力は宿るのだ。

近代性における多様な〈位置〉のフィールドワークへ向けて

近年における近代化のプロセスは、部分的に共通しているが異なるような実践、近代性の多様なバージョンを、世界各地に生み出している。〈位置〉の概念は、これら多様な日常的実践を、文化的に区別されたものとしてではなく、「共通性と特異性」（ネグリ・ハート　二〇〇五）を含む場としてとらえることを可能にする。フィールドは「外」ではない。それは近代化というプロセスのなかにあり、ホームと「地続き」にある関係的世界の一部なのである。

フィールドは、さまざまなかたちでそこにある。広大な現代世界においてフィールドは、身体的に知覚できる範囲を越えた巨大かつ複雑な諸力によって弄ばれるなかで生起する、小さな隆起のようなものにすぎないのかもしれない。しかしながらそれら小さな〈位置〉についての知見を積み重ねることを通じてこそ私たちは、伝統と呼ばれた文化的差異を消し去ろうとし、世界を均質かつ多様な生へと再編していく近代化という巨大な現象の細部に、そして近代化というプロセスの全体像に到達できるのではないだろうか。

文化的に異なる社会に関するフィールドワークというパラダイムは、今や終わりつつある。だが、多様な近代性の姿を個々に特異な〈位置〉へのフィールドワークを通じて知るという作業は、むしろこれからはじまるのだ。その作業が多様な近代性の比較と、そしてこれまでの人類学が積み重ねてきた知見と組みあわされるとき、私たちの「人間」理解はさらに再構築されるはずである。私たちは、人類学的フィールドワークが、近代化という人類史における巨大なプロセスのなかにあるさまざまな〈位置〉を、そしてそれら〈位置〉のあいだの共通性と特異性を理解するための新たな段階へと変貌をとげる、そのとば口に今、立っているのかもしれないのである。

参考文献

池田恵理子　一九九三『エイズと生きる時代』岩波書店。
ウィトゲンシュタイン、ルードウィック　一九七六『哲学探究』藤本隆志訳、大修館書店。
オジェ、マルク　二〇〇二『同時代世界の人類学』森山工訳、藤原書店。
掛札悠子　一九九二『「レズビアン」である、ということ』河出書房新社。
柄谷行人　一九八九『探求Ⅱ』講談社。
クリフォード、ジェイムズ　マーカス、ジョージ・E編　一九九六『文化を書く』春日直樹他訳、紀伊國屋書店。
佐藤知久　二〇〇二a「HIVとともに生きる主体――ニューヨーク市ブルックリンにおけるサポートグループの事例から」田辺繁治・松田素二編『日常的実践のエスノグラフィ――語り・コミュニティ・アイデンティティ』世界思想社、二六五―二八五頁。

——二〇〇二b「共通性と共同性——HIVとともに生きる人々のサポートグループにおける相互支援とその当事者性をめぐって」『民族學研究』六七（一）：七九―九八。

菅原和孝編著　二〇〇六『フィールドワークへの挑戦——「実践」人類学入門』世界思想社。

関本照夫　一九八八「フィールドワークの認識論」伊藤幹治・米山俊直編『文化人類学へのアプローチ』ミネルヴァ書房。

玉野和志　二〇〇四「魅力あるモノグラフを書くために」好井裕明・三浦耕吉郎編『社会学的フィールドワーク』世界思想社、六二―九六頁。

ネグリ、アントニオ　ハート、マイケル　二〇〇五『マルチチュード（上）〈帝国〉時代の戦争と民主主義』幾島幸子訳、日本放送出版協会。

浜本満　一九九四「はじめに」浜本満・浜本まり子編『人類学のコモンセンス』学術図書出版社、i―vii頁。

平野広朗　一九九四『アンチ・ヘテロセクシズム』パンドラ。

フーコー、ミシェル　一九七四『言葉と物——人文科学の考古学』渡辺一民・佐々木明訳、新潮社。

ブルデュー、ピエール　一九九三『資本主義のハビトゥス——アルジェリアの矛盾』原山哲訳、藤原書店。

古橋悌二著・ダムタイプ編　二〇〇〇『メモランダム』リトルモア。

マーカス、ジョージ・E　フィッシャー、マイケル・M　一九八九『文化批判としての人類学——人間科学における実験的試み』永渕康之訳、紀伊國屋書店。

松田素二・浜本満・高畑由起夫・太田至・関本照夫・菅原和孝・田中雅一　一九八九「フィールドからわかるということ」『季刊人類学』二〇（三）：三―一六。

米山俊直　一九九六『モロッコの迷宮都市フェス』平凡社。

レヴィ＝ストロース、クロード　一九七二「社会科学における人類学の位置、および、人類学の教育が提起する諸問題」川田順三訳、『構造人類学』みすず書房、三八三―四二六頁。

——二〇〇〇「人類学の創始者ルソー」塙嘉彦訳、山口昌男編『未開と文明』平凡社、五六―六八頁。

Gupta, A. and J. Ferguson (1997) *Anthropological Locations: Boundaries and Grounds of a Field Science.* Berkeley: University of California Press.

第2章

少女の瞳と少年のおちんちん

異文化ショックから文化人類学へ

縄田浩志

✻子どもたちの足――同時に同じ場所に立っていること

私が文化人類学を志したきっかけは、一九八七年の夏、そう一八歳の大学一年生の時であった。エジプトの農村で「少女の瞳」と「少年のおちんちん」に出会ったその瞬間である。

エジプト、ナイル河デルタの農村で、何十人という村の子どもたちに私は突然囲まれた。いっせいにバッと皆がこちらを見つめる。五歳から一五歳くらいに思える子どもたちである。自分の一挙一動が観察されていることを感じとった。私はそんな視線をさけようと、下のほうへ目を向けた。足に驚いた。少年も少女も皆、裸足であった。ごつごつして、節くれだって、ひびが入り、爪は割れている。お世辞にもかわいらしい子どもの足とは言えない代物であった。けれど、直接地面にふれてしっかりとそこに立っている足であった。

自分はと言えば、スニーカーに守られた柔な足はかろうじて地面と接しているだけでふわっと浮いているように思った。きれいな足の裏をしているかもしれないが、暑さや寒さを直接感じることもなく、ちょっとしたことですぐ傷がついてしまうような薄い皮しか持ちあわせていなかった。

彼らの足と、私の足とはまったく違っていた。

しかし今その時、その子どもも自分も同じ大地に立って、それぞれが生きている存在感を感じた。「彼らは履くくつもなくてかわいそう」という哀れみや蔑みでもなければ、「私は何と弱々しいのか」といった自己批判の気持ちでもなかった。今まで出会うこともなかった人同士がたまたま顔をつきあわせて、一つながりの大地に立っているということの不思議さと偉大さであった。

それまで漠然と「人間」や「地球」といった対象として考えてきた（教えこまれてきた）ものが、大地を介してひと一人ひとりがつながっているように、はじめて感じることができたのである。今、目の前で出会ったその人は、世界に何十億人といる一人ひとりのうちの一人であり、またそんな一人ひとりがじつは、今その時、たしかにこの世界に存在しているのだった。

そして、だんだんと私の視線は上のほうへ移っていった。すると、こちらを真っ直ぐに見つめる少女の輝く瞳にすいこまれた。

少女の瞳——絶対的な自信の美しさ

それは、今までまったく見たことのない、絶対的な自信に満ちあふれた美しい瞳であった。

たしかに私もそれまでの人生のなかで、たとえばお目当ての昆虫を探し当ててうれしかったり、とめどもない空想にふけったり、テレビゲームに熱中したり、友達と遊んで楽しかったりしたことは数かぎりなくあった。ただ、つかのまの喜びであった。また、スポーツで勝利をおさめたり、テストで上位になったりして、確固とした自信を持ったことはいくどかあったように思う。でもそれは、しょせん、一定のルールのなかで作りあげられた優勝や一番というものであった。つまり、一瞬の状況や感情に支えられた、あくまで相対的な自信でしかなかったのである。

それに対してその少女の瞳は、存在そのものからにじみ出てくる、まったく揺るぎない自信が輝きとなっていた。はたして自分はそれまでの人生で、こんな瞳をしたことがあっただろうか？いや、これからも死ぬまでないのではないか。そうだ、この子には一生かなわないんだ、と感じた。

瞳にひきつけられていると、そのあまりもの力強さに、ふしぎと私の目から涙がこぼれてきた。悲しさからではなかった。かといって、単純に感動したといった類のものでもなかった。全身がふるえ、それまでの自分という存在の根底が完全に崩壊したことによって、にじみ出てきた涙であったと思う。

打ちのめされながらも、考え始めた。どうしてその瞳は絶対的な自信にあふれているのだろう？何が、彼女の絶対的な自信を生みだしているのだろう？

しばらくすると、少しずつまわりを見る余裕がでてきた。そんな瞳を持っていたのはその少女だけではないことに気づいた。強弱はあるが、少女も少年も子どもたち皆の瞳は絶対的な自信の片鱗を覗かせていた。

「タッ！」と言いながら、ある少年はロバのお尻を棒でたたいた。と同時に、ぴょんと飛び跳ねて横向きにロバの背中に坐った。と思ったらその瞬間には、さっそうと私のもとを去ったのである。その鮮やかさといったらなかった。そしてロバと少年は畑のなかへと消えて行った。格好よかった。

ある少女は、頭上に自分の頭より大きい水つぼをのせていた。背筋をピンとして水つぼの重圧をしっかりと受けとめていた。それでもって普通に悠々と歩いていくのである。赤ちゃんを小脇に抱えながら、水つぼを運んでいる少女もいた。

私ははっきりと気づいた。その時集まってきた子どもたちは、たんに遊んでいたというのではなかった。少女は頭に水つぼをのせて水をくみ、少年はロバにのって畑をみはる、そんな仕事の最中であった。見慣れぬ訪問者がやってきたので、仕事の手を休めて私のまわりに集まってきたのであった。

彼らは村から外の世界のことはあまり知らないかもしれない。しかし与えられた仕事の一つひとつを身につけていく。「これは私ができる」「これは私にしかできない」と思うことから自然とにじみ出てくる自分自身の存在感と生きていることの充実感、それが、自信へとつながっているのではないだろうか。そう思った。

少年のおちんちん――涙ごしに垣間見る

「バカ、おまえ何でそこに突っ立ってるんだ。さっさと車に乗れ！」そう怒鳴りつけられて、私はハッと我にかえった。

私はその農村に一人でやってきたのではなかった。（財）中近東文化センター・エジプト調査隊という海外学術調査の正式な隊員としてエジプトに滞在しており、調査活動の一環として農村に足を運んでいたのだった。

一九七八年以来、カイロ郊外にあるイスラーム都市アルフスタートの発掘調査が続けられており、その時は発掘された遺物の整理作業のため、隊長以下八名の隊員が参加していた。[*1] 私は大学に入りたての一年生にもかかわらず、メンバーとしてエジプトでの現地作業に実際に携わることができるという、すばらしい機会を与えられていたのであった。

その日は、現代エジプト農村で用いられている民具とこれまでの発掘品とを比較する現地調査のために、下エジプト（ナイル河下流域）のデルタ地帯に位置する農村に来ていた。それぞれの研究

＊1　櫻井・川床編　一九九二、吉村　一九七六。

者は分担して、家の間取り図をとったり、民具を写真におさめたり、カマドの利用状況を観察したりと忙しく動き始めていた。私は必要な機材を運ぶ役目であったが、いったん運び終えると手がすいた。正確には手がすいたと勝手に自分で判断してしまった。本来ならば、先輩の方々の横について随時できることを手伝わなければならなかったのだが、そのような意識はまったく欠けていた。

自分を取り囲んだ子どもたちの魔法にかかってしまったのである。したがって、刻々と変わる状況の変化にも私は何の注意も払っていなかった。じつは調査開始そうそう、地元の役所からも調査許可をとらなければいけないことを指摘され、いったん全員の作業を中断することになっていたのである。隊長に怒鳴られて、私はそそくさと車に乗り込んだ。

後部座席に坐ると、一気に涙があふれ出てきた。怒鳴り声によって、茫然自失の状態から引き戻されてはいたのだが、恥ずかしいから涙をおさえようといった通常の感覚にはまだ戻りきれていなかった。かろうじて帽子を目深にかぶり直すことはした。同乗していた先輩方が気づいていたとしたら、おそらく、怒られたショックによる涙と見えていたであろう。

しかし私はまだ、子どもたちの魔法から完全にさめていなかった。車が動き出すと、何人かの子どもたちは追って走ってきた。畑の間の小道を車が通り過ぎていく時には、また別のところから新たに子どもたちが寄ってきたりもした。私は車窓ごしに、農村の様子を見続けていた。

すると、ある少年に目がいった。ただほんの一瞬のことだったので、はたして私は見たと思ったものを本当に見たのか、はたまた見間違えたのかわからなかった。少年は一枚のつなぎの白い服を着ていた。そして腰掛けていたため服の裾がまくれて、たまたま下半身がのぞき見えるような格好になっていた。子どものかわいらしいおちんちんが見えた。なのに、先端の半分ほどのところまでの色が、肌色ではなくピンクがかった白色だった。中身がはっきりと顔を出しているのであった。

どうしてまだ一〇歳にもならない少年の包皮がむけているのだろう？　普通だったらもう少し年

がいってからのはずなのに、わからなかった。いやたしかに、涙でかすむ向こうに、しっかりと先端部がむけ出ている少年のおちんちんを見た（イスラーム教徒の男性は、少年のころに男性器の包皮の先端部を切り取られているということを、随分後になって私は知った）。

✳異文化ショック――青年期に体験して

いわゆる青年期とは「自我と社会、主観と客観、理想と現実がぶつかりあう年代」なのだという。児童期でもなく成人期でもないこの時期に、社会・客観・現実というものは自我・主観・理想と背反するものであることに、はじめて突然気づくのだそうである。[*2]

私の場合、これらのぶつかりあいにさらに、自文化と異文化という気づきがまじりあったのだと思う。いわゆる「異文化ショック」である。間違いなく言えることは、とりわけ青年期にこの異文化ショックをエジプトの農村で経験したことが、私自身のその後の歩みに決定的な意味を持ったことにある。

生まれてから一八年にわたり接してきた社会とまるっきり違う社会と接する機会を持った。それも個人旅行という形ではなく、海外学術調査隊の一員として生活したのである。そのようななかで、青年期にある私が何をし、そしてその違った社会に生きる児童期や青年期の人びとに対してどのように感じたかということであった。

まず、私がその異なる社会のなかにはじめて放り込まれた時、何を感じたのか。

一番最初の驚きは、エジプトに到着する前に飛行機の窓から眺めたアラビア半島の沙漠であった。ただただ続いていく砂と岩の景色に息を飲んだ。カイロ空港に到着して外に出た途端に感じたのは、それまで嗅いだことのない独特のにおいであった。風、ほこり、陽射し、それらがごちゃ混ぜになっ

＊2　青柳ほか編　一九八五。

たにおいを感じた。市内に向かう途中に気づいたのは、車のクラクションのあまりにも騒々しい鳴らし方だった。

エジプトの首都カイロに暮らし始めて数日後には一人で買い物に行く機会があった。町並み、人の服装、売っているもの、何もかもがもちろん新鮮である。なかでも、すぐ食べ物に目がいってしまった。「これは何だろう?」と思うと食べずにはいられなくなった。あっちこっちで買い食いをした。でもこれまで、私は日本ではあまり買い食いをしたことはなかった。正直、買い食いはあまり良くないことだと思っていた（教えこまれていた）。

だれでも普段の生活や社会からはなれ、違った場所に行った時には、その土地のいろいろなことへの好奇心が沸き起こるとともに解放感から何かしらリラックスするものであろう。ましてや海外ともなればなおさらである。しかし驚いたことには、そのリラックスは自分でも予想をしなかったほどのものであった。その時に自分は、素直にその場の状況や人びとや物事に反応し行動したと感じた。自分が考えていた以上に今までの日常の社会にいる時にその社会からさまざまな影響をうけ、自分の人格やその行動が束縛されていたのではないかということに気づいたのである。日常生活のなかで何かをしようとする時に、自分が今まで関わってきた社会や人びとの中で、これからする自分の行動がふさわしいかということを、強く意識して（あるいは無意識であっても）行動していたのである。話し方から歩き方から食べ方までこれほどまでに自分はその社会や周囲の人びとに適応していた（適応しようとしてきた）のである（図2-1）。

このような事を強く感じ気づくことができたのは、私がほかならぬ青年期の人間であり、「社会のなかに自己の適所を発見する」真っ只中だったからであろう。もし社会に適応し始めて社会のなかに適所を発見した後の成人期の人間であったならば、それほど強く感ずることはなく、感じたとしても強く意識しなかったであろう。私は予期せず、ある違う社会に触れることによって、社会的

図2-1
エジプトの首都カイロ市内を歩く。

（写真提供：中近東文化センター）

訓練をおこなっている最中である青年期の自分の姿がその違う社会という鏡に映って、はじめて意識したと思われる。このような青年期の自分を意識することができたのは貴重なことであった。

✳社会への適応——自文化の発見

じつはこの時、エジプトという社会になじむこと以上に戸惑っていたのは、日本人の社会のなかで振舞うということであった。実社会に出たことのない青年が、発掘調査隊の隊員としてはじめて日本人社会の一員として集団生活をすることになったのである。先生方や先輩方と二四時間寝食をともにして、もっとも未熟な下っ端のものとして修行を積む。また外交官や商社マンとしてさまざまな仕事につかれているエジプト在住の日本人と時間をともにする。エジプトを舞台としてはじめて日本社会に適応しようと必死で学ぶ過程でもあったのである。その時には多くの不可解さや違和感、さらには憤りまで感じていたのを覚えている。ただ今思えばそのほとんどは、単に私が青すぎて何もわかっていなかったのだと赤面することだらけである。

このような青年期の自分を強く意識した時に、それに加え、あることに気づいた。それはそこの社会の人びと、エジプトの社会の人びとについてである。遺跡発掘関連の作業をするなかでは、現地の人びとと仕事を通してつきあうことがあった。とくに作業を直接手伝う発掘作業員は一番身近な人びとである。その作業員たちは、普段は農夫であり、発掘作業がある時に加わるのである。最初私は、その人たちの多くはてっきり三〇歳前後の人たちと思っていた。ところがきいてみると、三〇歳前後と思い込んでいた人たちは皆一〇代であった。成人期にあると思っていた人が自分と同じもしくは年下の青年期の人だったのである。

しかし、彼らはいわゆる青年期の人のようには私には思えなかった。彼らの表情や身振りには、今まで私が青年期に関して思っていた要素がほとんどなかった。その大きな要因と思われるのは、ほかならぬ社会であった。彼らは完全に社会の一員として社会に適応しているように私には感じられた。少なくとも彼らには、まだ社会の一員になり切っていないと言う様子はないように思えたのである。

いっしょに作業をしていた私と同年のある男性は言った。「もうすぐ軍隊に入って二年間を過ごす」と。エジプトでは男性は一八歳から二〇歳まで兵役につくことが義務づけられていたのである。

彼らとわれわれの青年期の違いは何であろうか。彼らには、われわれがその時期に持つことを求めながらも、誰もがいつも持つとは限らないものがあった。それは、まぎれもなく輝いた顔であった。それも社会と葛藤しながらもちゃんと融合しているなかにその輝きがあるのである。

われわれの多くは社会と直接関わらない現実の厳しさとは別のところに、いわゆる青春として、輝きを見出すことはあっても、社会とのかかわりのなかに輝きを見出さないのかもしれない。われわれが青年期と呼ぶ社会へ適応していく過程に当たる時期に、彼らがそのような輝きを持って生きていることに、私は、驚きとともに深い敬意を抱いた。

どこの社会にあっても、青年期は子どもと大人の間にある時期であることに変わりはない。青年期の特徴の相違は、明らかに、社会の生み出したものであったのである。

このように、一八歳の私は考えた。[*3]

❋日本に戻って感じたこと——山手線の車内にて

日本に帰ると、大学生活が始まった。ある日の通学途中、東京都心の山手線に乗っていて驚いた。車内に乗り合わせた人びとの表情にである。皆、何かに押しつぶされたような表情を浮かべている。

＊3
当時、大学で受講していた授業「教育心理学」（担当、吉川政夫）のレポートにおいてこのような考察をした。

何かの重みのようなものに耐え忍んでいる。同時に、覇気もない。即座に、エジプトの農村の子どもたちの顔が思い浮かんだ。それとは、まったく対照的であった。

あらためてゆっくりと右から左へまじまじと一人ひとりを見てみると、やはり皆同じような息苦しい顔であった。そして、ある人のところでぎょっとした。それは、車窓に鏡のように映し出された自分の顔であった。エジプトで撮ってもらった写真に写りこんでいた自分の表情は、山手線の車窓に浮かびあがったものとは似ても似つかなかった（図2−2）。瞬間しゅんかんに自分なりの新しい発見をしている時は、生きいきと明るかった。それが日本に戻ってまだほんのちょっとの時間しかたっていないのに、もう何かを失っていた。いや単に、元に戻ってしまった、と思った。

エジプトには夏の間、合計一ヵ月半ほど滞在していた。その間に、たくさんの発見をし、それまでになかったいろいろな気持ちが生まれてきていた。

子どものころからずっと憧れだったギザのピラミッドを訪れた（図2−3）。写真やテレビで見るよりも、実際に行ってみるとてつもなく大きかった。やはり、すばらしかった。その他大勢の観光客とともに、クフ王のピラミッドの玄室へ入った。盗掘のために掘られたという狭い通路を上がっていくと、到達した玄室はがらんとしており、そこは思っていたよりずっと小さな空間だった。そこには、何もなかった。見終わって出てくると、何か一気に力が抜けた。ピラミッドの内部に入るという経験は、もっともっと高揚感があるものだろうと考えていたが、じつにあっけなかった。古代エジプト文明は「ナイルの賜物」。ナイル河はどんなに雄大で躍動感あふれる表情を見せているのかと楽しみにしていたが、カイロではじめて見たナイル河は思ったより川幅も狭く、普通の日本の川とたいして変わらないと思ってしまった。ただ、そこに現在も暮らす人びとがいることをはじめて意識した（図2−4）。

他方、スエズ運河からイスラエル国境地帯まで紅海沿いにシナイ半島をぐるっとめぐると、いか

図2−2　上エジプト（ナイル河上流域）を旅して。

にナイル河周辺が緑に恵まれているかを思い知らされた。何といっても、風景がすごかった。雲の切れ間から何本もの筋になって射す日の光、その下には黒っぽい岩肌がむき出しの険しい山々が連なり、次々と表情を変える（図2－5）。一つひとつの景色に出会うたびに、「岩」「道」「山」さらには「暑い」「厳しい」「雄大」、そのすべての単語に抱いていた自分のイメージが、塗り替えられていく。ポツンポツンと見かけるラクダは、棘のある木に首を伸ばしたり、悠々と歩いたりしていた。皮製のテントを張って暮らしている沙漠の遊牧民にも出会った。こんな人びとの暮らしってどんなものなのだろう、と思った。

また、思ってても見なかったことに心躍らせたことによって、ある決心をした。

上エジプト（ナイル河上流域）のスーダンとの国境近くから、古代エジプトの遺跡が集中するルクソール、さらにはルクソールからカイロの間に位置する中部エジプトも縦断した。いくつかの遺跡を訪れる過程では、現在の町を通り抜けることがある。そこには市場もあった。野菜・果物や日常品の市場でも、何かわからないものがたくさん売っている。トマトの色がとても赤かった。日本で見慣れているものと比べて、小ぶりで細長い形をしているのだが、その色の鮮やかさといったらまぶしいほどだった（図2－6）。いったいその赤いトマトはどんな味なのだろう？　またまた、すぐ食べてみた。おいしい。買い食いは、少しの言葉を覚えれば事足りた。でも食べてしまったら、それで終わりである。

言葉がもっとできないと何も始まらない。現地の言葉アラビア語でもっといろいろなことをきいてみたい！　話したい！　そう素直に思った。それまで苦手で嫌いだった文法から習う語学ではなく、人びととコミュニケーションするための言葉を習得したいと、はじめて感じた。言葉を操る能力を高める努力をしようと、決心したのであった。

日本に帰ってすぐ、まず英語からそして同時にアラビア語の勉強も始めた。

図2－3
ギザのピラミッドとスフィンクス。

図2－4
カイロ市内のナイル川。

✳ある本を手にとる――文化人類学との出会い

そんな時期、大学生協の本屋で出版されたばかりのある本を手に取った。『異文化体験のすすめ』という本であった。カルチャーセンターのリレー講義で六人の講師が異文化体験について語った内容が、平易な口語体でまとめられていた。

そのなかの一章「異文化への姿勢――アフリカから」の内容に釘づけになった。
こんな一節があった。

なんども旅をしていて思いますのは、自分はなにに関心をいだいているのだろうか、ということであります。フィールドの選定は、まず自分の関心はなにか、このことを自分の心のなかに問いかけることからはじまるのではないでしょうか。それは、まるで雲をつかむような夢であってもよいでしょう。その関心を自分で確認することが、フィールドへのスタートになるのです。それは、この関心がアプローチにともなう、あるいはフィールドにおける、さまざまな苦労をささえる情熱に転換されていくからであります。最初いだいていた関心は、自己のなかでかならずしも固定されたものではありません。フィールドへの過程で、あるいはフィールドつまり異文化との相互作用のなかでいとも簡単に変わってしまうことがあります。そのこと自体、異文化にふれることによる自己再生とみなすことができるのです。[*4]

日本に戻った後、エジプトにおける自分の経験を何度も何度も反すうして消化しようとしていた私にとって、今の自分の状況が的確に表現されているのでは、と思った。

図2-5
シナイ半島の風景。

＊4
福井　一九八六：一二〇-一二一。

さらに親近感を感じたのは、この文章の筆者が若くして経験した異文化の初体験の仕方にもあった。一九六四年のちょうど東京オリンピックの最中に、二〇歳で京都大学の学術調査隊の一員として、最初にアフリカに行ったというのである。タンザニア、ハナン山のふもとの村で先輩の大学院生とともに過ごした生活の様子が書かれていた。[*5]

これが、本を通じた福井勝義先生との出会いであり、私にとって同時に、学問としての文化人類学との出会いでもあった。

文化人類学とフィールドワークについてこのようにまとめられていた。

文化人類学という研究分野は「フィールドにでかけ、自分の目や耳で直接資料に接することがなにより基本」であり、「たんに他人のあらわした映像や書物の知識を整理して自分の思考を模索するより、一歩外にでて異文化にふれることがどんなにすばらしいことか。その過程で、他人のミニチュア的発想ではなく、自己独自の思考が展開されていく」。[*6]

フィールドワークつまり「文化人類学の調査を主とした異文化生活では、その社会のひとびとすべてが出会いの対象」となり、「それは、文化人類学が対象社会をできるだけ総合的にとらえようとするところ」に特徴があるからである。さらに「ある一つの異文化の社会を深くほりさげていくこと、つまりかなりインテンシブなフィールドワークをおこなうことによって、自分の世界がひろがっていく時のよろこびは、ことばにつくせない」というのである。[*7]

ほんの今しがた自分が体験した異文化ショックから沸き出でた問題意識を、人びとと生活をともにしながら探求していくフィールドワークという方法によって、学問・研究として昇華させていくことができるのではないか。そう考えた。

何か、青空をみあげて上へ上へと突き抜けていくような、わくわくした気持ちになった。

図2-6
上エジプトで売られているトマト。

*5
福井　一九六八：一九八六：一二〇-一二一。

*6
福井　一九八六：一一七、一一八。

*7
福井　一九八六：一一五、一三五。

✳対象への距離感——原風景と体験と

私がエジプトで少女と少年について感じたことと、少し質が違うことがそこには書かれていることにも、同時に注意がいった。

本文のなかに、男性の上半身を横から写した白黒写真が掲載されていた。服は身に着けておらず、細身だがしっかりとした骨格を持った黒人ということが、パッと見でわかる。自分のひざの上で頬杖をついて、前を見つめている。その横顔は、何かうつろな表情のようにも思えるし、宙をにらみつけているようにも思えた。その人がこれまでの人生を生きぬいてきた深みと凄みが伝わってきた。

この写真には「ボディ族の男。実際に会えば、違和感はない」というキャプションが添えられていた。「かれらに会って最初に感じたことは、なんだ日本人と同じではないか、ということでした。形質の違いからくる違和感というより、むしろ共感でした」。「とにかくかれらに一人ひとり接していると、私の周囲のひとの顔に思いあたるのです。（中略）なんの違和感もなく、私はふれあうことができました」とあった。[*8]

この点は、私の最初の異文化ショックの体験とはまったく正反対であった。もう一つ対照的なこととして、筆者にとって最初のアフリカの生活は「田舎に育った私にとっては、まさにノスタルジア的生活であった」と述べていることも気になった。[*9] 私自身は父が転勤を伴うサラリーマンであったことから、いくつかの異なった都市郊外で少年時代を過ごしていた。また、父方母方も祖父母は東京にいたため、いわゆる田舎というものも私にはなかった。自分自身には、アフリカの人びとの生活にノスタルジアを感じる背景はあまりなかったのである。

このような相違点についても、本のなかで筆者は興味深い文化人類学的な洞察でもって私に語り

＊8　福井　一九八六：一〇四－一〇五。

＊9　福井　一九八六：一〇二。

かけてきた。

どんな異文化社会のひとも、異文化といった属性よりも、人間である、という共感のほうがはるかに大きいのであります。じつにあたりまえのことですが、私たちはなにかというと異文化のせいにしてしまいがちであります。私は、異文化の違いの幅が個人間の違いにくらべて、はるかに大きいんだ、という考えにはかなり疑問をもっております。いやむしろ、個性の幅が文化の差よりはるかに大きいのだとみなしたほうが妥当かもしれません。(中略) 対象とする社会が一様にみえるか、あるいは多様にみえるかということは、じつはその本人と対象の社会との距離感にあるように思われるのです。この場合の距離感を、一定の基準ではかることはできないかもしれません。そのひとのそれまでの体験の累積との距離、もの心がつくころに刻みこまれた原風景的なものとの距離、あるいは文化的な距離……。そのさまざまな距離で、自分が出会う社会をみているのではないでしょうか。[*10]

出会いにおける共感と違和感、文化の違いと個人差、対象との距離感と多様性、そして原風景と体験に関して、自分なりに考えてみた。自分がどのような原風景を持っており、またこれからどのような体験をしていくのか?　異文化の社会におけるそれぞれの人とのつきあいが深まっていった時、また別の感覚を持つにいたるのか?　などと思いをめぐらせた。

「異文化への姿勢――アフリカから」に言及されていた文献をてがかりに、いくつかの論文や本にあたってみた。[*11] 文化人類学の射程をなんとなく理解し、そこには無限大の面白い可能性があることを確信した。

＊10 福井　一九八六：一三三－一三四。

＊11 福井　一九七四：一九八四：一九八六：一九八八：一九九一。福井　一九八一。

✳どうやって異文化の壁を越えられるか——青いナイーブな想い

その一方、学部の専攻としては史学科東洋史に進むことに決め、授業を通じて文献学の基礎を学び始めた。同時に引き続き、早稲田大学文学部にあったエジプト調査室に通いながら、遺物の実測図のとり方からイスラーム考古学の視座にいたるまで、発掘調査にまつわる全般について日々学び、修行を積み重ねていった。

考古学、歴史学、そして文化人類学（民族学）、それらの学問分野にまたがる多様なテーマについて、自分の関心はどんどん深まっていった。

大学二年生の冬、今度は実際の発掘にはじめて参加する機会を得た。シナイ半島の港市アルトゥール遺跡での発掘調査である。大学入学直後からエジプト現地に連れて行ってもらえたことに加えて、またこうして発掘調査にもいち早く参加させてもらうことは本当に心からの喜びであった。

遺跡発掘には、現地からの労働者の参加が不可欠である。その役割を担うのは、上エジプトのキフト村出身で熟練した発掘技術を持つ職能集団キフティーユーンであった。一九世紀末以来一五〇年近くにわたり、エジプトの遺跡発掘を支えてきた。発掘作業員はおもに農閑期に副業として発掘作業に加わるが、普段は地元で農業に従事するものが多かった。[*12]

何十人もの発掘作業員を束ねる頭がいた。その人の名はハムザといった。彼の風貌はとにかく威厳があり、ハンサムだった。発掘作業中、労働歌を歌って皆を元気づける。親方があるフレーズを独唱すると、その他の人びとが対応したフレーズの合唱でもってそれに応える。[*13] 交互に歌声のかけあいが繰り返されていくと、それまでだれていたものたちも気力が充実してきて、途端にがんばりだすのである。その場に躍動するパワーに惚れた。

図2-7　発掘作業員頭ハムザとともに。（写真提供：中近東文化センター）

＊12　川床　一九七九：一九八三a。

＊13　川床　一九八三b。

そこである休日、発掘作業員が生活しているテントにハムザたちをたずねた。労働歌を歌って作業している時に何曲かをテープに録音してもらうことを頼んでみたのである。何日かたってテープを受け取った。そこに録音されていた曲を、口まねで覚えてみることにした。発掘調査に参加していた二ヵ月ほどの間に、少しずつ覚えていった。

そして私が発掘現場をはなれることになった滞在の最後の日に、発掘作業員皆といっしょに歌わせてもらえないかと親方にお願いした。彼は快諾してくれた。ハムザに代わって私がリードをとり、キフティーユーンの人びとがその後のフレーズを歌った。まだそらでは歌えなかったが、彼らと歌のかけあいはできたのである。楽しかった。うれしかった（図2－7、8）。

そこには純粋な興味とともに青いナイーブな想いもあった。じつは、どうやって異文化の壁を越えられるのかと思っていたのである。もちろんできたとは思わない。ただ、たしかに、一歩を踏み出せたとは思えた。

私はこれを一つの契機として、「文化人類学をやってみよう」とはっきり心に決めた。

再びエジプトの農村へ――「少女の瞳」に同じことを感じて

大学三年から一年間、早稲田大学の交換留学生として、アメリカのリベラル・アーツの大学（ベロイト大学）で学んだ（図2－9）。大学卒業後は、スーダンのハルトゥーム大学大学院に入学し、約二年間をスーダンで過ごした（図2－10）。その間に、スーダン東部、紅海沿岸の村に住み込み、長期フィールドワークに従事した（図2－11）。

ある時、沙漠で砂嵐に遭遇した。これほど迫力のあるものはない。

とにかく痛い。顔面に横からたたきつけてくる。それは風ではなく砂粒である。ゴーという音と

図2－8 労働歌のかけあいをやってみる。（写真提供：中近東文化センター）

バチバチと自分の顔に砂があたる音に覆われる。前方は一メートルほどしか視界がきかなくなった。しつこく、激しく、粘り強く、打ちつけてくる。それはまるで、「おまえは何者か」と、自然から問われているようであった。もうわかったといっても、容赦はない。

こんな三六〇度沙漠の世界に立つ時、一人では生きていけないことを痛感した。その寂しさが、人間を強烈に愛おしく思わせ、自然に対する畏敬の念を抱かせる。沙漠への「畏敬の念」を持ち、現地の人びとへの「愛」を感じること、その感情なしには、乾燥地の暮らしはわれわれにはわからないと思った。

沙漠で力強く生きる民族集団ベジャ族。ある家族のところに居候させてもらって一年以上をともに過ごした。彼らから学ぶことにより、自分のなかに膨大な問題意識が湧きいでた。帰国後は文化人類学専攻として京都大学大学院に進学し、八年間を大学院生として学びつつ、さらなる現地調査をおこなった。何といっても、大学院生の仲間とあらゆることについて議論をたたかわせることができるのが楽しかった。現地調査結果と問題意識の一端を博士学位申請論文としてとりまとめることによって、一つの作品を完成させる生みの苦しみを味わった。[*14]

自分でいうのは変だが、文化人類学徒としてまた一人の人間として成長したと思う。したがって、一八歳のころの自分とはもう同じではないはずであった。ところが、「少女の瞳」と「少年のおちんちん」との出会いから一〇年以上たって、エジプトの農村を再び訪れる機会があった。その時に予想外の感覚を持ってしまったのである。

ウシがひく犂の上にのって遊びつつ、父親の仕事を手伝う姉妹に出会った（図2-12）。父親に「おまえたち、これに水を汲んできなさい」と言われると、姉は笑顔でうれしそうに飛跳ねながら水汲みに行った。ポリタンクいっぱいの水を引きずって戻ってきた。何か満足げな表情を浮かべていた（図2-13、14）。

図2-9
アメリカの大学で学ぶ。

*14
縄田　一九九七：一九九八：二〇〇三a：二〇〇三b：二〇〇五a：二〇〇五b：二〇〇五c：二〇〇七a：二〇〇八a：二〇〇八b。

同じような輝きの瞳にまた出会い、自分はまったく同じことを感じた。そして、あの時の直感と同じ結論にいたった。やはり、絶対的な自信は仕事から生まれているのではないかと。もちろん、その少女の瞳はその時も美しかった。そして「自分には一生かなわない」と再び思った。何かが大きく変わったと自分のなかでは思っていたのだが、何てことない同じ感覚のままだったのである。変わった自分もいたが、変わらない自分もいたのである。

そういった意味ではある一面、もしかしたら結論は先にあるのかもしれない。

新たにサウディ・アラビアの農村へ——いまだ何もわかっていなかった「少年のおちんちん」

その一方、「少年のおちんちん」について当初疑問を抱いたことはその後文献資料をあたることによってちゃんと理解できたと思い込んでいた。つまり、中東のイスラーム教徒やユダヤ教徒の男性は、生後七日目以降一二歳ごろの少年期までには男性器の包皮の先端部が環状に切り取られる割礼が施されるというものである。それ以外の形態の男性割礼についての記載は見当たらなかった。

しかしながら、一〇年以上たっても何もわかっていないままだったとサウディ・アラビアの農村で痛感した。

西南部アシール山地で四〇年ほど前まで見られたのは、男性器の包皮のみならずその上にある下腹部の陰毛がある部分のすべての皮を削り取るという慣習であった。その施術は生後直後や少年期におこなわれるのではなく、一八〜二五歳の間の青年期に執りおこなわれた。その時期とは結婚の前にあたり、割礼は若者の男気を示すための役割をも担っており、観衆の前で割礼された。労苦を味わう時にさえ、動いたり震えたりしないということを証明するために、足の甲の上にいくらかの砂をおいたり、勇敢さを示すためには片足立ちになって、逃げないことをアピールさえした。割礼

図2-10　刀を抜いて迎えるベジャ族の人びと。

が終わると、人びとはライフルをうちならし、伝統的な踊りで祝福したという。

男性器の上の皮膚を削ぎ取った後に、ヒノキ科の樹木アフリカビャクシンの樹皮をスムーズになるまで細かく砕いてから傷に塗り込んだ。それからトウダイグサ科の草本ヒマの葉で覆いそれをロープでしばって、一ヵ月ほどは癒した。ビャクシンの樹皮をすりこむ理由は、傷の化膿を防ぐことにあった。この地域が厳格なイスラームの教えを体制化するサウディ・アラビア王国の支配下に入って以来、この慣習は途絶えた。割礼を受ける際に吟じた詩とともにそんな話を、アシール山地で出会った御年八〇歳のアフマドは私に教えてくれたのであった（図2-15）[＊15]。

これまでの研究史をあたって理解できたと思い込んでいても、まだまだその対象にさえ近づけてもいなかった。自分自身のデータを獲得してから、男性割礼の研究史をもう一度洗いなおしてみると、再発見をすることができたのである[＊16]。

フィールドワークに熱中できるのは、自分なりの発見がいつもそこに伴っているからである。ただしその発見は、自分にとっての発見でしかないため、他の人びとによるこれまでの発見（先達の研究）と見比べながら、どこに自分のオリジナリティーがあるのかを見極めなければならない。

その一方、研究史に向きあう時には注意深くなければならない点がある。ある一定のルールを踏まえた科学的成果を導き出そうとした時、これまでの科学的方法論に従わないかぎり、研究としては成り立たないのではないか、と考えやすい。もしくは既存の方法論を盲目的に流用することによって、実証的な分析を施したと簡単に自信を持ってしまいがちである。しかしながら、実証的研究としての方法論は、けっして借りものではなく現地調査での試行錯誤から、個別的な文脈に沿って自分自身で築き上げていくものである。

人類が実践してきた行為の形態はさまざまであり、知の蓄積は膨大である。人びとの移動は増大し、つながりはより密になった。飛びかう情報の速さとその浸透の広さは目を見張るものがある。

図2-11
紅海沿岸の村に暮らす家族のところに居候する。

＊15
縄田　二〇〇二；二〇〇七b；印刷中。

＊16
シュベル　一九九九。

もはや世界の現状について未知のことなどはほとんどないのではないかと即断してしまいがちである。

それでも、何もわかってなどいない自分をずっとずっと意識し続けなければならない。

✳私にとっての文化人類学——その色あせぬ魅力

結論は先にある、と少し前に私は述べた。それは、フィールドワークでデータをえて分析してはじめてわかることもあるし、直感的にわかってしまうこともあるという側面を伝えたかったからである。しかし逆に言えば、対象に向き合う自分自身（分析者・科学者）の人間観や世界観を自覚（意識化）し、そしてそれまでの人生の軌跡を自省（主題化）することなしには、実証的研究（科学）にはなりえないのではないか、ということを提起したいからでもある。

「少女の瞳」には「一生かなわない」と自覚し、「少年のおちんちん」について「いまだ何もわかっていない」と自省する私が、はたして科学のどんな地平を切り拓いていけるのか、そういった問題意識である。またこの小論を通じて、むき出しにした今の自分と読者との出会いから新しい何かが芽生えてくるかもしれないという淡い期待も抱いている。自分一人ではできないことにも、志を同じくする仲間とともに取り組んでいきたい。

私にとって、学問としての文化人類学の色あせぬ魅力は、自然と人間をとりまくあらゆる事象の深遠さにきちっと向きあっていける多様な切り口とテーマの広がり、また、結論がなかなかでないことにもずっとこだわっていけるような懐の深さといったもの、にある気がしている。たくさんの側面を大事にしつつ、現代社会にとって自分にしかできないことは何かを存分に意識しながら、文化人類学的な問いかけと探求の往復をこれからも続けていきたい。

図2-12　ウシがひく犂の上にのる父親と娘。

図2-13　微笑む姉妹と水汲み用ポリタンク。

参考文献

青柳肇・瀧本孝雄・矢澤圭介・清水弘司編　一九八五『教師のための教育心理学』福村出版。

川床睦夫　一九七九「ナイル緑地帯と砂漠のはざま」板垣雄三・川床睦夫「ハージル・アッダバイーヤ村」『季刊民族学』九：七―二一。

――　一九八三a「発掘作業員について――作業員の出身地」古代エジプト調査委員会編『マルカタ南〔I〕――魚の丘――〈考古編〉』早稲第大学出版部、一六二―一八二頁。

――　一九八三b「上エジプトの労働歌――Qiftiyun の歌」『オリエント』二五：八八―一〇五。

櫻井清彦・川床睦夫編　一九九二『エジプト・イスラーム都市アル＝フスタート遺跡発掘調査　一九七八～一九八五年』早稲田大学出版部。

シュベル、マレク　一九九九『割礼の歴史――一〇億人の包皮切除』明石書店。

縄田浩志　一九九七「ウシに話しかける人々――スーダン東部ベジャ族の音声による家畜管理」『人環フォーラム』二：五八―五九。

――　一九九八「スーダン東部ベジャ族のウシ名称群――個体別リストをもとに」『スワヒリ&アフリカ研究』八：二八―八〇。

――　二〇〇二「村長からの贈りものはアダンの香り――サウディ・アラビア西南部アスィール山地における人づきあい」『エコソフィア』一〇：六二―六三。

――　二〇〇三a「香がたすける性のいとなみ――施術された性器と向き合うスーダン女性」松園万亀雄編『くらしの文化人類学第四巻　性の文脈』雄山閣、一五三―一七一頁。

――　二〇〇三b「乾燥熱帯の沿岸域における人間・ヒトコブラクダ関係の人類学的研究――スーダン東部、紅海沿岸ベジャ族における事例分析から」京都大学大学院人間・環境学研究科博士学位申請論文。

――　二〇〇五a「乾燥熱帯沿岸域と牧畜システム――人間・ヒトコブラクダ関係に焦点をあてて」『アジア・アフリカ地域研究』四：二二九―二四八。

――　二〇〇五b「二つのエコトーンの交差地としてのスーダン東部、紅海沿岸域――ベジャ族の適応機構を探る」『地球環境』一〇：一七―二八。

図2-14　エジプト少女の瞳に再び出会う。

図2-15　アシール山地で男性割礼のことを教えてくれたアフマド。

――二〇〇五c「教室における異文化ショックの疑似体験の試み――スーダン東部ベジャ族の憑依儀礼ザールのビデオを用いて」『the Journal of Policy Studies』二〇：八九－一一六。

――二〇〇七a「スーダンの飢餓・内戦へのまなざし――写真撮影時の状況を探る」池谷和信・佐藤廉也・武内進一編『朝倉世界地理講座　一一巻　アフリカI』朝倉書店、三三三－三四九頁。

――二〇〇七b「詩を吟じて男になる――男性割礼の治療に用いられたビャクシン樹皮」中村覚編『サウジアラビアを知るための六五章』明石書店、一二〇－一二五頁。

――二〇〇八a「ベジャ――ヒトコブラクダを介した紅海沿岸域への適応」福井勝義・竹沢尚一郎編『講座　世界の先住民族　第五巻サハラ以南アフリカ』明石書店、一八三－二〇八頁。

――二〇〇八b「シルック王クウォンゴとの対話――われわれの手で平和をもたらしましょう」松園万亀雄・縄田浩志・石田慎一郎編『アフリカの人間開発――実践と文化人類学』明石書店、二五九－三一一頁。

――印刷中「外国人労働者との共同作業による環境保全――サウディ・アラビアの自然保護区における放牧をめぐって」草野孝久編『村落住民の目線で考える環境保全』古今書院。

福井勝義　一九六八「ハナン山麓の自然とイラク族の生活形態――半農半牧をめぐって」今西錦司・梅棹忠夫編『アフリカ社会の研究――京都大学アフリカ学術調査隊報告』西村書店、二七五－二九六頁。

――一九七四「わたしと人類学」梅棹忠夫編『人類学のすすめ』筑摩書房、九一－一〇五頁。

――一九八四「認識人類学」綾部恒雄編『文化人類学十五の理論』中央公論社、二一九－二四一頁。

――一九八六「異文化への姿勢――アフリカから」松尾大・小貫雅男・福井勝義・片倉もとこ・石垣恵美子・タゴール暎子『異文化体験のすすめ』大阪書籍、九五－一四一頁。

――一九八六「生態と歴史をつなぐもの」関一敏編『人類学的歴史とは何か』海鳴社、五一－六八頁。

――一九八八「文化イデオロギーと民族の生成――ボディ社会をめぐる戦いの事例から」川田順造・福井勝義編『民族とは何か』岩波書店、一八七－二二二頁。

――一九九一『認識と文化――色と模様の民族誌』東京大学出版会。

福井正子　一九八一『キリントの歌』河出書房出版社。

吉村作治　一九七六『エジプト史を掘る』日本放送出版協会。

第3章 表象の彼方へ
出会いそこね続ける「ジプシー」のために

岩谷彩子

出会い／出会いそこねの学としての人類学

いつ、「彼ら」とはじめて出会ったのか。その問いにうまく答えることはむずかしい。もしかしたら、まだ出会っていないのかもしれない。出会ったつもりになっているだけかもしれない。人類学を専攻する者として、もう一〇年も「彼ら」を訪れていても、そう思う。「彼ら」とは、日本語では一般的に「ジプシー」[*1]と呼ばれてきた人びとのことだ。

「ジプシー」とは、六世紀前後に北西インドからヨーロッパ方面へ移動を始めた人びととされている。このジプシー＝インド起源説が唱えられたのが一八世紀のことだ。一四－一五世紀、「彼ら」らしき人びとがヨーロッパのあちこちで確認されている。この時彼らが「小エジプト（Little Egypt。現在のギリシャから中東地域を指す）から巡礼のために来た」と名乗ったことに、「ジプシー（Gypsy）」という名前は由来しているらしい。ほどなくこの移動集団は、異教徒としてヨーロッパ

＊1
「ジプシー」は英語による他称である。現在では彼らの自称である「ロマ（Roma）」が知られるようになったが、「ロマ」も「ジプシー」諸集団のうちの一集団をあらわすにすぎない。そこで本章では、彼ら自身が用いることもある「ジプシー」を集合名詞とする。ジプシーの自称と他称については、リエジョワ（Liégeois 1994）、ケンリック（Kenrick 2004）参照。「ジプシー」と呼ばれる人びとは、黒アフリカ、東南アジア、東アジアを除くほとんどの国ぐにで生活しており（大森 一九九四：三三四）、人口は一〇〇〇万人をくだらないとされる。

各地で締め出されるようになり、彼らとヨーロッパの人びとは異端尋問所やナチの収容所など、不幸な形で出会いを繰り返すようになる。この「出会い」と出自の発見、差別の歴史は、ヨーロッパにおける「彼ら」の周縁性と「ジプシー」を支える種々の表象に根ざしている。「彼ら」はいったい何者なのか。ヨーロッパで生活する人びとにとって「ジプシー」は異質な他者であり、自分たちの秩序の枠組みを内側から問いなおす合わせ鏡のような存在であった。

それでは、世界でも「彼ら」が生活していないまれな国、日本で「彼らと出会う」とはどういうことなのだろう。本章では、日本で目にすることができる「ジプシー」に関するさまざまな表象を通して、われわれが「東洋（オリエント）－西洋（オクシデント）」といった枠組みにどのように関わってきたのか、ということを考察する。それは問題設定としてはけっして新奇なものではない。ポスト植民地主義研究で論議しつくされた観さえあるだろう。しかし、ポスト植民地主義研究[*2]の議論の中心はあくまでも表象と言説の問題であり、それと人類学が体系化してきた出会いという問題との接点は必ずしも明確にされてはこなかった。そのため、あたかもフィールドへ行けば対象と出会えるような錯覚に幻惑されたり、人類学がフィールドを必要としない思弁の学に後退したりしているのが現状だ。本章では、ジプシー表象と言説の問題から出発して、人類学において自明とされてきた人との出会いというものをもう一度問題化してみたい。方法としては、私自身がフィールドへ旅立つに至った過程を追いながら、「彼ら」をまなざす「われわれ」という構図そのものを対象化していく。

ここで言う「われわれ」は、二重・三重化された視線の先に立ちあらわれる。まずは、「東洋」をまなざす「西洋」人のまなざしとして。そして、描かれた「東洋」を「東洋」にいながら肩越しにのぞく、われわれ。さらに、西洋で生まれた非西洋をまなざす知と経験の体系である人類学的な視点をたずさえて、「東洋」へ旅立つわれわれ。「彼ら」との出会いを語るにあたって、これらのま

＊2
二〇世紀後半、それまで植民地であった国々は独立をとげた。しかし依然として続く旧宗主国の軍事的・経済的な支配力を背景に、旧植民地の国々の文化が西欧中心的な見方にもとづいて語られていることを批判的に問い直す研究。

なざしの重層性に自覚的であることは、最小限の必要性となりつつある。彼らをまなざすわれわれの視線を追う過程で、われわれはすでに出会っていた彼らの存在に気づき、そして今もいくどとなく彼らと出会いそこねていることを知るだろう。この出会いそこね、逸失の次元にこそ、「われわれ」と「彼ら」といった二分法を超え出る契機が存在しているのである。一見ナイーブな他者（自己）理解を標榜する人類学の存在意義は、ここにあるのである。

✳日本における「ジプシー」表象

流浪の民、「ジプシー」

まず、「われわれ」ではなく、「私」のまなざしの先から始めようと思う。そこに「われわれ」の視線が浮かび上がってくるからだ。

私が人類学を志そうとした時、まず考えたのは研究対象の問題だった。一九九〇年前後のことだ。異なるもの同士が出会って生じる驚きを深化させる学問体系として、あるいは他者との出会いを通して自己が変化していく技法として、人類学は当時の私にとってひどく魅力的に思えた。でもいったい誰とどうやって出会うというのだろう？　何らかの問題意識を追求するために、戦略的に出会いを仕掛けていくのが人類学なのだろうか？

そんなことを考えていた私が、たまたまデパートの古本市で手にしたのが、『ジプシーの魅力』という古ぼけた小さな本だった。南東ヨーロッパに住むジプシーを民族学および言語学の立場から研究したドイツ人、マルティン・ブロック博士が一九三六年に出版した著作の翻訳版だ。一九六六年に出版されたその本は、後にわかったことだが、日本で最初に「ジプシー」のことを紹介した本であった。ヨーロッパ各地の「ジプシー」を撮影した豊富な白黒写真にもつられてすぐさまこの本を買い込むと、私は夢中になって二日で読破した。

『ジプシーの魅力』は、マルティン・ブロックの鋭い感性でヨーロッパにおける「ジプシー」という存在を生き生きと描写した貴重な民族誌である。しかし、この民族誌に散見されるジプシー文化に対する本質主義[*3]とオリエンタリズムに満ちた記述を、今日の読者は批判的に読むことだろう（傍線部は筆者）。

彼らは永遠の流浪の民である。さすらいは、彼らの本性の中にある。本能的といえるほどの、激しい流浪癖にとりつかれている。どんな文明も文化も、この癖をなくすことはできなかった（二四）。生粋のジプシーは、青空の下で生まれる。そして青空の下で死ぬ。彼らは、いつも死ぬまで、広々とした野外で眼を覚まし、そこで眠りたいと思っている（一六二）。自由な、そして変化に富む旅への衝動に、また広々とした野と森と谷の旅への衝動に、常にとりつかれているジプシー。これこそ、本物のジプシーだと、流浪ジプシーは信じている（二三六）。ジプシーの精神生活の根本は、やはり呪術的で、合理的だといってよいだろう。彼らが、さらにほかの宗教を信ずるようになっても、この根本的態度には変化はない（二五九）。

このように、「彼ら」が生きる時間を本能や癖、衝動として固定し、「われわれ＝文明」と対置させて文化を語る語り口こそ、サイードが批判してきた文化支配の形態、すなわちオリエンタリズムである（サイード　一九八六）。オリエンタリズムは、他者をわれわれとは異なるものとして理解し、表象し、流通させることで「われわれ」の文化・政治・経済的な覇権を再生産する言説である。その詳細は次節で論じるとして、ここではジプシーが住まう国ぐにで作り出され、日本で目にするジ

＊3
ある対象は、社会的な状況や文脈を越えて恒常的に存在する特定の要素、すなわち本質によって決定されているとする思想。社会集団に適用された場合、本質を共有する集団内部の均質性と、その外部との差異が強調される。

プシー表象をとりあげながら、表象のもつ限界と可能性について私自身の体験をまじえて考察してみたい。なるほど『ジプシーの魅力』という民族誌で描かれたジプシー像は本質主義的であり、展開されているインド起源論や異文化の描き方を批判することはたやすい。しかしこの民族誌は、それまで私が絵本や小説のなかですれ違ってきた「ジプシー」の姿や彼らが投げかける問いを、鮮やかによみがえらせてくれた。『ジプシーの魅力』を読み終わった私の脳裏には、さまざまな「ジプシー」の記憶がよみがえり、今にもなだれを打って出てきそうだった。

「ジプシー」社会にまぎれこんだ非ジプシー

『ジプシーの魅力』は、すでに私の記憶の片隅にあった「ジプシー」像を喚起するのに十分だった。それは幼稚園のころだったろうか。記憶に残る一冊の絵本、『マドレーヌとジプシー』（ベーメルマンス 一九七三）にジプシーは登場していた。著者ベーメルマンスは一八九八年にチロル地方で生まれ、アメリカで一九三四年にデビューした絵本作家である。ベーメルマンスの描いたマドレーヌ・シリーズはアニメ化され、日本でも大人気だ。

この絵本のストーリーはこうだ。パリの寄宿舎に暮らす少女マドレーヌとスペイン大使の子どものペピートは、ジプシーのサーカス一座にまぎれこんでしまう。そこでは「学校へ行かなくていい」「歯をみがかなくてもいい」「おやすみを言わなくてもいい」ジプシーの楽しげな生活があり（図3-1）、二人はジプシーから芸を習いながらフランス各地を移動する。修道女ミス・クラベルは、二人を連れ帰るためにやってくるが、これを水晶の占いで察したジプシーのかあさん（図3-2）は、彼らをライオンのきぐるみのなかにとじ込めてしまう。ライオンになることを楽しんでいた二人だったが、サーカスへやってきたミス・クラベルを見つけてパリへ戻ることになる。

ここでも「ひとつところにおちつくのがきらいで」（一五）とジプシーの移動本能がうたわれ、

そこに由来する生活の気楽さが寄宿舎でのマドレーヌの生活と対照的に描かれている。寄宿舎という大人たちに管理された清潔な空間を離れ、自然や動物のそばでしばし生活するマドレーヌを通して、われわれは「文化／自然」「管理（秩序）／自由」「定住／移動」をそのまま「フランス人／ジプシー」にあてはめながら疑似体験する。絵本のなかでこの二項対立を行き来するのは、まだ完全に社会化されていない子どもであるマドレーヌとぺピートだ。ここでも、ジプシーに対するヨーロッパ人の好奇のまなざしは、子どもの無邪気さを通して毒抜きされているといえるのかもしれない。ジプシーの移動生活はそれほど楽なものではないし、サーカスだって社会から排除された存在にまかされた不安定な仕事ではないか。この絵本で、ジプシーはまるで人さらいとして描かれている。『ジプシーの魅力』にも登場する占いをするジプシー女性のイメージこそ、神秘化されたジプシー像ではないか。結局マドレーヌは寄宿舎に戻り、ジプシーと彼らが住まう空間は分かたれたままではないか。そんな読み方もできるかもしれない。

もちろん幼い私はそんな読み方をすることなく、単純にオリエンタルな表象としての「ジプシー」に接し、しかもそこから何気なく戻ってきていた。まるでジプシーに物怖じすることなく対峙する、絵本に描かれた子どもたちのように。「わたたちサカスでうまくやてます」（二六）と、字をまちがえながらミス・クラベルへ葉書を出す二人は、ジプシーにはなりきれないし、なろうとも思っていない。ここに、意外にもオリエンタリズムを超出する次元が生まれている。マドレーヌはジプシーや自分たちをうまく表象することに興味をもたない。彼女もジプシーたち自身がそうであるように、誤った自己表象を気にも留めない。現に絵本に現れる彼女の表象は、われわれ読者の期待を裏切り続ける。ライオンのきぐるみで町に出て人びとを驚かせながら、「かえったほうがよさそうね。どうぶつえんか、サーカスにいなけりゃ、てっぽうでうたれるにきまってるもん」（四〇）と言うマドレーヌは、見かけで中身を判断する大人たちを尻目にはるかに冷めている。そしてその後も彼女

図3−1（『マドレーヌとジプシー』、二一頁）

図3−2（『マドレーヌとジプシー』、二九頁）

は、涙にむせぶジプシーたちをあっさりと後にするのだ。

この絵本で、ジプシーと呼ばれる人びとがヨーロッパにいること、彼らはサーカスなどをしながら各地を移動していることを、おぼろげながら私は知った。芸能に関わるジプシー・イメージは、一九七八年から一年半ほど少女漫画雑誌『なかよし』に連載された『フォスティーヌ』にも濃厚に示されている。私がこの漫画に出会ったのは、小学生の夏休みだった。プールの帰りに立ち寄った古本屋で手に取り、たちまち私はその世界にいざなわれた。舞台はオーストリア。この作品は「ジプシー」を日本人が描いたものとして非常に興味深いものだが、ここでも「ジプシー」は、自然と一体化し、音楽を披露しながら移動生活を続ける人びととして描かれている（図3-3）。

ストーリーはこうだ。ウィーン大公の娘フォスティーヌは、ピアニストで大公の愛人であった母親から幼少時にジプシーに預けられて育てられる。やがて成長した彼女は自らの出生の秘密を知ることになり、ジプシー社会を後にする。権力欲渦巻く貴族社会に足を踏み入れたフォスティーヌは、育ちがいやしい「ジプシー」として貴族たちから白眼視される。しかし彼女は、「ジプシーとしてはなかなかの」ピアノの腕前と天真爛漫な性格で、人びとの心をとらえていく。やがて人びとは彼女の出自を知ることになる。

当時私は、『フォスティーヌ』に登場する、自由で才能豊かで情愛が深い「ジプシー」という表象に憧れた。しかもこの作品では、手放しでジプシー社会の自由さがうたわれているわけではない。非ジプシーに追い立てられて移動を余儀なくされるジプシーの生活や、借金のかたとして仲間に酒場においていかれたジプシー女性も登場する。彼女は仲良くなったフォスティーヌに対して、「生きていればさ、いろんなことがあるんだよね」と悲哀をこめて語る。厳しい環境でも明るくたくましく生きる「ジプシー」という像は、こうして私のなかに刻みこまれることになった。もっとも今読み返してみると、この作品では音楽や踊りというジプシーの職業選択の社会的背景までは明ら

図3-3

（『フォスティーヌ1』、二四一二五頁）

ジプシーの兄に、「あたしたちはどこから来たの？」と聞くフォスティーヌに対して、彼は次のように答える。「長い時間をかけておれたちはながれてきた　だから山も川も雨も嵐もみんなおれたちの仲間なんだ　おれたちの先祖は　ここよりずうっと南の国でくらしていたという……太陽がくれたやけたはだ　熱い風がおしえてくれた音楽　それがおれたちジプシーなんだ」。それに対してフォスティーヌは、「あたしは　に

かにされない。しかし、フォスティーヌが格闘する貴族社会と同様に、ジプシー社会内部にも複雑で厳しい人間関係があることがほのめかされている。また、非ジプシーがジプシー社会を後にすることで幸せになるという単純なストーリーでもない。物語の結末でフォスティーヌは、ジプシーでいることも大公の娘としてあることも選択しないのである。

今読み直してみれば、これらの表象はジプシー社会に迷いこんだ非ジプシーの一方的な視線を再現しつつも、それをはみ出す契機を含んでいるように思う。オリエンタリズムに満ちたジプシー表象であったとしても、それが記号という反復可能な形式として存在しているかぎり、あらゆる言語記号は生産された文脈を離れたところで新たな文脈を切り開いていくことが可能なのである。*4 紋切り型の「ジプシー」の描写に触れながらも、私の記憶のなかに沈殿していったものは、「ジプシー／非ジプシー」という枠におさまりきらない場所の体験だった。それは遊びの場と呼んでもいいかもしれない。幼い私は絵本や漫画で描かれた「彼ら」と出会いつつも、マドレーヌやフォスティーヌのように「彼ら」を後にしていた。*5 いや、そもそも寄宿舎に住むマドレーヌやウィーン大公の娘フォスティーヌとて、私が同一化できる対象であるはずはなかった。「ジプシー」と彼らを描いてきた「ヨーロッパ」とがせめぎあう言説空間に身をおきながら、私はいずれの表象とも戯れていただけなのである。ただそこに確実にいたはずなのに、もはや痕跡としてしか確かめえない存在としてのジプシー。このように「彼ら」を一方的にまなざす制度の内側にありながら、その制度はところどころほころんでいる。そのほころびが、「われわれ／彼ら」という枠組みを超えて、「私」のなかにすわりの悪い誰かを住まわせているのである。

いさんのような日にやけたはだも　とうさんたちみたいな黒い髪ももっていないわ」と不思議に思う。

＊4
この点については、デリダ（Derrida 1983）によるエクリチュールについての指摘を参照。

＊5
このような体験を映像化したものとして、非ジプシーの少年とジプシーの少女との出会いを描いた、トニー・ガトリフによる『僕のスウィング』（二〇〇二年、フランス）がある。ガトリフはジプシーの血を引く映画監督である。

周縁性、「ジプシー」と悪

自由で才能に満ちた「ジプシー」という表象と並行してたえず彼らにつきまとってきたのは、社会の周縁部で生活し、定住民の平穏な生活をおびやかす危険な存在としての「ジプシー」像である。そのような「ジプシー」像は、探偵シャーロック・ホームズが登場する『まだらの紐』にも描かれている。医師でもあったアーサー・コナン・ドイルがイギリスのストランド・マガジンに一八九二年に発表したこの作品には、犯罪の舞台となる屋敷の土地に野営を許されたジプシーの記述がある。被害者が犯人の手がかりとして残した「まだらの紐」という謎の言葉。結局この言葉は、被害者の義父が凶器として送りこんだまだら模様のインドの沼へビを意味していたのだが、事実が解き明かされる前、この言葉はジプシーたちが頭に巻いているネッカチーフとの連想で語られる。ジプシーと植民地インドからもたらされた毒へビは、ともに一九世紀イギリス社会が抱えこむ他者そのものである。彼らは、扱い方次第では管理する側の手に負えなくなる両義的な存在として描かれる。おりしもこの内なる他者を明らかにし、より効果的に統治せんとする植民地主義ヨーロッパに、人類学という学問も生まれたのだった。一世紀を隔てて小学生の私が活字を通して迷いこんだのは、そんな植民地主義期のイギリスであった。まったく異なる時代と場所で、「ジプシー」という人びとと私はそんな風にすれ違っていた。

そして私にとって「ジプシー」との出会いは、ほぼ同時代にエミリ・ブロンテによって書かれた小説、『嵐が丘』（一八四七年）によって決定的となった。浅黒い顔と黒髪のもちぬしで、わけのわからない言葉を話す男の子が、イギリス北部ヨークシャーの「嵐が丘」と呼ばれる屋敷にリヴァプー

図3-4
一九九九年八月。北フランス、シャンブレーで行なわれたペンテコステ派キリスト教徒のジプシーの集会に来ていた、マヌーシュの一家。

ルから拾われてくる。ヒースクリフと名づけられたこの子は、「嵐が丘」の主人と彼の一人娘キャサリンの愛を受けるものの、周囲からは「ジプシーの捨て子」としてさげすまれ、キャサリンも彼との愛を裏切る形で裕福な家へ嫁いでいく。『嵐が丘』はそんなヒースクリフの愛と復讐の物語である。バタイユが「悪がそのもっとも完璧な形で具象化されている作品」（バタイユ 一九九八：二二）と呼んだ『嵐が丘』に、一〇歳の私は魅了された。

　私が気になってならなかったのは、そこに流れる激しい愛と憎悪もさることながら、社会に対して圧倒的な破壊力をもつ「邪悪なもの」としての「ヒースクリフ＝ジプシー」という表象であった。『まだらの紐』における「ジプシー」像にも共通するが、ヒースクリフは一九世紀末イギリスの片田舎に都市からもちこまれた異物であり、キリスト教的、あるいは上流階級的な秩序と規範を内側から侵食していく存在として描かれる。ヨーロッパ社会や個人のなかで、「悪」として表象されてきた「ジプシー」とは、いったいどのような人びとなのだろう。彼らにとっての「悪」とは、どのようなものなのだろう。さらにいえば、社会的な「悪」とはどういうメカニズムで生起し、人びとはそれに対してどのように対峙していくのだろう。このような問いが、『嵐が丘』を通して喚起されてならなかった。「ジプシー」をめぐる表象は、ヨーロッパという地域や時代に根ざしてはいるが、そこを越えて私がすでにすれ違っていた誰かやひっかかっていた問いに、気づかせてくれたのである。

✻「ジプシー」とオリエンタリズム

　このような経緯を経て、私は次第に「ジプシー」なるものにとりつかれ、そこから離れられなくなっていった。出会い、過ごしてきた「ジプシー」なるものが気になるようになり、さまざまな文

図3-5
二〇〇〇年一二月。インド、ゴアへ行商にやってきたヴァギリの野営風景。

＊6
フランスとインドは、地域の言語とジプシー人口と先行研究を参考にして、私が決めたフィールド候補地であった。実際におもむいてみて、フィールドワークのやりやすさ、ヨーロッパのジプシーとのネットワークの有無、先行

献や民族誌を読みあさるようになった。それでも飽き足らず、「彼ら」に出会って深めたい問いが、私を人類学という学問に、そして彼らが生活しているという地域（フランス、イギリス、インド）に連れ出していった[*6]（図3－4、5）。

人が人類学のフィールドを選択する契機はいろいろあるだろうし、私の場合はその一つにすぎない。しかしここで強調しておきたいのは、人類学のフィールドというものが、日本の異郷や海を越えたどこかにあるとは必ずしも言えないということだ。われわれはすでに、さまざまなところで気づかないうちに誰かと出会っていて、その誰かがわれわれの現在を形作っている。その出会いの場、気づきの場が、フィールド（現場）なのである。現場には、その誰かの痕跡がある。その痕跡に連れ出され、すれ違っていた誰かともう一度出会いなおす。そして自分が見知っていた地点が、逆にその誰かの視点からまなざされることによって新たな意味を帯びてくる（図3－6、7）。そうした一連の過程を学問としてきたのが人類学なのである。

しかし、このような他者との出会いなおしの場にも、すでに他者に関する抑圧的な言説は浸透している。このことに自覚的であることは容易ではない。「ジプシー」をめぐる記号や表象が交換される特定の政治・経済的な社会状況のなかで、すでにわれわれは「彼ら」をまなざすように方向づけられているからである。比較的容易に海外へ出かけることが可能になったわれわれは、一方的に「彼ら」を探して、「彼ら」を切りとって持ちかえることをしかねない。「異文化や異なった伝統についての解釈を述べる場合に、二分法を作り出し、再構造化し、テクスト化するような手続きから、最終的には逃れることができるのだろうか」（クリフォード 二〇〇三：三二九）というクリフォードの問いは、いまなおわれわれにとっての大きな課題である。このような異文化理解の問題について、サイードのオリエンタリズム論は警鐘を発した。これを受けて、「ジプシー」をめぐる諸言説についても、すでにいくつかの論文によって議論されている。

研究で明らかにされていない点の多さから、南インドで長期間の調査（二〇〇〇年～二〇〇一年）をおこなうことになった。

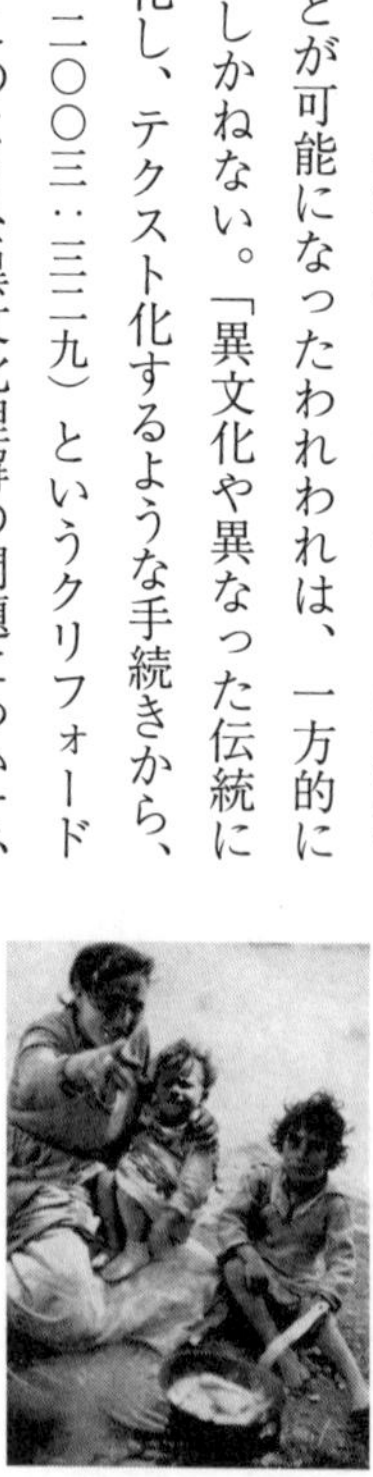

図3－6
『ジプシーの魅力』写真九三より転載。写真には、『「ほら、この小父さんが何をしているか、よくみてごらん!!」この女の動作と態度は、あまりジプシーらしくない。ジプシーと混血した「流浪の民」の一部かもしれない。かれらがほかの民族と結婚したばあい、かれらの特徴は、たいてい子供にあらわれるようである」と説明がつけられている。

オリエンタリズムとジプシロリズム

サイードのオリエンタリズム論の変種として、リーはジプシロリズム（Gypsylorism）について論及している（Lee 2000）。サイードの議論で「オリエント」とは、西欧にとっての中東地域を指しており、東・東南・南アジアについては直接議論の対象とはしていない。しかし、非対称的な権力関係を編成していく言説（フーコー 一九七四）としてオリエンタリズムをとらえるなら、ジプシーに関する言説も同じ構造をもっているとリーは指摘する。オリエンタリズムがエキゾチックな他者をヨーロッパの外に構築することで、ヨーロッパの覇権を再生産する言説であるのに対して、ジプシロリズムはヨーロッパの内部にエキゾチックな他者を構築する言説である（Lee 2000: 132）。

その言説編成過程で重要な役割を果たしたのは、一つはドイツで一八世紀末に提出された、グレルマンによるヨーロッパのロマたちのインド起源説である（Grellmann 1783）。このインド起源説は、ロマたちが話す言葉とインド・アーリア諸語との言語学的な比較によって提唱されたものである。しかし、言語学的な根拠のみに特化したインド起源説に対して、リーは批判的である。選別的に採集された言語に依拠することが、インドの言葉を用いるエキゾチックな他者としてのジプシーに対する社会的な疎外と差別とを正当化してしまいかねないからだ。

もう一つは、「本物のロマニー（Romany）」[*7]を他の非ジプシーや混血ジプシーから分離する言説である。これは一九世紀にジプシーと生活をともにした作家であり言語学者であるジョージ・ボロウ（George Borrow）に端を発する。この言説においては、多様なロマ、ロマニーの生活形態は、インド出自のエキゾチックな言語と習慣をもつ「本物」とそこから堕落した「偽者」「混血」に分類される。本物と偽者のロマニーを判別するのは、「ロマニー・ライ（Romany Rye）」と呼ばれるロマニー社会に溶けこんだとされる非ジプシーである。ロマニー・ライはジプシーの擁護者とされ

図3-7 一九九六年。南インド、チェンナイでの調査風景。ヴァギリの老人が歌ってくれた古い子守唄を録音中。

＊7 イギリスの「ジプシー」の自称。

るが、実際にはジプシー社会を分類し、新たな階層化と対立を生み出してきた。[*8]

ジプシロリズムを乗りこえる視点として、一つは単線的なジプシー＝インド起源説に対抗する言説が挙げられる。ヨーロッパ内部でロマ人口が生み出された可能性について論じたオークリー（Okely 1983）が、そのもっとも先鋭的なものといえるだろう。彼女はジプシーのインド起源を完全に否定するわけではないが、その起源説が当時隆盛していた文化伝播論と結びついたものであることを指摘し、それがオリエンタリズムというよりはむしろオクシデンタルなものの「オリエント化」であると述べる（Okely 1997: 227）。彼女に一貫しているのは、ジプシーを外部から来たエキゾチックな他者として描くのではなく、ヨーロッパ社会に根ざし、人びとの関係性のなかでつねに規定されてきた人びととして論じることである。

そしてリー同様オークリーも、ジプシーのオリエント化に貢献した知識人の役割について批判的に論じている。オークリー論文のなかで、インド起源説を唱える知識人が、イギリスでセミナーに招待されていたボスニアのジプシーに音楽を奏でることを求め、断られた事例が挙げられている（Okely 1997: 240）。彼らが要望を断ったのは、仲間に喪中の者がいたためでもあったが、音楽家でもない彼らはその要望自体にうろたえたという。ここでこの知識人は、「ジプシー」という表象にさえぎられて、その場にいるボスニアのジプシーと出会いそこねてしまっている。ここで彼のジプシロリズムを批判するのはたやすい。しかしそれよりむしろ重要なのは、人びとが身をおく言説の編成を明らかにすると同時に、人びとの戸惑いを声として響かせ、われわれがすれ違ったり、出会ったりする現場（フィールド）を記述していく方途を模索することである。

さらにジプシロリズムは、サイード批判としてすでに定着した観もあるオクシデンタリズム[*9]をも引き起こしている。現在では、本質主義的な文化観が施政者だけではなくジプシー自身に用いられている。たとえば、定住社会が定めた純血や土地のジプシーというカテゴリーは、特定のジプシー

＊8
詳細はアクトン（Acton 1974）参照。

＊9
Occidentalism。西洋という他者を構築することによって、オリエントが自己を想像的に構築していく言説上の実践。中国のオクシデンタリズムについて論じたシャオメイ（一九九六）参照。

＊10
ジプシーの国家建設案は、一九七〇年代以降たびたび論じられている。当初はマケドニアがその場所として考えられた（Okely 1997: 230-233）。二〇〇一年にインドで開催されたロマ——移動民文化国際会議においても、インド政府を通じてジプシーの国家建設をユネスコに訴えるかどうか、世界各国のジプシーの代表者たちによって話し合われた。

＊11
ペンテコステ派キリスト教とは、二〇世紀初頭にアメリカ合衆国で起きた、福音主義的なキリスト教復興運動の流れの総称である。ペンテコステ

の利権を守るために用いられることがある(Okely 1983: 75, 111)。ここでは「ジプシー」という他称も、ロマンティシズムを喚起したり、蔑称となる以上に、新たな意味と利権を呼び込む政治的なカテゴリーとして機能するのだ。民族集団カテゴリーが特定集団の利権を保護するために用いられる今日、進行している戦略的本質主義の一端である。

同様の論理は、一九六〇年代に始まるジプシーの国家建設案[*10]やペンテコステ派キリスト教宣教[*11]にも通底している。どちらにも、非ジプシーの知識人の発言力とジプシー＝インド起源説といった、ジプシロリズムの影響がみられる。しかし、ジプシーという混淆集団をまとめ上げる論理として、戦略的本質主義はいまだ有効に機能していない。むしろ、つねにホスト社会にとって定義不能な他者であり続ける方が、彼らの生活を維持させる戦術といえるのだ[*12]。

ジプシロリズムの限界は、私がここ一〇年間懇意にしている南インドの「ジプシー」、ヴァギリ[*13]に対するフランスのペンテコステ派ジプシーによる宣教活動でも露呈している。彼らがインドで宣教を始めた一九七〇年代、北西インド出自とされるジプシーのキョウダイを探して、最初に宣教の対象にしたのが、南インド、タミル・ナードゥ州で生活するヴァギリであった。ヴァギリが選ばれた理由の一つは、彼らが話す北西インド系列の言語が、現地の言葉タミル語から判別しやすく、ジプシーの起源説と親和性をもっていたからである。しかし次第にヨーロッパからきたジプシーの宣教師たちは、「本物」のジプシーの前で自らのオクシデンタリズムが成立しない事態に直面する。ヨーロッパでは、「ジプシー」というレッテルで彼らを抑圧してきた他者からの解放者になりえたが、インドでは事情が異なる。宣教師たちはオクシデンタルな他者として、政治・経済的な取引の対象としてヴァギリからまなざされ、そのまなざしにたえきれずに、ヴァギリ宣教から撤退していく[*14]。

オリエンタリズム、あるいはジプシロリズムを解体する「ジプシー」のまなざしの強さに、私自

派のジプシー福音宣教会の(La Mission Évangélique Tzigane)によるジプシー宣教と改宗の動きについては岩谷（二〇〇〇）参照。

＊12　彼らのこのような営みを、商業移動民の他者化戦術として論じたものとしては、イワタニ（Iwatani 2002）参照。

＊13　ヴァギリは南インドで狩猟採集と行商を営んできた人びと。タミル・ナードゥ州では「ナリクラヴァル（Nari Kuravar。ジャッカルを獲る狩猟採集民）」「クルヴィッカラン（Kuruvikkaran。スズメをとる人びと）」などと呼ばれ、州内の人口は約五万人である。

＊14　しかしペンテコステ派キリスト教は、とくにヴァギリの女性、若年層の間で、小規模ではあるが確実に信者層を獲得している（岩谷（二〇〇六）参照）。

身もフィールドでたじろいだ経験がたびたびある。何度も顔を合わせているヴァギリとパーソナルな話をかわして、彼らと「通じ合えた」「出会えた」ように思えた瞬間に、彼らから金の無心をされたり、何年も家族同様に接してきたヴァギリの家で自分の物が盗まれたり、など枚挙にいとまはない。そういう場面で去来するのは、第二節でも論じた「ジプシー」表象である。定住社会が提供した一定のまなざしであり鋳型である。私もそれに導かれて彼らのもとにやってきたのだが、そこにとどまり続けるかぎり「ジプシー」表象は再生産され、彼らとはつねに出会いそこねることになる。われわれが会いたがっている「本物」のジプシー、インド出自のジプシーの影で、別の方向をまなざしている彼らの視線の先には何があるのだろう。そこにわれわれは、自身の姿を見ることになるはずだ。たとえば、格好の商取引の相手として。おかしなところで異常に短気で疑り深い外国人として。何の価値があるのかわからない取材を続ける道楽者として。時には、彼らに会いにやってくる外国人や知識人に対する通訳や交渉役として。「ジプシー」という表象を介して生み出されるわれわれの姿も、けっして一元的なものではない。

ジプシロリズムを超えて

ここでは、ジプシロリズムをうがつ二つの次元を提示してみたい。一つは、第二節でも述べた「ジプシー」という表象そのものがもつ限界である。「ジプシー」という表象が依拠してきた文脈が異なるインドにおいて、宣教師たちが目指した「ジプシー」の解放は不発に終わっていた。「君たちはジプシーなんだ」「神は君たちのような貧しく、虐げられたものたちのためにある」という宣教師の命名（呼びかけ）は、それ自体が「貧しく、差別されるジプシー」を生み出している。しかし、この行為は完遂されていないがために不発に終わっている〔オースティン 二〇〇一（一九六〇）：二五―二八〕。「ジプシー」という英語はインドでも流通しているが、その意味するところはヴァギリにとっては、「ジャングルに住む文明化されていない人々」（三〇代ヴァギリ男性）というものであったり、ヴァギリの宣教師が自分の名前の前において名乗る権威づけであったりする。さまざまな他称で呼ばれてきたヴァギリにとって、新たに彼らを名指す「ジプシー」とは、現地では知られていない自称「ヴァギリ」より幾分役に立つ他称の一つにすぎない。インドにおいて「ジャングルに住む文明化されていない人々」は「指定部族」として優遇政策の対象になるし、キリスト教徒の「ジプシー」は海外の宣教団体からの潤沢な援助に浴することができるのだから。

そもそも適切に自分たちを表象することに関心をもたない彼らにとって、「ジプシー」は真／偽を判定する陳述としては機能していない。つまり、ヨーロッパではアイデンティティ構築の言説としても流用できたジプシロリズムも、それがまなざす「ジプシー」あるいは他者に近づけば近づくほど、本来の目的を逸することになるのだ。かくして、インドへ行く必要性は減じられる。「ジプシー」は、世界中どこにでもいて、どこにもいない存在となるのだ。表象自体がはらむこの不発の次元は、そもそも他者との出会いそこねを含んでいる。このすれ違いからしかわれわれは出発できない。そしてこのすれ違いは、対面状況のなかでもっとも生じやすい。われわれは、表象の彼方へおもむき、彼らと出会いそこねる経験を通じて、ようやく彼らをまなざすわれわれ自身に気づかされるのだ。

もう一つは、「ジプシー」という表象の流通を可能にしてきた社会・歴史状況を問うことである。こちらのアプローチでは、表象そのものを扱う場合に陥りがちな自己撞着や主体の位置の問題を留保することができる。すでに見たように、ヨーロッパにおける「ジプシー」言説の編成を問い直す試みは徐々に進みつつある。今後考えられるのは、一八世紀末に提出されたジプシーのインド起源説が、植民地期インドを経由してどのような旋回をとげたのか、その実証的な研究である。同時期にヨーロッパで成立した犯罪学において、移動民や放浪民、そしてジプシーは生来の犯罪者集団として管理と処罰の対象となった。そのイデオロギーと法は植民地期インドへも輸出され、クリミナル・トライブ法（一八七一年）としてインドの移動民の生活に影を落としていった。[*15]「ジプシー」表象のなかでももっとも強力な「移動」という言説編成について問い直すことは、定住を基盤とする近代社会の諸前提を問い直すことでもある。また、オークリーが試みたように、インドに必ずしも直結しない「ジプシー」的な存在がどのように歴史からとりこぼされてきたのか、という議論も今後さらに進めていく必要がある。ジプシロリズムの射程は、ヨーロッパのみにとどまらないのである。

✻非在からの出発

本章では、さまざまな他者の表象に遭遇したわれわれが、その表象の向こう側へ行こうとする試みの延長線上に、文化人類学という営みを位置づけた。私の場合、そこでいう他者とは「ジプシー」と呼ばれる人びとであったが、彼らが生活していない日本においても、すでに私は彼らと表象を通してすれ違っていた。それらの表象は、ヨーロッパで長い年月をかけて形成されてきた「ジプシー」をとりまく社会構造に支えられて流通し、私はその一端に触れたにすぎない。芸術的な才能にあふれ、自由で、しかし気まぐれで信用できない他者としての「ジプシー」。このステレオタイプ化された表象は、繰り返されることでフェティッシュ化された「彼ら」を生産する。しかし、そのステレオタイプ化されたジプシー表象に寄りそおうとする時、われわれは当然ながら彼らとすれ違い、不安を抱えたまま宙吊りになる。[*16]

表象として流通しはじめた「ジプシー」は、真／偽や非対称的な権力関係を解体する次元を内在させることで、私を彼らのもとへ連れ出していった。その強力な非在に駆り立てられるように、私は今日もフィールドへ向かう。まるで「ジプシー」にとりつかれたように。しかし、ここでフィー

＊15　ラーダクリシュナ（Radha-krishna 2001）参照。

＊16　植民地言説を分析したバーバは、差異を見慣れた代替物や起源的幻想に回収することで否認するステレオタイプをフェティシズムとしてとらえている（バーバ　一九九二：七〇）。ここでフェティッシュな対象は、差異と同一化の間で揺れる主体を表す。差異と類似、どちらかの選択を迫る植民地主義を批判しながら、春日（一九九九）も非在化の過程に姿を現す語りえない他者について論じている。

ルドへおもむき、「誤った」ジプシー表象を単に糾弾し是正することを、人類学はもはや目指してはいない[*17]。人類学が出発しなければならない地点とは、「彼ら」の非在に対して黙ってはいられない「われわれ」を直視すること、である。そしてなお彼らの非在に立ち会い続けることである。彼らに出会いそこねる方途として、フィールドワークは今でも有効な手段でありうると私は思う。より真正な「彼ら」を探し求めるためではなく、「彼ら」の非在、実体化の限界に気づくこと。他者と出会うということは、逆説的だがその非在においてでしかない。人類学の記述が今日も人びとを喚起し、他者の存在へとむかわせるのは、ほかでもないその記述のうちに彼らとの出会いそこねを含んでいるからなのである。

＊17　これに対して、表象批判の問題提起を受けとめつつ、人類学における実証主義を擁護する立場をとる大塚（一九九九）参照。

参考文献

岩谷彩子　二〇〇〇「『宗教をもたない民』の改宗――フランスの『ジプシー』の事例より」『宗教と社会』六：三一―一六。
――――　二〇〇六「夢が連鎖する空間と主体の生成――南インドの移動民が神の夢を語るとき」西井凉子・田辺繁治編『社会空間の人類学――マテリアリティ・主体・モダニティ』世界思想社、二〇四―二二七頁。
オースティン、J・L　二〇〇一『言語と行為』坂本百大訳、大修館書店。
大塚和夫　一九九九「二人のエドワードと二〇世紀人類学――『当世エジプト人の風俗と慣習』と『オリエンタリズム』のはざまで」栗本英世・井野瀬久美惠編『植民地経験――人類学と歴史学からのアプローチ』人文書院、三四六―三六五頁。
大森康宏　一九九四「ジプシー」石川・梅棹・大林・蒲生・佐々木・祖父江編『文化人類学事典』弘文堂、三三四頁。
春日直樹　一九九九「『テンペスト』の弁明――植民地主義批判に対して」栗本英世・井野瀬久美惠編『植民地経験――人類学と歴史学からのアプローチ』人文書院、三六六―三八二頁。
クリフォード、ジェイムズ　二〇〇三『文化の窮状――二十世紀の民族誌、文学、芸術』太田・慶田・清水・浜本・古谷・星埜訳、人文書院。

サイード、エドワード・W　一九八六『オリエンタリズム』板垣雄三・杉田英明監修、今沢紀子訳、平凡社。
シャオメイ、チャン　一九九六「オクシデンタリズム」『批評空間』篠崎香織訳、Ⅱ-2、太田出版：六三-八八。
ドイル、アーサー・コナン　一九八七『シャーロック＝ホームズの冒険（下）』平賀悦子・各務三郎訳、偕成社。
バーバ、ホミ・K　一九九二「差異・差別・植民地主義の言説」『現代思想』上岡伸雄訳、二〇（一〇）：六一-七九。
バタイユ、ジョルジュ　一九九八『文学と悪』山本功訳、ちくま学芸文庫。
原ちえこ　一九九七『フォスティーヌ』（全三巻）講談社・コミックス。
フーコー、ミシェル　一九七四『言葉と物——人文科学の考古学』渡辺一民・佐々木明訳、新潮社。
ブロック、マルティン　一九六六『ジプシーの魅力』相澤久訳、養神書院、二四、一六二、二三六、二五九頁。
ブロンテ、エミリー　二〇〇四『嵐が丘』河島弘美訳、岩波文庫。
ベーメルマンス、ルドウィッヒ　一九七三『マドレーヌとジプシー』瀬田貞二訳、福音館書店。
Acton, T. A. 1974 *Gypsy Politics and Social Change*. London: Routledge and Kegan Paul.
Borrow, George 1969（1857）*The Romany Rye*. London: Dent.
Derrida, Jacques 1983 "Signature, Event, Context". *Margins of Philosophy*（translated by Alan Bass）. Chicago: University of Chicago Press, pp. 307-330.
Grellmann, H. M. G.（translated by Matthew Raper）1787（1783）*Dissertation on the Gipsies: Being an Historical Enquiry, Concerning the Manner of Life, Family Oeconomy, Customs and Conditions of these People in Europe, and their Origin*. London: G, Bigg.
Iwatani, Ayako 2002 "Strategic 'Otherness' in the Economic Activities of Commercial Nomads: A Case of the Vaghri in South India". *Journal of the Japanese Association for South Asian Studies* 14: 92-120.
Liégeois, Jean-Pierre 1994 *Roma, Gypsies, Travellers*. Strasbourg: Council of Europe.
Lee, Ken 2000 "Orientalism and Gypsylorism". *Social Analysis* 44（2）: 129-156.
Kenrick, Donald 2004 *The Romani World: A Historical Dictionary of the Gypsies*. Hertfordshire: University of Hertfordshire Press.
Okely, Judith 1983 *The Traveller-Gypsies*. Cambridge: Cambridge University Press（邦訳『旅するジプシーの人類学』木内信敬訳、晶文社、一九八六年）.
——— 1997 "Some Political Consequences of Theories of Gypsy Ethnicity: The Place of the Intellectual". A.

James, J. Hockey and A. Dawson (eds.), *After Writing Culture*. London: Routledge, pp. 224-243.
Radhakrishna, Meena 2001 *Dishonored by History: "Criminal Tribes" and British Colonial Policy*. New Delhi: Orient Longman Limited.

COLUMN

「人と向き合う」ということ
フィールドワーカー、そして、家庭裁判所調査官として

「こんなこと話したの、はじめてです」。

一六歳の少年は、私に向かって照れくさそうに笑いながら言った。

少年は、集団暴走に参加したり、シンナーを吸ったり、人の物を盗んで、少年鑑別所に入っていた。少年は緊張した面持ちで事件の話を始めた。先輩の誘いを断れなくて事件に参加したこと、家にいたくなくて夜通し友達と遊んでいるうちにバイクを無免許運転するようになったこと……。少年は、次第に自分の生い立ちを話し始めた。小さい時に母親が家を出てしまったこと、父親は一人で自分や妹を育てられず、祖父母に自分たちを預けて逃げるように消えてしまったこと……。小学生になって父親が時々会いに来てくれて嬉しかった。でも、父親には別の家庭があり、腹違いの妹までいることを後から知ってショックを受けた。次第に学校をさぼって、夜遊びを繰り返し、非行をするようになった。父親が自分の携帯に電話してきて、「ちゃんとしろよ」と叱ったことがあった。腹が立った。父親らしいこともしてないのに、父親ぶるな。父親をできるだけ無視しようとした。でも、一度乗った父親の車の助手席は、とても居心地よかった。やっぱり、この人がお父さんなんや……。

少年は話をする中で、父親へのもやもやした気持ちが非行へつながって行ったことに気づき始めていた。最後に少年は、父親から逃げずに不満をぶつけたい、ちゃんと仕事をして父親に認められたい、そして父親と対等な関係になりたいと話した。そして、冒頭の言葉を私

にくれたのである。まだ葛藤はあっても、すっきりと明るいその表情の中に、私は希望を見いだして、心の中で「ありがとう」とつぶやいた。

現在、私は、大阪家庭裁判所で家庭裁判所調査官として勤務している。家庭裁判所で扱う少年非行や家庭内の紛争といったことがらは、「家庭」という、人びとが生きていく上でもっとも身近な領域と深く関わっている。そこで、家庭裁判所では、単に法律で割り切るのではなく、少年や当事者の置かれている家庭環境や人間関係、当人の性格などを把握し理解した上で、問題解決を図っている。これらを理解するための専門知識（これを「人間関係諸科学」と言う）を持ち、面接や家庭訪問、心理テストなどを用いて調査をおこない、問題解決の方法を法律家である裁判官に意見として提出するのが、家庭裁判所調査官（以下、家裁調査官）である。

ところで、私は修士課程で、ノルウェーの北極圏の町に滞在して、先住民族サーミの伝統歌「ヨイク」について学んだ。海外でのフィールドワークははじめてで、最初はサーミの人びとと親しくなる機会を得られず、孤独な日々を過ごした。しかし、そんな私を知ったインゲル・アンネというサーミ女性が、彼女の家族や彼女の兄姉の家族を私に紹介してくれた。彼らは、家こそ別々だが、まるで自分の家のように互いの家を始終行き来しており、互いの子どもを自分の子どものように世話していた。私は次第にこの「大家族」の一員のようになって、彼らの家々を行き来するようになった。当初の苦しかった日々が嘘のように居心地のいい楽しい日々へと変わっていった。そんな中で、彼らが家族の相手に対して歌を歌うことが、相手への親しみの表現であり、相手をよく知ることへの自負の表現でもあることを知った。歌を通して表現されるものは、私が居心地いいと感じた彼らの関係性そのものだった。

同時にまた、家族の一人一人と親しくなるにつれて、彼らがそれぞれに悩みを抱えていること、そして自分なりの方法で折り合いをつけながら生きていることを知った。それは彼らとの何気ない会話やふとした時の相手の表情から感じ取れるものだった。折り合いの方法は、その人が生きる中で培ってきたその人なりの知恵であり、私には人生哲学のように感じられた。フィールドワークを通して彼らから教わったものは、体験という言葉では言い尽くすことのできない宝物として、私の中に降り積もっていった。

家裁調査官という仕事をはじめて知った時、非行や家庭内の紛争という、私にとって未知の領域を扱う仕事のように思えて、逡巡した。しかし、フィールドワークの体験を顧みた時、人が人と生きていく上で抱えている問題や悩みに向き合えるのが家裁調査官だと気づいた。そしてそれは、私がフィールドで学び、感じたことがらに対して行動していくことになるのではないか。そう思った時、自分の進むべき方向性が見えたような気がした。

家裁調査官補として採用されて二年間の研修を経て、家裁調査官になったばかりの私は、家裁調査官として歩むべき方向性を模索する途上にある。今は、フィールドワークで出会った彼らが教えてくれたように、人が生きていく上で本来持っている力や知恵を信じて、少年や当事者と向き合おうと思っている。それは、家裁調査官にとって必要な人間関係諸科学の知識以前の「あり方」となって、私を支えてくれている。

畑百合子

Column

等身大で出会う――フィールドで、学校で

（生徒）「先生、何で教師になろうと思ったの？」

進路に悩む生徒から、何度も聞かれたこの質問。

（私）「うーん、何でかな～。学生の時、フィールドワークをしちゃったからかな……うまく説明できないなぁ」

（生徒）「何それ、訳がわかんない」

高校生の時、事件を追って世界を飛び回る新聞記者になりたいと夢を抱いていた私にとって、最も忌み嫌う職業が教師であった。権威的で、非生産的。非効率で、頭が固く、アナログ人間。およそ教師に抱くイメージは、技術の進歩や合理性からはかけ離れた、骨董品のようなものだった。大学生になってもそのイメージはまったく変わらず、ネットに見られるデジタル全盛の世の中で、日々変化する革新的なアイデアと組織のあり方が産み出され、その対極こそ学校というシステムと教師の姿であるように思われた。

そんな私の一大転機となったのが、半年を過ごしたフィリピンでのフィールドワークだった。新聞記者への憧れは潰えたものの、どこか冒険的で好奇心を掻き立てる文化人類学のエスノグラフィーにロマンを感じていた。フィリピンの首都マニラからバスとジプニーを乗り

継いで一〇時間、四方をコルディリエラ山系の山々に囲まれた人口数百人のイバロイ族の小さな村で、一人住み込み調査を始めたのだった。村には電気をはじめ、生活インフラは何もない。急斜面に幾重にも連なる棚田での稲作と、わずかな耕地での焼畑耕作が村の生活を支えていた。文字どおり、日の出とともに水汲みから朝が始まり、夕日を迎えて床に就く。それが村での一日だった。

村には日本人への記憶があった。先の大戦中、日本軍が村の小高い丘に陣地を築き、今でもそこには不自然に並んだ大きな穴がポッカリ空に向かって開いている。私はその時以来、半世紀振りの日本人。村長からも、村人からも毎日のように同じ質問が繰り返された。「日本人のお前が何しにここへやって来たのか、本当の目的を教えてくれ」と。学生としての自分の身分や調査の目的を伝えても、彼らの求める文脈においては何の答えにもなっていない。今思えば当たり前のことなのだが、一度村に入れば、自分を保障するものなど何もない。村の掟と自然の法則だけが、その日その日の自分を支える唯一の手段だ。そしてまたこの質問にぶち当たる「お前は誰で、何しにここへやって来たのか」。

村人たちの「世界」に突然入り込んだ私は、自分の出自、自分の名前、自分の身分の証明は何もない。私の証は、今そこに存在する名前のない、少し異質な肉の塊という事実のみ。ちょっとした運命のいたずらで、私の体がその村の土に埋められれば、おそらく誰にも見つかることなく、大地の一部となるだろう。そんな思いが、いつも頭の中をよぎっていた。

しかし、この経験は、私にある直感を与えてくれた。人が人とつながる可能性だ。村に宿った小さな命が、村の中で育ってゆくように、やがて〝ジュン〟という名前を持った存在として、彼らの中に受け入れられた。もちろん、私にとっての彼らも同じこと。ゼロから始まる人と人の関係に、時間をかけて「あいだ（間）」を紡ぐ。好かれ、嫌われ、求められ、避けられ、等身大の私と等身大の村人たちの「あいだ」に生きている自分を実感していた。いつの間にか調査を忘れ、村の中で過ごす時間が、何よりもの喜びとなった。

人が育つ営みは、等身大の営みだ。等身大の出会いを求めてフィールドワークをおこなうように、学校もまた等身大の出会いの場といえないだろうか。そこには、合理性もなければ、技術の進歩も入り込む余地はない。営々として人間たちが繰り返してきた出会いの摂理は、時に苦しく、時に理不尽で、時に感動的でもあるだろう。制度としての学校は、もはや限界かもしれない。しかし、人の生き様を求めて人類学がフィールドワークをおこなうように、アナログ的な、言い換えるなら、体験することでしか看取できない交感的な集いの場を創り出そうと、今の自分の仕事を選んだように思う。村人と私、そして生徒と私、「あいだ」の諸相は違えども、その営みに変わりはないと感じている。

（私）「話し出したらちょっと長いんだけどね、えーと」

（生徒）「そんならいいよ。時間ないし。あ、今度、中国史の質問していい？塾の先生、早口でさ」

（私）「いいよ、わかる範囲でね」。

金子　潤

人類学をはじめる

第II部 自分を含む集団を知る

［第２部扉図版］
ハワイにおけるエイサーの踊り手　2006 年撮影

第4章

「マンチャー人類学」への一歩

アフリカ、沖縄経由、ハワイ・オキナワへの旅

城田　愛

✳はじめに——ビーチサンダルでフィールドへ

私のおもなフィールドは、ハワイと沖縄の島々である。ビーチサンダル（沖縄では「島ぞうり」とよぶ）はフィールドノートと同様、調査の必須アイテムである。大学院進学後、この一〇年間、沖縄からハワイなどへ移り住んだ人びととその子孫たちによる踊りやミュージアムに関する調査を続けてきている。[*1]

ふりかえってみると、学部三回生の冬休みに体験したはじめてのフィールドワークにも、ビーチサンダルを持参した。その行き先は、タンザニア沿岸部のバガモヨと離島のザンジバル島とペンバ島であった。青森の弘前で高校生活をおくっていたころ、とにかく自分のルーツや雪国から物理的にも文化的にも遠く離れた「異文化」について知りたいと思い、私は大阪外国語大学のスワヒリ語科に進学した。そして、非常勤講師として教えに来てくれていた松田凡先生や松田素二先生の授業

＊1　城田　二〇〇〇；二〇〇一；二〇〇四；二〇〇六など。

に夢中になり、文化人類学に没頭していくようになった。アフリカ関係者がまわりに多かったため、調査地で生じる病気やトラブルとの格闘や武勇伝を耳にしてきた。ハードな調査をしてこそ文化人類学的成果はえられるのだと思っていた。

一九九三年の一二月、実際に訪れたタンザニアでは、行く先ごとに目にしたダンスにこころも踊った。あわせて、虫、下痢、肝炎、マラリア、エイズ、治安などへの不安に悩まされることも多く、緊張とカルチャーショックからの興奮の連続であった。初調査を思い出すたびに、現在のフィールドであり、「南の楽園」とされるハワイと沖縄における居心地の良さから、人類学的感覚が麻痺してしまうのではないかとある種の危機感をおぼえることもある。

それでは、なぜ、アフリカから沖縄、ハワイへとフィールドをかえてきたのか。本章では、「ネイティヴ人類学」の議論をふまえながら、私自身のルーツ、そしてホームとフィールド探しの旅について述べていく。

アフリカ、沖縄経由、ハワイのオキナワへの旅

私は、沖縄の施政権がアメリカ合衆国（以下、アメリカとする）から日本へ返還された一九七二年、大阪に生まれ青森で育った「沖縄系三世」である。[*2] 父方の祖父は、一九二〇年代、職を求めて沖縄から大阪へ移り住んだ。父方の祖母は信州から紡績工場に働きに出て、大阪で祖父と結ばれた。沖縄サイドからみると、祖父が一世、父が二世、そして私は三世となる。母方のルーツは関西にあり、私は沖縄と信州、関西がまじる「マンチャー」（ウチナーグチ（沖縄語）で「まじる、まぜる」の意味）である。

このように、自分の生まれ育った場所、両親や祖父母の出身地、祖先の墓の所在地など、どれ一

＊2
日本に暮らす沖縄系の人びとは、自称および他称として、「在日ウチナーンチュ」（城田他　二〇〇六）、「在日沖縄系日本人」（前山　二〇〇一：三八七）などということもある。しかしこれらの名称は、まだ一般化はされていない。なお、「ウチナーンチュ」とは、ウチナーグチで「沖縄のひと」を意味し、ハワイでは「ウチナンチュ」と発音することが多い。

つ一ヵ所におさまらない。大阪弁、津軽弁、ウチナーグチ、ハワイ英語、どれをとってもネイティヴ・スピーカーにはなれない。祖先代々、同じ場所に暮らし、その土地の言葉を第一言語（母語）として話す真正な、本物の、純粋な「ネイティヴ」でもない。「血」でみると、四分の一しかウチナーンチュ（沖縄人）にはなれない。ネイティヴでなければ、移民でもない。

では、いったい、自分は「なにじん」なのだろうか。ルーツや出身地、居住地、言語などがまじりあう環境で育った私は、古典的な民族誌が描いてきた「ネイティヴ」たちや「伝統文化」にあこがれをいだいていた。そして、自分の都合にあうようにアフリカへの理想（幻想）をふくらませていったのである。

「自分の中にアフリカをよむ」という課題で書いた学部二回生の期末レポートには、今となっては赤面せずにはいられないような内容が書かれている。当時は、アフリカにおけるダンスに強い関心があり、「アフリカには様々な踊りが存在する。踊りが人びとの生活、人生の一部としておこなわれているアフリカ。社会的、宗教的にも踊りが重要視されているアフリカ。また、コミュニケーションの手段として踊りが用いられているアフリカ。私はみるみるうちにアフリカにとりつかれていった」と書いている。アフリカと聞くと「なぜか血がとてもさわぐ」し、「理屈抜きにアフリカが好き」とそのレポートにある。そしてその勢いで、翌年、アフリカへ飛んだのである（図4-1）。

バガモヨ芸術大学のローザ先生（仮名）に、私はダンスの個人レッスンを受けることとなった。ある日、ローザ先生の知人の妹が、初潮をへて成人した女性になる成女儀礼のための「秘密のダンス」を習うので、一緒に参加しないかとさそわれた。この「伝統文化」へのいざないに、私は舞いあがった。

しかし、見せてもらうには、金がかかるとのことであった。それまで読んできたコリン・ターンブルやエヴァンズ＝プリチャード、マーガレット・ミードなどのエスノグラフィには、調査をす

図4-1 はじめてのフィールドワークで訪れたタンザニアのペンバ島にて。（一九九三年一二月）

る際に金を払ったとは書かれていなかった。教室からフィールドに出たばかりの私は、この交渉にとまどった。金で自分の好奇心をみたすようで、倫理的に大丈夫かと罪悪感さえおぼえた。この時、はじめて調査する側とされる側との関係性に対して意識的になったのである。

けれども、卒業論文のテーマとデータ探しのため、必死にためたアルバイト代でここまで来た以上、後にはひけなかった。悩んだすえ、要求された一〇〇〇タンザニア・シリンギをローザ先生に渡して参加させてもらった。

成女儀礼のダンスを教わる閉めきった部屋のなかには、初潮をむかえた一四歳の少女とその姉、ローザ先生と私の四人がいた。カンガという腰布一枚だけを巻いて上半身裸になったとたん、三人の視線が肌の色が異なる私の乳房にあつまってくるのをひしひしと感じた。

観察する側であるはずの私の立場は逆転した。その狭い部屋と私の頭のなかは、不自然な視線のやりとり、汗と体のにおい、そして揺れる八つの乳房でいっぱいになった。もう、調査における倫理観や、調査する側とされる側を問題にしている場合ではなかった。私は、無我夢中になって「カメレオンのダンス」や「お猿さんのダンス」、「蟻ダンス」、そして「男性を満足させるための性交のダンス」など一〇曲を習ったのである。この時に習ったダンスをもとに、卒業論文をまとめた。[*3]

アフリカへ行く前、スワヒリ語にはかなり力をいれていたため、現地で言葉に困ることは少なかった。「牛を婚資としてお前の父に贈るから、第二夫人にならないか」というオファーも丁寧に断ることができた。しかし、いくらスワヒリ語が話せようとも、ダンスに参加しようとも、村の子どもたちからは、「よそもの（Mzungu）」とよばれることが多かった。アフリカの大地で、「なにじん」であるかを考えた。

その土地に根づいてきたとされる踊りを少女が姉たちから習う場面に一緒に参加したり、赤ん坊が母親や祖母におぶられながら踊りのリズムをからだに刻みこんでいる風景を目にし、自分には何

＊3　城田　一九九五。

一つオリジナルな文化がしみついていないことを痛感した。このようなアフリカでの実体験をとおして、自己のルーツについて知りたいと思うようになったのである。

　アフリカから帰国した夏、二二歳の私は、思い切って亡き祖父の生れ島・沖縄をはじめて訪れた。そこで出逢ったのが、旧盆で舞われていたエイサーである。エイサーを一目みた瞬間、心を奪われ、全身が熱くなった。思わず、涙がこみあげてきた。「沖縄の芸能に決めた。一生を捧げたい」と日記に書いた。

　それ以前、私は意識的に沖縄を避けてきた。今でこそ祖父のサンシン（三線、三味線）は大切な形見であるが、当時の私は、祖父の沖縄アクセントがまじる言葉や沖縄的な身振りにどことなく違和感をおぼえた。まして、大阪に移り住んだ祖父の心境がわかるわけもなく、沖縄的習慣も理解できず、沖縄を避けるようになっていった。祖父が、大阪に出てきたころ、「琉球人お断り」といった張り紙があちこちに貼られていたという話もよく耳にした。当時の私がいだく沖縄のイメージは、貧しさと沖縄戦の悲惨さにみちていた。私には、大阪で暮らす祖父の心境やウチナーグチ、そして沖縄的習慣があまり理解できず、沖縄から遠のいていくようになっていったのである。

　はじめての沖縄訪問は、それまでの二〇年間、空白にしてきた自分のなかの「沖縄」を必死に色づけようと試みた二週間だった。城田一門の墓参りもした。沖縄在住の親戚にもはじめて会った。沖縄戦の戦跡や資料館もまわった。親族のなかに、沖縄戦で身内を失った者もいれば、戦後、米軍基地関係の職に就いている者、米軍基地関係者との間に生まれた「アメラジアン」の人びともいる。沖縄に暮らす親戚たちの体験を知るうちに、ようやく身近なものとして、そして客観的にも沖縄戦や戦後の沖縄というものを少しずつ考えることができるようになっていった。

　しかし、三世の自分にとって、「沖縄」は近くて遠い存在であった。「やっぱりウチナーンチュさぁねぇ」と言われることもあれば、「やっぱりヤマトゥ（大和、日本本土）育ちだから沖縄のことは知らないねぇ」とも言われた。沖縄でも「なにじん」であるのかが、ますますわからなくなった。

沖縄から戻った二日後、留学を目指していたハワイ大学の大学院を下調べするため、今度はオアフ島へ飛んだ。そして、着いたその日、「ハワイ・オキナワン・フェスティヴァル（Hawaii Okinawan Festival）」が開催され、ハワイ沖縄青年会（Young Okinawans of Hawaii）による「オキナワン・ボン・ダンス（Okinawan bon dance）」とよばれるハワイ化されたエイサーの輪のなかに飛びこんでいった。

その踊りには、いかにも沖縄的な顔つきをした人から、そうではない人、先住ハワイアン系、ヨーロッパ系、米軍基地関係者と思われる人びと、日本からの観光客と、じつにさまざまな人びとが、それぞれの格好で好きなように参加していた（図4-2）。その開放感に、それまで自分がこだわっていた「沖縄」から一気に解放されていくような気がした。

ハワイで目にした「沖縄」は、沖縄だが沖縄だけにとらわれない一体感があるようにうつった。そして、自分のような二〇歳をすぎてから自己のルーツに関心をもちはじめ、ウチナーグチも話せない三世にとっても、非常に居心地の良い場所に感じられた。

こうして、アフリカ、沖縄経由でハワイにたどり着き、沖縄系移民に関する調査を開始したのである。

図4-2　「オキナワン・ボン・ダンス（Okinawan bon dance）」とよばれるハワイ化したエイサー。ワイキキ近くで開催されたハワイ・オキナワン・フェスティヴァルにて。（一九九四年九月）

ネイティヴ人類学とは？――ホームとフィールドでのゆらぎ

これまで述べてきたように、生まれ育った場所や祖父の出身地、そしてはじめてのフィールド先において、私は「インサイダー（ネイティヴ）」と「アウトサイダー（ノン・ネイティヴ）」としての位置づけを意識してきた。しかし、何よりも違和感をおぼえたのは、いわゆる古典的な人類学における「ネイティヴ像」、そして民俗学や文化人類学、社会人類学で描かれてきた「沖縄」であった。沖縄を研究対象としてきた従来のこれらの学問領域においては、移住者やその子孫が研究対象として論じられることはあまりなかったといえる。たとえば、渡邊欣雄の『沖縄の社会組織と世界観』でとりあげられている門中（父系集団）の系譜の図には、本土（二人）、東京（一人）、鹿児島（一人）、ブラジル（五人）、ボリビア（一人）、メキシコ（一人）、アメリカ（一人）に移住した門中の成員が含まれているが、本文中においてこれらの移住者たちについては言及されていない。[*4]

いっぽう、沖縄出身の比嘉政夫は、『民族學研究』第六一巻第三号（一九九六年）の特集「『琉球』研究を求めて」では「琉球列島文化研究の新視角」を発表し、近年でも次のような姿勢をみせている。[*5]

> 《琉球民俗学》を確立するためには、琉球列島内の島々、村落の民俗文化の調査にこれまでより一層の努力を傾け、島ごとの多彩な文化の偏差を見極め、各島嶼・島嶼群の民俗の弁別的特徴を解明することが不可欠である。それは筆者自身に与えられた課題でもあり、少しずつではあるが歩みを続けたいと思う。

ここで想定される「琉球文化」とは、あくまで物理的に「琉球列島内の島々」に存在するものである。

このようにこれまでの主要な「沖縄（琉球）文化研究」では、ハワイやブラジルなどへ移民した人びとの多様な文化のありようについてはあまり注目されてこなかった。さらには、アメリカ統治や移民先から戻ってきた人びとの影響をうけてきた沖縄における衣食住、家族構成、音楽などが古典的な民俗学や人類学の主たるテーマになることもなかった。

*4 渡邊　一九八五：二三〇。しかし、渡邊は、『アジア遊学』の特集号「沖縄文化の創造」を企画し、東京やハワイの沖縄系の人びとの実践もとりあげている（渡邊　二〇〇三）。

*5 比嘉　二〇〇三：一八一。

しかし、沖縄をはじめ、地球的規模で展開する人と文化の移動と混成がますます進むなか、国家をこえたダイナミックな社会的ネットワークの形成と、そこから生じる新たな文化の生成に関する人類学的研究の必要がせまられている。人類学内外からも、明確な境界を保持する「民族」と「文化」が、地理的・物理的空間上でも一定の境界づけられた領域に分布しているという「古典的な文化人類学の対応関係（文化・領土・人々の幸福な三位一体）」はフィクションであると批判されるようになった。[*6] そうして、現代社会における人びとや文化の流れそれ自体をとりあげたり、移民やディアスポラに代表されるような、移動する人びとを主題にした人類学的研究が増えてきている。[*7]

とりわけ、キリン・ナラヤンによる「どのようなネイティヴが、『ネイティヴ』人類学者なのか？」（一九九三年）が、この動きの口火をきったといえる。ナラヤンは、インド人の父とドイツ系アメリカ人の母をもち、インドで育った後、アメリカで文化人類学を学び、教えてきた。フィールドは、インドとインド系および（南）アジア系アメリカ人コミュニティである。その論考では、かのじょのように複数の出身地・居住地やルーツをもつ「ハーフィー」（Abu-Lughod 1991）の立場から、従来の人類学における「ネイティヴ像」、つまり外界から閉ざされ、明確な境界線によって囲まれているような場所（しかし自由自在に動きまわれる人類学者にはアクセス可能）に住みつづけるとされる「正真正銘のネイティヴ」を描いてきたことにたいし疑問を投げかけている。

「第三世界」のインドと「第一世界」のアメリカを往来し、「文化的仲介者（culture broker）」の役割をになってきたというナラヤンは、「ネイティヴ人類学者」という本質主義的なラベリングをされることに居心地の悪さを感じ、躊躇する。そして、この「ネイティヴ」という形容詞には、何の問題もかかえず、正真正銘の当事者の視点をもつとみなされることによって生じる個人的かつ学問上のジレンマを強調している。近代国民国家が造りだしてきた「ドイツ人」「アメリカ人」「インド人」といったラベルだけでは、自分や両親の出身や生活史をカヴァーできないと述べる。

＊6
床呂　一九九九：二四〇。

＊7
たとえば、日本語による主な文献には、アパデュライ　二〇〇四、竹沢　一九九四、陳　二〇〇〇、前山　一九九六、二〇〇一、松田　一九九九、山下　一九九六などがある。

そして、ナラヤンがとなえるのは、固定的なエスニック・アイデンティティよりも、たいていの人類学者がかかえるアイデンティティのゆらぎ、つまり、調査対象者と個人的・親密な関係にある自己と、エスノグラファーとして距離をおいた自己との間に存在する混合性（ハイブリティ）について議論していくほうが有効的であると論じている。

このように、おもにアメリカの人類学における、調査対象者や調査地の出身またはルーツをもつ人類学者を「ネイティヴ」と一枚岩的にとらえてきたことに異議をとなえるナラヤンであるが、その後も南アジア系アメリカ人およびインドの女性たちに関する研究をメインにおこなってきている。つまり、調査対象自体が南アジア系以外、たとえば東アジア系（日系、中国系、コリアン系など）やアフリカ系などにまでひろげられてはいないのである。

ナラヤンのように、インド系人類学者がインドとアメリカのインド系を対象にするような傾向は、ほかの移民やその二世代目以降にもみられる。たとえば、ハルミ・ベフ（別府春海）やドリーン・コンドウ（Dorinne K. Kondo）、クリスティーン・ヤノ（Christine Reiko Yano）などの二世、三世の日系アメリカ人も、ほとんどが日本とアメリカの日系社会をおもな対象としてきている。[*8]

皮肉にも、祖先と自身の出生地を半分ずつ調査するスタイルこそ、「ハーフィー人類学」といえるかもしれない。一見、ハイブリッドなようにみえるこれらの実践も、従来の人類学以上にエスニックなオリジンにこだわった、または制約されたものとみなされる危険性もふくんでいるのではないだろうか。

いったい、アジア系アメリカ人で、祖先の出身地および自身が属するコミュニティ以外を調査の対象とする人類学者はどれほどいるのだろうか。さらに先住民系アメリカ人の場合、先住アメリカンや先住ハワイアンの人類学者で、自分のルーツとまったく関係のないエリアをおもに調査しているケースはどれくらいあるのだろうか。そして、アフリカ系アメリカ人による人類学的実践は、ど

*8
ベフ　一九九七；二〇〇二、Kondo 1990、Yano 2002a; 2002b など。

うだろうか。

つまり、先住民と「奴隷」として連れてこられた人びと、移民、そしてこれらの子孫たちによってなりたっているアメリカにおける人類学においては、とりわけ、ヨーロッパ系（「白人」）ではないアンソロポロジストに対する「ネイティヴ人類学」のラベリングは、ある種の本質主義[*9]によっているといえるだろう。

人類学のアリーナだけではなく、ヨーロッパ系以外の「系アメリカ人」に関したステレオタイプは、現代アメリカのさまざまな場面においてたちはだかっている。これらの固定的なエスニック・イメージにかわるような新たな表現をもとめていく動きが、演劇やダンスなどのパフォーミング・アーツにおいて生じている。

たとえば、ロサンゼルスに拠点をおく「テアダ（TeAda）」という集団が演じる「ネイティヴ移民（生まれながらの移民=Native Immigrant）」という多言語によるパフォーマンスがある。この演劇集団は、「ピープル・オブ・カラー」によって構成され、この演目においても「ボーダーの越境」がテーマとされている。[*10]リーダーのレイラニ・チャン（Leilani Chan）は、ホノルルの日系ハワイアン系アメリカ人の家庭に育った「中国系マレーシア系ロシア系ユダヤ系アメリカ人」であり、いわゆる「血」のレベルでは、先住ハワイアンではない。それでもチャンは、先住ハワイアンを抑圧してきた問題とからめながら、かのじょ自身の個人的・文化的なアイデンティティをフラと自伝的語りでパフォームしているのである。[*11]

また最近のアメリカでは、「系」とエスニシティを特定できないようなさまざまなルーツをもった「新世代」（Generation E. A.: Ethnically Ambiguous）が、メディアにおいて注目を集めはじめている。[*12]さらには、英語の「ハーフ」にあたるハワイ語の「ハパ（hapa）」が、ハワイ内外において、複数のルーツをもつ人びとのポジティヴなアイデンティティとなってきている。たとえば、ロサン

*9
「○○人」や「△△民族」、男性、女性といった「人種」や「民族」、性などの属性に共通の性質（本質）があるとする考え方。そのようなカテゴリーに属する人びとが、均質的・不変的な文化やアイデンティティをもつとしてきた「文化的本質主義」に対して、文化人類学内外から批判があがってきている。

*10
http://www.teada.org/nativeimmigrant.html.

*11
Hurwitt 2001.

*12
Griffin 2004.

ゼルスのリトル・トーキョーに立地する全米日系人博物館（Japanese American National Museum）では、「パート・アジアン＝一〇〇パーセント・ハパ」という写真展が二〇〇六年に開催されている。*13

「一〇〇パーセントまじっている」という表現は、とても衝撃的であった。ネイティヴ（生粋の沖縄人）でも移民でもない自分は、「一〇〇パーセント・マンチャー」であるとひらきなおることができた。そして、「マンチャー・カルチャー」こそが自文化であり、ホームもフィールドも自分自身や沖縄からハワイ、北米、南米につながる系譜に内在されているのだと再認識できるようになったのである。

なお、近年、日本の人類学においても「ネイティヴ人類学」が議論されるようになってきている。*14 それらは日本の出身の人類学者が、「人類学先進国」とされる欧米（とくに北米）の大学院で学位論文を執筆するために、日本で調査をするという自文化研究としての「ネイティヴ人類学」が多いといえる。いわゆる「日本人（沖縄人）」と、前述の日系（沖縄系）アメリカ人による日本（沖縄を含む）や日系（沖縄系）社会についての人類学的研究には、理論的枠組や研究方法、成果の公表、人類学における位置づけ、調査対象コミュニティとの関わりなどにどのような相違点があるのかに関しては、別稿にゆずりたい。

また、最近のハワイにおける人類学的実践において、ネイティヴ対ノン・ネイティヴという図式がようやく変化しつつある。*15 その動きの中心人物の一人は、自称「ハワイアン・オキナワン・ポルトガル系・ドイツ系」であるタイ・カヴィカ・テンガン［Ty Kāwika Tengan］である。「テンガン」は、沖縄を代表する名字の一つであり、「天願」と書く。テンガンは一九七五年、マウイ島で生まれた。母がハワイとポルトガル、ドイツにルーツをもつが、父は「一〇〇パーセント・オキナワン三世」であり、父方でみるとテンガン自身はオキナワン四世となる。

*13
Japanese American National Museum 2006.

*14
とりわけ、日本の「ネイティヴ人類学」に関しては、桑山敬己による一連の著作（桑山　二〇〇一；二〇〇六、Kuwayama 2004など）、および加藤（二〇〇六）などが参考になる。

*15
詳細は、城田（二〇〇八）を参考。

テンガンは、二〇〇三年、ハワイ大学マノア校の人類学科で博士号を取得し、現在、ハワイ大学マノア校のエスニック・スタディーズに所属し、人類学科の教員も併任している。テンガンの博士論文は、先住ハワイアンのパフォーマンスとジェンダーについて論じたものであり[*16]、これは、ハワイ大学の人類学科における初の先住ハワイアン自身による自文化に関する文化人類学的研究として注目を集めている。

彼は、先住ハワイアンの遺骨・遺物を博物館などから返還要求する活動に関与したり[*17]、ウチナンチュとしてのルーツやアイヌの動きにも関心をいだいているという。特筆すべきは、「純血」や「混血」、またはハーフやクォーターといったように、はかることができるとされてきた西洋近代的な「血」の概念（blood quantum）ではなく、「骨」と土地と祖先とのつながりから、先住ハワイアンや移民の子孫としてのアイデンティティを強調している点である。

今後は、テンガンのような先住ハワイアン・オキナワン系の「気骨」のある人類学者の実践も視野にいれながら、「ネイティヴ人類学」を多角的に視ていきたい。

*16　Tengan 2003.

*17　Ayau and Tengan 2002.

✳移住者たちの系譜

このように私のフィールド探しは、アフリカからはじまり、沖縄経由でハワイのオキナワン社会へとつながっていった。そして調査開始から一〇年をへた二〇〇六年、これまでのあゆみを博士学位申請論文「エイサーにみるオキナワンたちのアイデンティティ――ハワイ沖縄系移民における『つながり』の創出」としてまとめた[*18]。博論では、移民とともにハワイへもたらされ、ハワイ化されたエイサーにあらわれるオキナワンたちの個人および集団としての共属意識を通時的・共時的に論じた。

*18　城田　二〇〇六。

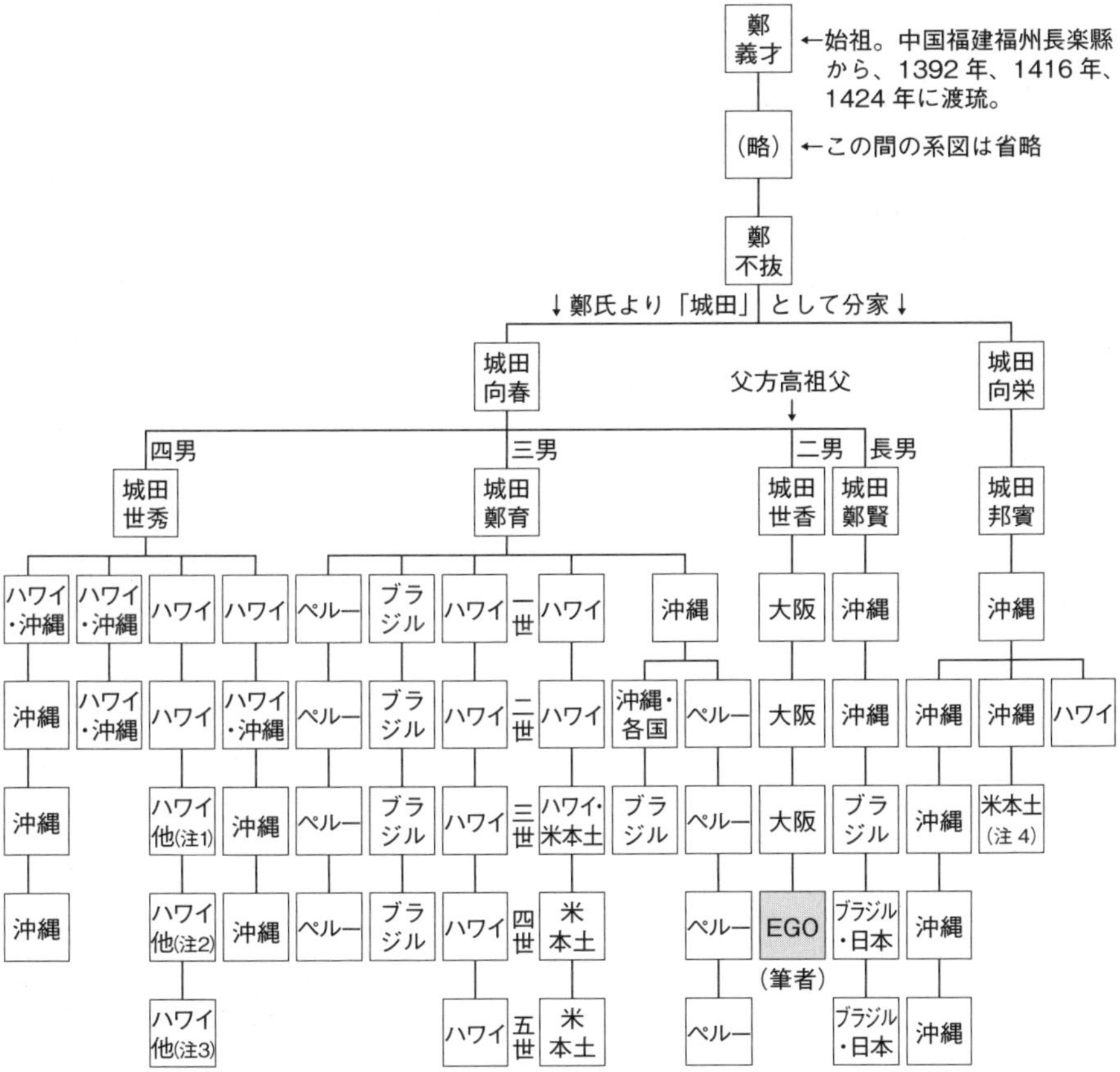

図 4-3　城田家の系図にみる末裔たちの移住先（出生地・居住地）と筆者の位置づけ

注 1、注 2、注 3　ハワイとアメリカ大陸部と日本
注 4 「米本土」とは、ハワイをのぞくアメリカ大陸部のことをさす。

博論では、沖縄系移民の歴史を補足するため、沖縄、日本本土、ハワイ、北米、南米に点在する親族である沖縄系移住者とその子や孫たち、姻族を含む親族の合計約五二五名からなる系譜をとりあげた。この親族関係図のEGOは、私自身である（図4-3）。私の代からみて五世代上にあたる城田向春《こうしゅん》の二男の世香《せいか》が、私の高祖父にあたる。向春の長男の末裔はブラジルに、二男の末裔（筆者をふくむ）は大阪、三男の末裔はハワイ、北米、ペルーそしてブラジルに、四男の末裔はハワイ、北米、沖縄、そして日本に点在している。

ここで詳細を述べることはできないが、この系譜をベースに、ハワイ式、アメリカ式などに変化してきた名前や位牌の継承、墓の建立方法、多様化する結婚相手のエスニック背景の事例をもとに、移住者たちの「つながり」の重層的なありようを具体的に浮き彫りにした。

一九〇五年、城田家のなかではもっとも早くハワイへ移民した城田蒲太は、一九二五年と一九二九年、単身で沖縄に帰郷した。その際、ハワイでそれまで貯えた資金をもとに、沖縄に残っている両親のために、宜野座の村でも「ハワイもうけ」で有名となった大きな赤瓦の家を建てている。あわせて、蒲太は、「西城田小《イリ・グスクダ・グヮー》」の亀甲墓も建てた[*19]（図4-4）。その墓には、蒲太の両親、生後数ヵ月でハワイで亡くなった蒲太の長男、そしてハワイで死去した蒲太の兄らの遺骨が安置されている。

沖縄には、埋葬七年後に遺骨をとりだし、洗骨した後、大きな厨子甕《ジーシガーミ》という骨壷に納めて墓内に安置する習慣がある。蒲太の兄の遺骨は、一九二八年、蒲太の弟である世寛《せいかん》が家族とともに沖縄に引き揚げる際、一緒に生まれた地に帰郷し、蒲太が建てた一族の墓に安置された。世寛が沖縄に戻る時、蒲太兄弟は、ハワイ（アメリカ）では禁止されているのだが、夜中、人目を忍んで長兄の墓を掘り起こし、遺骨を取り出して缶に詰め、沖縄に持ち帰ったという。[*20]

蒲太は、一九五〇年、六二歳でマウイに永眠した。彼の葬儀は、モルモン教徒となった長女によって、モルモン教会でおこなわれた。故郷に立派な亀甲墓を建てたこの一世の墓は、マウイ島の「ナ・

図4-4　今日に残る一世が建てた墓。（二〇〇三年、沖縄県宜野座村にて撮影）

＊19　Tan 1978: 51、シロタ（エヴェリン・ヨキ）一九八四：五九。

＊20　シロタ（エヴェリン・ヨキ）一九八四：六九。

ヴァイ・エハ墓地［Na Wai Eha（The Four Waters）Cemetery］」内のモルモン教徒の敷地内に建立された。この墓地は、キリスト教徒、モルモン教徒、そして日系墓と大きく三つに分かれているが、蒲太の墓は日系の区域ではなく、複数のエスニック集団からなるモルモン教徒の墓のセクションに建てられているのである。

墓は、横幅が約四〇センチメートル、奥行が約一〇センチメートル、高さ約五〇センチメートルほどのシンプルな石柱で、正面には「KAMATA SHIROTA　1888-1950」と掘られている。そして、その左隣には、同じ年にまるで後追いするように亡くなった妻ウトの墓石が「UTO SHIROTA　1891-1950」と記され並んでいる。故郷に蒲太が建てた亀甲墓は、横幅と奥行きが約六メートル、高さが約二・五メートルもあるのにくらべると、蒲太本人の墓石はかなり小さいものである。

しかし、この一世夫婦の墓石は、没後五〇年たってから、「移動」しはじめたのである。戯曲家・作家である息子のジョン・ヒロシ・シロタ（Jon Hiroshi Shirota、城田博）が自伝も織りまぜながら書いた戯曲『レイラニのハイビスカス』の舞台セットとして、この夫婦の墓に模したレプリカの墓がステージ上に登場したのである（図4―5）。劇は、この墓を舞台に展開し、魂《マブイ》となって墓石のまわりで一喜一憂する一世夫婦、その夫の弟とハワイアン女性レイラニとの悲恋物語が、第二次世界大戦をはさんで揺れ動く様を描いている。

『レイラニのハイビスカス』は、一九九九年、まずジョンが暮らすロサンゼルスにおいて、アジア系・太平洋系の役者たちによって上演された。続いて、二〇〇〇年にはハワイ沖縄系移民一〇〇周年の記念行事としてオアフ島でハワイの役者たちによって演じられた。そして、英語で書かれた脚本は日本語とウチナーグチに訳され、二〇〇一年には那覇で沖縄の劇団によって舞台化された。那覇公演には、沖縄在住の城田の親族たちも観にやって来た。二〇〇二年には東京で上演され、そこには蒲太の長男でジョンの長兄の世光《せいこう》（当時八八歳）が足を運んだ。*21

*21　ジョンの長兄である城田世光は、一九一四年、ハワイに生まれたが、一九三二年、進学のために日本へ渡り、一九四一年に日本国籍を取得した。南満州鉄道株式会社に就職し、結婚した。一九四七年に引揚げた後は東京に勤め、現在も東京に在住している。

そして、沖縄の劇団によるロサンゼルス公演が二〇〇二年におこなわれ、さらには、二〇〇三年、蒲太の生れ故郷の宜野座村に新設された劇場のオープニングを飾った。『レイラニのハイビスカス』の「グスダ・カマ」の役は、この上演の過程において、ロサンゼルスの中国系アメリカ人、ハワイの日系アメリカ人、そして沖縄の役者たちによって演じられた。この一世が村を離れてから約一〇〇年後、息子が描く一世の登場人物となって「帰郷」したのである。

ジョン・ヒロシ・シロタは、ハワイ二世の立場から「沖縄」をとらえ、戯曲や小説を執筆してきた。第二次大戦時、彼やすぐ上の兄の世勇《せいゆう》はアメリカ兵として参戦し、戦前に日本の大学へ進学した長兄の世光は日本国籍保持者として戦争中は満州にいたため、ハワイに暮らす両親たちの胸中も大きく揺れ動いた。ジョンは、戦争捕虜として沖縄からハワイに連れてこられた人びとの警備を務めるなどした。実際、ジョンの叔父の世英も、沖縄から戦争捕虜としてハワイに連行された一人である。世英は、戦中、沖縄島で防衛隊に召集され、終戦間近にアメリカ軍の捕虜となり、一九四五年にハワイへ連れられ真珠湾にある施設に収容された。この叔父に、ジョンは何度か面会している。ジョンは、戦後はアメリカ軍の会計検査官として沖縄に滞在した経験をもつ。移民や戦争という非日常的な出来事を機に移動してきた、自分の家族や沖縄の人びとの日常生活の場が彼の作品の主たる舞台となっている。彼のステージ上には、日米間の大きな歴史の流れに影響を受けた、家族、恋人、そして先住ハワイアン系住民や他の移民たちの間で生じてきた人間関係のドラマが、重層的に織り成されている。悲劇でさえも喜怒哀楽をまじえたハワイ・ウチナー式の喜劇にしあげるという、彼独自の「ミグリチュード（migritude、移民性）」の感性は、ハワイ、戦後沖縄を経てロサンゼルスに移り住んだ自己の体験から生み出されてきたといえる。

図4-5
旅する一世の墓。『レイラニのハイビスカス』の舞台セットとして登場した。（二〇〇二年、東京公演にて撮影）

ファミリー・リユニオンにみる移住者たちのつながり

一九七九年四月二九日、城田蒲太の子どもたちの八人のうち、四人が住むロサンゼルスに、はじめて兄弟姉妹全員とその家族たちが集まり、「ファミリー・リユニオン（family reunion）」がひらかれた。この時、長男は東京から、長女と二男と三男と三女はロサンゼルスから、二女はオアフ島から、四女はサンノゼから、四男はケンタッキーからそれぞれやってきた。[*22]

それから、このリユニオンは、二年に一度、または家族の成員の年祝いや結婚などを機に、旧暦の盆の前後の七月か八月に開催され、やがて一世たちが住み着いたマウイ島で開催されるようになっていった。マウイ島でのリユニオンの際、蒲太の子どもたちの家族が、真っ先におこなうのが、一世やハワイで永眠した先亡者たちの墓参りである。つまり、このリユニオンは、ハワイ化された沖縄の旧盆の習わしともいえる。

一九八九年、私は、両親と二人の弟とで、はじめてリユニオンに参加した。ハワイに集まったシロタ家の人びとは、私たちのような大阪二世、三世の新参者をこころよく迎えいれてくれた。いまだに、生まれてはじめて、首にかけてもらった生花で編まれたレイにこめられたあたたかなもてなしをおぼえている。

リユニオンの際、毎回、一〇〇名以上が集まるため、マウイ沖縄文化センターなどの大ホールを貸し切り、夕食会をもつのがメイン・イベントとなっている。八九年の食事会には、一〇〇名近くの参加者があった。それぞれ話しに花を咲かせたり、壇上でくりひろげられる沖縄民謡、琉球舞踊、日本舞踊、ハワイアンの唄とダンス、カラオケなどを楽しんだ。

その後、私は、一九九六年と九八年のリユニオンに参加した。この時には、沖縄からハワイへ持

＊22
シロタ（エヴェリン・ヨキ）一九八四：三一四。

参した祖父の形見の三線を弾いて沖縄民謡を唄ったり、エイサーを踊ったりした。二〇〇二年のリユニオンの集合写真には、一二九名が写っている（図4-6）。参加者たちは、沖縄、大阪、東京、マウイ島、オアフ島、ロサンゼルス、サンノゼ、ラスヴェガスなどからやってきた。

このようなシロタ家のリユニオンには、離散した家族・親族たちが再結束していく動きが生じている。ここでの結束の単位は、移住者とその子孫たちの親族、姻族からなる「ファミリー」としての血縁関係である。この関係性は、今日では、世代、国籍、宗教、エスニシティをこえてつながっている。世代は、二世から五世までが出てきている。宗教は、沖縄の祖先崇拝から、ハワイナイズされた仏教、モルモン教、キリスト教、無宗教などとなっている。居住地は、沖縄県の内外、海外ではハワイ、北米（カリフォルニア、ラスヴェガス、ユタ、ケンタッキーなど）に点在している。そして、配偶者のエスニシティも沖縄系以外にも日系、中国系、フィリピン系、ポルトガル系、ドイツ系、トンガ系、そしてハワイアン系などがまじってきているのである。

前述の二世であるジョン・ヒロシ・シロタは、ファミリー・リユニオンで次のように、私に語った：

『レイラニのハイビスカス』という物語は、なにもシロタ・ファミリーの話しに限ったことではなく、ハワイのすべてのウチナンチュについてのお話しなわけだ。ハワイは、けっしてパラダイスではないよ。みんな、偏見をもっているからね。うちの姉さんは、第二次世界大戦前に、ハワイ生まれのポルトガル系・中国系の相手と結婚したもんだから、その当時は両親からキックアウト（絶縁）されてしまって。でも、姉は五〇年以上前からすでに、ずっと先をいっていたんだよ。今日になって、たとえば今晩のリユニオンの席には、ハワイアン、ポルトガル系、フィリピン系の人びとがいる。みな、ファミリーだって、この現実が信じられるかい？　ただ、この現況をうけいれるんだ。*23

図4-6
シロタ・トグチ家のファミリー・リユニオン・二〇〇二年、マウイ沖縄文化センターにて。
（撮影：ナガミネ写真館）

*23
一九九八年九月一七日の対話（英語による）から。訳は筆者による。

ジョンがいうように、このリユニオンの参加義務はなく、毎回、参加者の顔ぶれも少しずつ異なり、ゆるやかな結束力をおびている。このような個人と個人から構成される親族関係——夫婦間のようなダイレクトなものから、キョウダイ、イトコ、マタイトコなどの親族へとひろがっていく——からはじまり、移住者とその末裔をふくむ沖縄系移民社会がしだいに形成されてきた過程に、沖縄系移住者たちのつながりの特性をよみとることができるのである。

ハワイへ移住したシロタ家の場合、位牌の継承も墓の建造も、二世以降はハワイ的、アメリカ的なスタイルになり、姻族にも非沖縄系の人びとが多く含まれるようになってきている。このようなシロタ家をつなぐものとして、ファミリー・リユニオンを位置づけることができる。このリユニオンがあったからこそ、私自身も城田家の人びとに接することができ、沖縄からの移住者たちに関する研究へとつなげていくことができたのである。

✳おわりに——新たな一歩へ

大学院時代、三年間、私はハワイ大学マノア校へ留学しながら現地調査にとりくんだ。既述のように、アメリカの人類学における「系（ハーフィー）アンソロポロジスト」の活躍は刺激的であると同時に、「系」であることへの自発的および他者からのラベリングに違和感もおぼえた。もちろん、他者研究、異文化研究がまだまだ主流である日本の人類学では、疎外感さえいだいた。

そんななか居心地が良かったのは、「福井研」こと京都大学大学院人間・環境学研究科の福井勝義先生の院ゼミであった。一期生で韓国出身の李仁子氏は在日済州島出身者を研究対象とし、二期生で神戸出身の台湾と日本にルーツをもつ王柳蘭氏はタイ北部における雲南系漢人と雲南系ムスリム移民の研究にたずさわり、そして三期生の自分がつづく。[*24] このトリオには、「ひねり」がある。

*24 李 二〇〇二、王 二〇〇六など。

つまり、完全な当事者＝自文化研究でも異文化研究でもなく、固定的で二分化されてきた人類学者のホームとフィールドをつないで、かさねて、人類学的実践をより多元的なものへ変えていく「うねり」をもちあわせているといえる。

多声的なエスノグラフィが要求されるアメリカにおいても、日系アメリカ人がブラジルやペルーなど他の移住先の日系社会を対象とするようなひねった事例は少ないといえる。だが私は、沖縄から各地へ移民した城田家の系譜関係を調べるため、二〇〇四年の夏には、ハワイとロサンゼルス、ボリビアのコロニア・オキナワ（沖縄移住地）、そして念願のブラジルへ調査に出かけ、行く先ごとにそれらの地に暮らす親戚に会ってきた。

広大なサンパウロでは、さすがに親戚を探し出すのは無理だろうとあきらめていた。しかし、たまたま稽古を見せてもらった、地元の沖縄社会に詳しい琉球舞踊の先生に聞いてみたところ、その先生が、「あい、わかるよ！　宜野座の城田といったら、もう二世の代だけれども、アントニオ・グスグダ（城田）のところがそうでない？　電話してみようね。すぐ来るはずよ」と答えてくれた。そして、その三〇分後には、ウチナーンチュの強い地縁・血縁のおかげで、奇跡的にも親戚にあわせてもらえたのである。この出会いを可能にしたのは、沖縄系移民に特有の「つながり」ともいえる。

ブラジルみやげに、世界的にも人気急上昇中の「ハワイアナス（havaianas、ポルトガル語で「ハワイアンたち」の意味）」のビーチサンダルを買った。目をみはるようなブラジリアン独特の色使いとデザインがほどこされ、履き心地が最高の「ハワイアナス」の原型は、日本からのブラジル移民がもちこんだ草履である。[*25]　私が選んだお気に入りのデザインには、黒地にカポエラを演じる人物像が白色でポップなタッチで描かれている。この一足のサンダルは、アフリカや日本からブラジルへ移り住んだ人びととその子孫たちの足跡ともかさなっている。

最近、ハワイや沖縄を訪れる際にも「ハワイアナス」を愛用している。二〇〇五年から赴任した

＊25　http://www.havaianas.jp/history.html.

職場で、移民について話す時にも履いていく。すべって転ぶことも多々ある。しかし、このブラジル製のサンダルのように、沖縄からハワイ、南米、そしてこれからは教える立場となって出向く講義室などにもつながっていくような「マンチャー人類学」を一歩、一歩、すすめていきたい。

参考文献

アパデュライ、アルジュン　二〇〇四『さまよえる近代――グローバル化の文化研究』門田健一訳、平凡社。

李仁子　二〇〇二『移住者の「故郷」とアイデンティティ――在日済州道出身者の移住過程と葬送儀礼からみる「安住」の希求』（博士学位申請論文）京都大学大学院人間・環境学研究科。

王柳蘭　二〇〇六『「難民」から「華」人への道――戦乱と越境に生きる北タイ雲南人の民族誌』（博士学位申請論文）京都大学大学院人間・環境学研究科。

加藤恵津子　二〇〇六「日本人―ネイティヴ―人類学徒――劣等感も選良意識も超えた自文化研究に向けて」『文化人類学』七一（二）：二〇二―二二〇。

桑山敬己　二〇〇一「ネイティヴの人類学の最前線」『社会人類学年報』二七：一四一―一五六。

――　二〇〇六「日本人が英語で日本を語るとき――『民族誌の三者構造』における読者／聴衆について」『文化人類学』七一（二）：二四三―二六五。

シロタ、エヴェリン・ヨキ　一九八四『ハワイ移民――修羅の旅路』栃窪宏男編訳、時事通信社。

シロタ、ジョン　一九九五「ハワイ沖縄移民の異文化接触」山里勝己訳、照屋善彦・山里勝己・琉球大学アメリカ研究会編『戦後沖縄とアメリカ――異文化接触の五〇年』沖縄タイムス社、三七八―四〇〇頁。

城田愛　一九九五「タンザニア、クウェレ社会における成女儀礼での舞踊と歌による『理想の女性像』の教育――ジェンダー・イデオロギーの体現としての成女儀礼、身振りとしての舞踊、言語としての歌」（卒業論文）大阪外国語大学アラビア・アフリカ語学科スワヒリ語専攻。

――　二〇〇〇「踊り繋がる人びと――ハワイにおけるオキナワン・エイサーの舞台から」福井勝義編『講座人間と環境　八巻　近所づきあいの風景――つながりを再考する』昭和堂、五八―八九頁。

――　二〇〇一「越境する沖縄女性たちの生活誌――戦後の沖縄、ハワイ、米軍基地における踊りの舞台から」『移民研究年報』七：一四五―一六一。

――　二〇〇四「ハワイの日系・沖縄系移民社会の歩みと動き――博物館にみる生活文化の過去、現在、未来」後藤明・松原好次・塩谷亨編『ハワイ研究への招待――フィールドワークから見える新しいハワイ像』関西学院大学出版会、一三七―一五四頁。

――　二〇〇六『エイサーにみるオキナワンたちのアイデンティティ――ハワイ沖縄系移民における「つながり」の創出』（博士学位申請論文）京都大学大学院人間・環境学研究科。

――　二〇〇八（出版予定）「『血』と『ハート』と『骨』――ハワイにおける先住民と沖縄系移民たちのアイデンティティ表出の変遷」山本真鳥・林勲男編『オセアニア諸社会のエスニシティ』〔国立民族学博物館調査報告（Senri Ethnological Reports）〕、国立民族学博物館。

城田愛・金城宗和・仲間恵子・新里健・町田宗博　二〇〇六「移民会議記録『在日ウチナーンチュのアイデンティティ』」『移民研究』二：九一―一二四。

竹沢泰子　一九九四『日系アメリカ人のエスニシティ――強制収容所と補償運動による変遷』東京大学出版。

陳天璽　二〇〇二『華人ディアスポラ――華商のネットワークとアイデンティティ』明石書店。

床呂郁哉　一九九九『越境――スールー海域世界から』岩波書店。

比嘉政夫　一九九六「琉球列島文化研究の新視角」『民族學研究』六一（三）：四三七―四四八。

――　二〇〇三「琉球民俗学は可能か」『別冊 環（六）――琉球文化圏とは何か』：一七六―一八一。

ベフ、ハルミ　一九九七『イデオロギーとしての日本文化論（増補新版）』思想の科学社。

――　二〇〇二「戦中期の強制収容と戦後の活躍」ハルミ・ベフ編『日系アメリカ人の歩みと現在』人文書院、一三一―一五七頁。

前山隆　一九九六『エスニシティとブラジル日系人――文化人類学的研究』御茶の水書房。

――　二〇〇一「ブラジルで日本人を人類学する」『民族學研究』六五（四）：三七六―三九一。

松田素二　一九九六『抵抗する都市――ナイロビ移民の世界から』岩波書店。

山下晋司　一九九六「南へ！北へ！――移動の民族誌」青木保・内堀基光・梶原景昭・小松和彦・清水昭俊・中林伸浩・福井勝義・船曳建夫・山下晋司編『岩波講座 文化人類学 第七巻 移動の民族誌』岩波書店、一―二八頁。

渡邊欣雄　一九八五『沖縄の社会組織と世界観』新泉社。

――― 二〇〇三「沖縄文化の創造」『アジア遊学――特集　沖縄文化の創造』五三、勉誠出版：二―三。

Abu-Lughod, Lila 1991 Writing against culture. In Richard Fox (ed.), *Recapturing Anthropology*. School of American Research Press, pp. 137-162. .

Ayau, Edward Halealoha and Ty Kāwika Tengan 2002 Ka Huaka`i o Na`Ōiwi: The Journey Home. In C. Fforde, J. Hubert, P. Turnbull, and, D. Hanchant (eds.), *The Dead and their Possessions: Repatriation in Principle, Policy and Practice*. Routledge, pp. 171-189.

Griffin, John 2004 Hawai`i's Ethnic Rainbow. *The Honolulu Advertiser*, Sunday, March 14, 2004 [http://the.honoluluadvertiser.com/article/2004/Mar/14/op/op05a.html].

Hurwitt, Robert 2001 Review: Personal, Political Stories Mix in Hula Solo Show Doesn't Tell Either Story Entirely. *San Francisco Chronicle*, Saturday, August 11, 2001 [http://www.sfgate.com/cgi-bin/article.cgi?file=/chronicle/archive/2001/08/11/DD72051.DT].

Japanese American National Museum 2006 Kip Fulbeck: Part Asian, 100% Hapa [http://www.janm.org/exhibits/kipfulbeck/home].

Kondo, Dorinne K. 1990 *Crafting Selves: Power, Gender, and Discourses of Identity in a Japanese Workplace*. The University of Chicago Press.

Kuwayama, Takami 2004 *Native Anthropology: The Japanese Challenge to Western Academic Hegemony*. Trans Pacific Press.

Narayan, Kirin 1993 How Native Is a "Native"Anthropologist?. *American Anthropologist* 95: 671-686.

Tan (Shirota), Evelyn Yoki 1978 *The Blending: An Autobiography by Evelyn Yoki Tan*. Evelyn Yoki Tan [自費出版].

Tengan, Ty P. Kāwika 2003 *Hale Mua: (En) gendering Hawaiian Men*. (Doctoral Dissertation) Department of Anthropology, University of Hawai`i at Manoa.

Yano, Christine 2002a *Tears of Longing: Nostalgia and the Nation in Japanese Popular Song*. Harvard University Press.

――― 2002b Mixing the Plate: Performing Japanese American Identity on the Stage of the Cherry Blossom Festival Queen Pageant in Honolulu, Hawai`i. In Jonathan Y. Okamura (ed.) *Japanese American Contemporary*

Experience in Hawai`i* (*Social Process in Hawai`i vol. 41) . University of Hawai`i Press, pp. 95-146.

インターネット（文献リストには含まれていないもの）

http：//www.havaianas.jp/history.html［havaianas, “History”］.
http：//www.teada.org/nativeimmigrant.html［TeAda, “Native Immigrant.”］

第5章 「難民」を通じて移動を考える
北タイ雲南系華人の事例から

王 柳蘭

✳近くて遠い華人たち

私は修士課程に入学して以来、中国や台湾系の移民の総称である華人を調査対象に選んできた。修士課程では短期間ではあるがフィリピンへ、その後、調査地をタイへ移し、いまではそこにすむ中国雲南省からの移民の研究に専念している。しかし、私が華人を調査対象に選んだ理由は消極的である。あえて華人を「民族」として調査したいとは思わなかった。

その理由は、自分の出自とも関係している。神戸にある私の実家には二つの祭壇がある。一つは、父方の祖先を祀り、もう一つは、母方の祖先を祀っている。実家の王家は、祖父母が戦前に台湾から日本へ移住したのがはじまりである。祖父はすでに来住していた商人のおじさんを頼って定住した。その後、祖父の兄弟たちも台湾を離れ、神戸に永住した。他方、私の母方の祖先は、鹿児島県の奄美諸島にある小さな農村の出身者である。やはり、母方の祖父母が戦前に神戸に移住してきた。

このように、父方の系譜だけをみれば、わが家も華人社会の一系列であるが、母方の系譜に目を向けると、日本国内の農村から都市への移民ということがわかる。私の祖先には、父方の台湾人のグループと、母方の奄美諸島生まれのグループが含まれている。

このような二重の出自のため、華人社会というのはもっとも身近な社会であるはずが、なぜか私には親近感が一向にもてない対象であり、近くて遠い他者として存在し続けていた。また、民族の出自を一義的に決め、意識化することは、私にとって日常的にはナンセンスであった。それは、父と母の精子と卵子の結合で生まれた自らの子どもに、「あなたはお父さんの子どもですか、お母さんの子どもですか」と帰属の一元化を迫る問いに似ている。

このように、一人の移民をとりあげてもいくつかの異なる文化要素や出自が混在している。だとすると、いかに移民社会を描くのか、何にもとづいて彼らの社会を把握することができるのか、漠然とした問いを持ち続けてきた。私の研究の出発は、すでに定着化がすすんだ移民の末裔として、移民一世たちが経験した移動現象を解き明かしたいという、単純な動機にもとづいている。

✳見えない華人社会、エスニシティに関心

修士課程に入った時、できれば華人が集住しているアジアを調査地にしたいと思っていた。修士一年目には、フィリピンのマニラに住む福建系華人社会で約三ヵ月間滞在した経験がある。その時にマニラを選んだのは、父の貿易相手先であった長年の知人がいるという理由だけであった。調査は当初おもったほど自由な行動が許されず、知人が住む場所から華人の住むチャイナタウンに行くだけでさえ、行きかえりの調査に見送り人が私についた。また、フィリピン系華人から同郷会館を案内されて訪問してみたが、そこで現地の華人系の人たちが自分たちの歴史を雄弁に語る姿を観察

し、外部者の自分には入る余地なしと思われた。また、日本に生まれた私と彼らとの間に、文化的な共通性を安易に見出すことは困難であり、華人の実像を追い求めようとする自分の見解自体が間違っているような気もした。ただ、調査項目としては当時、エスニシティと食文化に関心をもっていたので、フィリピン系華人の医食同源に基づく食文化を基盤とした調査をおこなった。そこで、食文化が移民社会のなかで存続していく様子を調査し、エスニシティとの関連で論文を書いた。

もっとも、エスニシティや民族性という言葉には最初から違和感をもっていた。華人を一つの民族的なカテゴリーとしてみる視線そのものが、政治的であり、「華人＝民族」という集合的な表象が生まれること自体に問題が強く感じられた。マイノリティ研究のなかに、華人が項目として列挙されている場合や、民族性というキーワードのなかに華人がでてくる。はたして、華人というのは民族なのだろうか。

おそらく、華人というカテゴリーは外部者からの視線によって集合的につくられてきたプロセスの累積であり、移民というのは、しょせん移動する諸個人の寄せ集め所帯にすぎないのではないだろうか。それがどうして華人として集合的に扱われるのだろうか。移民がエスニックな表象を用いて自己主張することは、あくまでもさまざまな政治的、歴史的な状況とのからみあいから生じるにすぎず、日常的には個人は砂のようにばらばらにすぎないという思いがあった。それなら、砂のようにばらばらの個人をまず把握して、その砂の一粒ひとつぶがどのような歴史的経験をしているのか、移動をめぐる諸経験から移民社会、ひいては華人社会を相対化してみたいと思った。

北タイに黄金の三角地帯？

修士課程の後半から、調査地をフィリピンから北タイに移した。そのきっかけは、タイを中心に植物調査のプロジェクトが立ち上がり、私もその調査のなかで研究する機会が与えられたからであった。プロジェクトの関係で調査地がタイに決まった時は、タイで華人をフィールドワークできるのか不安であり、その見込みについてもかなり悲観的であった。なぜなら、タイは周知のように華人の歴史的定着過程が長く、歴代の王のなかには、中国系の者が含まれているほどである。調査を始める前に読んだタイ華人社会の本には、タイの華人はすでにタイ社会に同化していると書き記されているものが圧倒的に多かった。すでに定着化が進んだ社会をみることは、私にとってあまり関心がなかった。できるだけ移民一世の生の声を聞くことができる社会に出会いたいと強く思っていたからである。

そうした思いを持ちながら、北タイで複数の人たちと調査を開始する過程で、偶然にも北タイ国境に、中国からの移民が山岳地域に住んでいるのを知った。彼らは、タイ語で「ホー」と他称され、自分たちを雲南省出身の移民と位置づけ、「雲南人」と呼んでいる。

しかし、北タイでの調査では、かつてフィリピンで調査をおこなった時とはまったくことなり、大きな不安と恐怖が絶えずつきまとった。というのは、タイ社会における雲南系華人に対するイメージが、麻薬の密造や流通と強く結びついて語られていたからであった。そうした雲南系華人への蔑視と差別は、タイ人研究者やタイ役人、ならびに一般のタイ人たちとの会話からもしばしば見受けられた。たとえば、私は現地の事情や調査のプロセスを、調査に同行していたタイ人研究者や地方に住むタイの知人に伝えると、彼らは十中八九、雲南系華人のことを、〝麻薬の売人〟として私に警告した。彼らは、この調査はやめたほうがいい、慎重にしないといけないと何度も私に注意をした。実際、雲南系華人が生活しているビルマ、ラオス、北タイの国境地域は、しばしばジャーナリズムなどでは「黄金の三角地帯」といわれてきた。そこは、国際的な麻薬の生産と流通がおこなわれる場所とされ、その影の担い手が、雲南系華人、当地に出入りする密入国者や土地の支配者たちとされてきた。帰国後、調査資料の歴史的背景を調べるために、北タイ国境地域の華人について書かれた論考やエッセイを乱読した。たしかに読めば読むほど、そこに書かれている雲南系華人についてのイメージは私が調査した人びとのおもむきとは異なり、おどろおどろしいものばかりであった。「麻薬と黄金の三角地帯」「当地に住む華人と麻薬との関わり」などである。[*1]

予備調査を終えてから、正式な留学手続きをタイのバンコクにある調査局を通しておこなっていく過程においても、私は雲南系華人に対するタイ社会の偏見を目の当たりにした。調査局の人たちは、雲南系華人集落は危険なので、調査ができる集落は限られていると説明し、安全な他の調査地を私に勧めた。私は、調査で最初に出会った雲南系華人の人たちの顔を思い浮かべながら、彼らについて親近感を持ちはじめる一方、彼らをめぐるホスト社会の厳しい目線を知り、調査対象をめぐる異なる二つのイメージの間で苦悶し、調査の目的とその意義について、格闘しつづけた。

*1 たとえば McCoy 1972 など。

✳知られざる「難民」の世界

一方、雲南系華人たちに直接会ってみると、彼らは調査の初期でまだタイ語がままならない私に、親しみをもって中国語でさまざまな質問に応答してくれた。その過程で、山岳地域に集住している人びとを中心に、雲南系華人は自分たちの住む村を「難民村」と呼んでいることに気づいた。タイ人からの聞き取りでは、「難民」という呼び方で雲南系華人が言い表されることはなかったので、私はそのギャップに驚くと同時に、「はたして何の難民か?」、その背後の脈絡を探りたいと強く思った。

北タイ国境に作られた雲南系華人の移民集落は現在ゆうに八〇ヵ所を越える。詳しく聞いていくと、彼らがタイに移住してきたのは、強いられた移住であって、一攫千金を求めた開拓スピリットを保持した能動的な移住ではなかった。そのうち、雲南系華人の移民でもっとも多いのは、一九四九年に中国共産党に敗れた元国民党軍の残兵とその家族たちであった。そして、自分が訪問調査していた雲南系華人の村むらは、こうした元国民党軍によって組織的に作られていたことも次第に分かってきた。

ここでは国民党軍の動きについて詳しく述べないが、彼らは雲南で共産党に敗北してから、一九五〇年以後、ビルマに逃げ、そこで遊撃隊を創設し、反共戦争を展開した。その後、一九五〇代初頭から一九六〇年代初頭にかけて、ビルマ国境側から、国民党軍残兵による雲南への攻撃を含む国民党軍と共産党軍間の激しい戦闘が続いた。しかし、こうした攻撃はビルマ政府の反感をかい、一九五三年と一九六一年の二度にかけて、国連によって国民党軍の撤退が決定され、表面的には全部隊が台湾に移動することになった。しかし、実質上は、軍隊の一部は、ビルマやタイ国境へ逃れた。当時のビルマ・タイ国境の流動的な側面は、以下の記録からもかいまみることができる。[*2]

国民党軍は、タイの国境まで下りてきて食べ物を探しにきたり、外国から援助をもらっていた。一九四九年ごろのタイの国境は森にあふれ、タイ／ビルマ国境は二三〇〇キロメートルに渡り、国境の往来は自由であった。(中略)。ビルマ軍からの攻撃を受けるたびに、国民党軍は国境をひそかに越えて、一時的にタイ国境内に入ってきていた。また、ある人たちは、自分の家族のために、タイに村を作る場合もあった。

このように、一九五〇年代初頭からタイ側に移動した雲南系華人は、非合法にタイで生活の糧を求めた。しかし、国連の通達により、国民党軍のすべては台湾に撤退したことになっていたので、彼らは国際的な「難民」として承認されることはなかった。その結果、国民党軍を含む多くの家族は、

＊2　Kanchana (n. d., pp. 30-31).

国連による援助の対象とならず、「難民」としての存在自体が容認できない、「あらざる難民」としてタイでの活路を見出さざるをえなかった。国民党軍を含む多くの雲南系華人たちへの本格的な支援は、後に述べるように一九八〇年代初頭になって、ようやく彼らの政権が移った台湾から始まった。その間の約二〇年から三〇年の間、国民党軍関係者やそれにともなってタイに流れ着いたその他の雲南系華人たちは、おもに山岳地域に定着し、当地の山岳少数民族を相手に商売をおこないながら苦しい生活を営んできた。

私がインタビューした雲南系華人の数は一〇〇人以上にのぼる。しかし、詳しい移動状況について語ってくれた人たちはそのなかのごく一部である。調査当初、前述したように、タイでは「雲南系華人＝麻薬取引人」という強烈なイメージがあるため、私のインタビューも、そのイメージを一方で払拭させたい反面、彼らをやはり麻薬取引人とのつながりのなかで捉えてしまうジレンマに苦しんだ。インタビューのなかで、麻薬についてオープンに語る人はほとんどいなかった。しかし、間接的に彼らの移動過程における生計の立て方や、タイでの移動ルートを聞いていくと、どうしても麻薬との関連について想像せざるをえない状況もあった。私も場合によっては、彼らが少しずつ開示するこうした情報に興味を示したが、その情報に根拠があるかどうかは別にして、見知らぬことをしってしまったことについて、自己嫌悪に陥り、ますます自分を危険な領域に踏み入れさせてしまう誘惑に駆られた。

しかし、こうした妄想は、私がタイ社会から得た先入観を出発点にしていたにすぎなかった。私が出会った人たちは、タイ社会が思い描くような〝悪党〟なのだろうか。長期調査をはじめたころから、私は、タイ社会の偏見が自分の調査から覆されていくことも知った。私の認識の転換点となったのは、つぎのインフォーマントの経歴を聞いた時であった。

このインフォーマントとの出会いは、私がチェンマイ市内に住居を構えてタイ語の学習をしなが

図5-1 元国民党軍軍人の集落入り口。

ら、チェンマイ市内の民族状況について、身近なタイ人の先生から紹介してもらったのがきっかけである。タイ人の先生は、自分の隣家に住む雲南系華人を親切に紹介してくださった。その時の私はまだタイに留学して半年も経っていなかったので、雲南系華人であれば、誰でもいいので、インタビューのチャンスをつかみたいと願っていた。紹介された雲南系華人の家には、ちょうど、チェンマイ県の郊外にあるファン郡から雲南系華人の女性が遊びにきていた。私は彼女が山から都市のチェンマイまで降りてきた理由を知りたかったので、さまざまな質問を彼女になげかけた。すると、彼女は気安く自分の村に遊びに来てもいいと誘ってくださった。そのバスのなかで、私は彼女の移動の経歴を知ることになった。

彼女の名前は林さんという。林さんは一九五三年ごろ、雲南とビルマの国境にある潞西付近のビルマ領、ペンシャン[*3]で生まれた。両親の代にこの地に移住した経緯をもつ。ビルマ領といえども、中国と隣接するため、この地域には中国人が多く居住し、林さんが生まれた村も約一〇〇世帯からなる中国人から構成されていた。近隣には少数民族のカチン族も居住していた。林さんの父の商売は、赤ルビー掘りで、林さんがわずか五、六歳のころから、ビルマの内陸にあるラシオと生まれのペンシャンを往来する生活が続いた。その後、林さんが八歳の時、林さん、姉、兄は、父が赤ルビーを掘るためにクッカイに三ヵ月間移り住んだ。林さんの父は、クッカイからはるばるモーゴウに足を伸ばし、赤ルビーを掘りに行った。この時、母だけがペンシャンに残った。

その後の林さんの生活は、ビルマ内部の政治的動乱に翻弄される。林さんが九歳の時には、ビルマの少数民族の軍隊が衝突し、林さん一家も再び内陸部にあるマンダレーに移住する。林さんたちは、一時的に叔父の家で借家生活を送る。このころから、父は翡翠の商売もはじめた。最初のころ、翡翠の商売は苦しかった。林さんの父は、ビルマの雲南系華人のなかで最初に翡翠の商売に手をつけた人だという。林さんたちは、マンダレーで二ヵ月間住んだ後、またペンシャンに移る。しかし、

＊3
林さんによると、ペンシャンは、勐西と国境を接する北部シャン州にあるとされるが、場所は不明である。

ペンシャンで生活していたある時、中国共産ゲリラが攻め込んできて戦乱状態になった。その時、林さんは一三歳だった。林さんが通っていた学校も閉校になった。林さん一家は、ラシオに移住する。ラシオでは、父のビジネスの知り合いから家を借りる。母も一緒にラシオに移る。

その後、林さんは、親戚の女性と一緒にタウンジーで商売をはじめた。二七歳の時、林さんはラシオで結婚し、二九歳で長男を出産した。しかし、結婚後、数年で夫と離婚。一九八九年、林さんは母と息子と一緒にタイに移住する。移動先はチェンマイ県のM村で、そこには、ビルマから先に移住していた兄が住んでいた。兄は台湾とビジネスをやっていた。林さんは最初のころ、兄のビジネスを手伝っていたが、兄はその後台湾に移住した。私が林さんに出会った一九九八年、兄は台湾から家族をつれ、林さんと母を見舞って村に遊びに来ていた。

私はこの女性の移動歴を聞いて、彼女の移動は麻薬とはまったく関係がないことを知り、そういった疑念を自分が持っていたことや、自分の偏見に恥じた。他方、こうした私に対して、彼女はタイでの調査に非常に協力的で、家に何度も滞在させてくれた。私は、先入観をもって調査対象の経歴を決め付けるのはやめようとその時猛反省し、それ以後、私は移民の一人ひとりの経歴を丹念に調べていくことで、集合的に語られる民族像の矛盾や擬制的側面をほりさげていくことが重要であることを強く認識した。

✳自分たちの歴史を語る

ところで、雲南系華人の移民一世を、「難民」としてひとくくりにしてしまうほど、個々の移民の歴史的経験の内実は単純ではない。故地は雲南だが、生まれはビルマの人。湖南省や四川省に祖籍をもち、雲南は経由しただけの人。国民党軍に徴兵された経験もなく、生活の苦しさだけでビルマからタイへ単身で移住してきた人。また、民族的には、雲南系華人の圧倒的多数は漢族であるが、その少数には回族も含まれる。漢族とは、仏教、道教や儒教をおもに信仰する中国最大の民族集団である。他方、回族とは、イスラームを信仰する中国語を母語とする民族である。

しかし、こうした出自や歴史的経験の違いを超えて、雲南系華人の移民一世は、みな異郷であるタイに何とか逃れ、生活の基盤を立てようと日々格闘していた。私はフィールドの現場で、タイや中国・台湾の歴史のなかではほとんど切り捨てられてきた人びとに出会い、なんとかその移住の歴史を掘り起こしたいという思いに駆られた。すでに述べたように、タイでは国民党軍は麻薬のイメージと強烈に結び付けられていたが、移民個々人のライフヒストリーを拾い上げていくと、その軌跡は、戦乱と移動という人間に普遍的にみられる現象の一つにすぎないことを知らされた。

その一例として、ここでは元国民党軍兵で、雲南省出身の漢族出自の楊さんのライフヒストリーを抜粋してみる。

楊さんは一九一九年、雲南の双江にある勐庫で生まれた。一三歳の時から一五歳まで、故郷の双江で二年間勉強し、続いて教師になるため一五歳から二二歳まで師範学院で学んだ。その後、楊さんは師範学院を卒業し、二五歳まで約一年半教職についた。在学中は、日中戦争が始まっていた時で、授業中にはいつもサイレンが鳴り、勉強もままならない環境であった。学校で勉強している最中も時々、生徒たちは場所を移動して避難することもあった。

その後、教師をめざしていた楊さんは、一九四三年、中国西南連合大学に進学し、約二年間学生生活を送る。在学最後の年は、ちょうど「抗戦勝利」の年だった。楊さんは「ラジオで日本が降伏するのを聞いたのを覚えている」と興奮ぎみに語った。日本に勝利したことはとてもうれしかった、とふりかえる。その後、楊さんはスムーズにキャリアを重ね、一九四六年には、勐庫の鎮長にまで昇りつめた。在任期間は、一九四七年末までであった。その後、一九四八年に営盤に住む女性と結婚する。

しかし、一九五〇年、楊さんは、中国を飛び出す。共産党の富農、地主への弾圧が激しくなってきたからだ。楊さんは自分もその攻撃の対象になることを恐れた。楊さんの実家が所有する家、土地はすべて共産党に没収された。兄は逃げなかった。兄は共産党に捕らえられ、さまざまな苦しい労働にかりだされ、病死した。妹は、勐庫から滄源まで逃げたが、その後共産党に捕まり、勐庫につれもどされた。楊さんは、共産党に捕まる前に、ビルマに逃げた。

ビルマに逃げた時、国民党軍が「反共救国軍」という遊撃隊を作ったばかりであった。楊さんは、さっそく一九五一年、国民党の遊撃隊に入隊した。その後、楊さんは、雲南ではじまった滄源の戦いに参戦した。滄源の戦いでは、アメリカのマッカーサーの援助により、米軍が空輸で武器を滄源まで送ってくれた。

一九五三年、国民党軍はビルマのモンサットから撤退した。楊さんの属していた部隊の多くの人は、台湾に撤退していった。楊さんは、ビルマを転々として逃げたが、ビルマ軍の攻撃にあい、住めなくなった。そこで、一九五四年、タイのチェンマイ県ドイ・アンカーン山に移動した。しかし、そこには一年そこそこしか住まず、さらに山の中腹にある「難民村」のM村に移動した。それ以後、楊さんはM村に住み続けている。いまでは、楊さんはかつての軍人の生活を離れ、北タイ各地の「難民村」の社会基盤の整備と発展に向けて、タイ政府や台湾との政治的経済的連携を仲介する中心人物として活躍している。

この楊さんの事例は、雲南での安定した生活が当時の中国の内戦により崩された結果、民衆が余儀なくビルマに逃れ、しかし、祖国への強い思いと領土奪回という強いイデオロギーに支えられて、ビルマからタイに定着するまで戦乱のなかで奮闘してきた経験を伝えている。楊さんは国民党軍に入隊したが、その経緯はタイ人や外部者がイメージするような麻薬に依存した生活を営む目的とい

図5-2　雲南系漢族男性。

うものではなく、祖国と戦乱のなかにいきる上での手段として入隊を選択したことが分かる。「難民」や「麻薬」という表現から、調査対象の歴史や経験を一義的に固定してしまってはならないことを、この楊さんの事例は示している。

エスニシティを超えた移動経験

また、個人のインタビューを通じて、民族というキーワードだけで移民の歴史的経験を語るのは危険であることも見えてきた。すでに雲南系華人社会のなかには、雲南系漢族と雲南系回族というサブ・グループがあることを述べたが、そういった民族の枠組みだけに固執して調査対象を分類することには無理があることがしだいに分かってきた。両者は中国社会のなかでは、異なる民族として区別されてきた経緯をもつが、タイへの移動という視点からみると、そこには民族を超えた歴史的経験の共通性も見出される。

北タイの「難民村」には雲南系漢族と雲南系回族が混住する例がしばしば見られる。村びとに聞いてみると、中国における一九四九年前後の政変と社会の動乱がきっかけで、雲南を出国したのは、何も漢族だけではなく、回族も同様の理由からビルマ、そしてタイへ避難したことを説明してくれた。雲南系回族が国民党軍の南下に伴う戦乱のなかでどのような歴史的経験をしてきたのかについての詳細はここでは論じないが、個人レベルでみていくと、国民党軍に入隊したグループと、軍には入隊せずに馬やラバを使って商売をしていたグループなど多岐にわたる。[*4]

たとえばつぎにあげる雲南系回族の馬さんの事例をみてみよう。彼は先に事例をあげた楊さんとほぼ同じ時期に中国を出国した。

馬さんは、雲南の通海県河西鎮にある小回村で生まれた。生まれは推定一九三四年である。小回

図5-3　チェンマイ県チェンマイ市雲南系回族（ムスリム）のモスク。

＊4
王　二〇〇六を参照のこと。

村はその名のとおり、雲南系回族がまとまって居住している地区である。馬さんの家族は、回族の父と、もともと漢族で結婚後にイスラームに改宗した母と、兄一人、姉一人、弟二人からなる七人家族である。馬さんは上から三番目である。馬さん一家は、祖父の代から交易をはじめた。馬さんも雲南ではずっと交易に従事していた。

しかし、一九四九年一二月、馬さんは父と一緒に中国から逃げ出した。当時の中国では村人は共産党の人に無理やり捕まえられた。「この村で金のある人は誰だ、言ってみろ」と脅迫的に尋問された。村人が名前を教えると、共産党はその人たちを調べ、彼らの財産を没収した。

村内で高まる緊張と恐怖に駆られ、馬さんは出国を決意した。その時、馬さんはすでに交易の都合で雲南の西南部に移住していたが、そこから二人の弟と母を残し、ビルマのケントゥンに逃げた。母は纏足で歩くことが困難だったので脱出をあきらめた。当時、一二歳と一〇歳であった馬さんの二人の弟は、母の面倒を見るためケントゥンには行かなかった。その後、馬さんは、一九五〇年代初頭、ビルマのケントゥンからモンハンを経由し、先に述べた楊さんと同一の雲南系華人の「難民村」であるM村を経て、最終的にチェンマイ市に定着した。馬さんは、ビルマで国民党軍の軍事的影響下にあり、ビルマ軍の追撃を受けた結果、タイへいやおうなく押し出された。

以上のように、楊さんと馬さんでは、漢族であれ、回族であれ、戦乱の影響下にありながら最終的にタイに活路を見出したという点では民族的な違いはない。私は、漢族と回族というエスニシティを越えて、両者の移民一世がタイのなかでなぜ「難民」として自らを位置づけていた経緯があったのか、個人の移動の履歴を調べることを通してはじめてみえてきたのであった。[*5]

*5　雲南系華人の二世は、もはやかつての移民一世がおかれた「難民」としての法的地位ではなく、タイ国籍を取得し、タイ社会の中で公務員、医者、実業家などさまざまな分野で活躍している例はけっして珍しくない。また、現在では移民一世であってもタイ国籍をタイへの定着化が進む中で取得したケースも多い。

ところで、雲南系華人の移民一世たちの苦労は、移住当初、タイ社会のなかで法的に保護されていなかったことばかりではない。彼らは、タイに移住してからの数十年間、自分たちの祖国である中国や台湾から見放されていた。タイ国籍もなく、どこの国家にも帰属しない無国籍者が雲南系華人社会の大きな社会問題となってきた。ようやく一九八〇年代に入り、台湾を皮切りに雲南系華人社会への本格的な援助が開始された。そのもっとも大きな功績が、中国語教育である。

雲南系華人集落を訪問すると、随所に中華学校が設立されていることに気づく。その数は、およそ約九〇ヵ所にものぼり、圧倒的多数は小学校教育に重心をおいている。調べてみると、これらの学校の運営は、村民の寄付に加えて、台湾政府や民間団体からの支援による。こうした支援をこれまで二五年以上にわたりリードしてきた民間団体がある。それは、台北市に本部をおくカトリック団体の明愛会である。

✳「難民」をつなぐもの――国家のはざまのなかで

二〇〇七年、私は台北市にある明愛会を訪れ、インタビューをおこなった。私はどうして台湾からはるばる北タイまで援助の手を差し伸べるのか、そのきっかけと見通しが知りたかった。この団体は、蒋介石軍政権下の一九六八年に設立された。当初の明愛会は、カンボジア難民やベトナム難民への援助をおこなっていたが、一九七〇年代後半、北タイに華人の難民がいることをバンコク駐在の外交部から知らされた。その結果、一九八〇年初頭から、明愛会のメンバーの一部が北タイに足を運び、実体調査をおこない、当地に住む雲南系華人の存在を知った。これまで、明愛会は、中華学校の建設や教師の訓練、奨学金の給付などの文教面を軸に援助をおこなってきた。

筆者のインタビューに答えてくれた明愛会の呉さん（女性）は、自分の父も日中戦争時に元国民党軍であったことを語ってくれた。もっとも、呉さんの父はビルマで負傷したため、戦争の前線をはなれ中国広西省で休養した。しかしその後、中国では内戦が激化したため、呉さんの両親は香港に移住し、呉さんは香港で幼少期を過ごした。彼女は「もし自分の父が戦争で負傷していなかったら、自分もタイで難民になっていた。そう思うと、他人ごとではないような気がする」と語る。戦争の歴史的な経験が移民の将来を二分してきたことをうかがわせる。彼女の語りを聞いている私自身も、北タイの雲南系華人に話が及ぶと、他人ごとには思えない、自分の祖先とも何か共通する経験のように錯覚したほどである。

雲南系華人集落にある中華学校には、台湾の国旗が飾られている。またそこで使われている教科書はすべて台湾から援助されている。こうした援助の背景には、台湾側の「反共」イデオロギーがみえかくれする。しかし、そうした政府側の意向とは裏腹に、台湾とのつながりを維持し、発展させようとする雲南系華人の姿がある。根無し草のように見える「難民」であっても、異郷の地にたくましく自らの根をおろそうとしているその姿は、雲南系華人には限らない、移民一般が抱えている故地と移住地を生きるジレンマを示している。

✳移動をめぐる現象をいかにとらえるか

移動という現象は、人間社会に普遍的に見られ、人類の歴史は人の移動の歴史といっても過言ではない。それなのになぜ、特定の民族をめぐる移動の経験が否定的に捉えられるのだろうか。これまで定着者は移民について消極的なイメージを付与してきた。国家からみれば境界を越えて移動する人びとは、領域を侵すマージナルな存在として映る。実際、国民国家成立以後の移民政策には、同化や統合といった、移民に対する負のまなざしが定着していた。麻薬の密売者というレッテルを押し付けられてきた雲南系華人は、国家が移民をどのようにまなざしてきたか、その実態を如実にしめす例である。

しかし、フィールド調査をしながら、諸個人の移動事例を集積していくと、移動というのは、なにか非日常的な出来事というよりは、むしろ人間の生活のなかに組み込まれた自然な現象であるように私には思われる。人びとの生活を取り囲む外的な条件が変化した時、あるいは家族のなかでなんらかの変化を求める機運がさしかかると、人びとは容赦なく移動する。そして、新天地を求める。戦争や天災が生じれば、定着者でさえも移動せざるをえない状況に巻き込まれる。その後、彼らが再び故地に戻ることができたとしても、かつてと同じような社会的境遇で生活していくことができるかどうか、なんら保障はない。こうした場合、民族の出自を問わず、多くの民は、北タイの雲南系華人と同じように、異郷の地で、ヨソモノとして社会的、文化的な縛りのなかでカテゴライズされていく。

「定着者／移民」というように、自他がある政治的歴史的文脈のなかで区別されていく行為や、移民がさまざまなイメージでステレオタイプ化されていく現象は、日本社会を含めて、私たちの社会のなかで意識、無意識のうちにおこなわれ続けてきた。定着者のまなざしから移民社会を固定化するかぎり、両者は絶えず区別されつづけていく。しかし、フィールドワークを通じて、移民社会を調べることは、定着者がつくりあげた移民像とは異なった角度で、移民自身の眼から移民社会を描くことができる可能性をもっている。タイという遠い国に生きる北タイの雲南系華人は、いままでは私にとってもっとも身近な華人社会になったばかりではなく、自社会を相対化する上でなくてはならぬよき友であり、他者となった。

参考文献

王柳蘭　二〇〇六「『難民』から『華』人への道——戦乱と越境に生きる北タイ雲南人の民族誌」京都大学大学院人間・環境学研究科博士学位申請論文。
Kanchana Prakatuttisan n. d. *Kongphom 93 Phu Opphayop Thahan Chin Khanachat bon Doi Phatang*（『ドイ・パータンに移住した国民党93師団』）. Sayamrat.
McCoy, A. W. 1972 *The Politics of Heroin in Southeast Asia*. Harper & Row, Publishers.

第6章

文化人類学者はフィールドで病気になる

李　仁子

✳はじめに

フィールドというところは、じつにスリリングな場である。言いかえれば、フィールドワーカーはさまざまなアクシデントや困難に直面し、しばしば立ち往生を余儀なくされる。フィールドワーカーとは、そうした局面をいくども踏み越え、失敗や苦渋からいろいろなことを学びながら一人前になっていく生き物に付けられた名称である。

しかし、フィールドワーカーであるところの文化人類学者は、なかなかそうしたドラマチックなプロセスを自らの手で記そうとはしない。それは、恥ずかしさのゆえなのか、それともそんなことは自分で体験してみればよい事柄で、いちいち文章にすることはないと考えているからなのか、はたまた自分の手の内をさらす手品師はいないからなのか。だが、そうした「手の内」こそ、じつは、これから人類学者として最初の一歩を踏み出そうとしている初学者や、フィールドで何らかの困難に直面してもがいている「半人前」にとって、最も役に立つ体験談となるはずである。

近ごろ、「失敗学」という言葉をよく耳にする。人は失敗や災難から最もよく学べるものだというのがその基本コンセプトであるが、この章はまさにその実践例であり、一つの体験報告なのである。大先輩がたくさんいるというのに、私のようなフィールド経験の浅い若輩者がそうした実体験を打ち明けることは、大変に気が引ける話ではある。しかし、ついこの間まで「半人前」だった者（今でも一人前とは言えないが）のほうが、「失敗から学んだ」記憶は鮮明であろう。その一点だけの優位性を盾に、しばらく先輩面をさせてもらいたい。

私の場合、失敗や災難に当たるものは、フィールドで病気になったことである。それも二度までも。そのどちらも、今なお私の記憶にくっきりと残っている出来事であり、それを経たおかげで今の自分があると言っても過言ではないほど、私にとって意味深く、かけがえのない体験なのである。

本題に入る前に私という人間について手短に述べておきたい。私は韓国に生まれ育ち、大学卒業後すぐに日本に留学した韓国人である。日本に来てから日本語を学び始めたことをもって、日本での年齢を一五歳と言い張ることにしている。韓国で文化人類学を学んでいた時から、移住者の文化や安住のあり方といったことに関心を持って調査をおこなっていたが、自分自身が日本への移住者になってしまった今では、それが研究と実生活の両面における切実な課題、まさにライフワークとなっている。「民族」なんてかけらも意識していない日本人の夫と、五歳の今から自分の民族的二重性に意識の高い男の子が、家族に一人ずつ いる。

さて、そんな私がまだ大学院生だったころ、フィールドにおいてどのように病気にかかり、その病気からいったい何を学んだのか、これから見ていくことにしよう。

✳カザフスタンへの旅行で病気になる

東西ドイツが統一されてから間もないころ、東京のある映画制作会社の主催でロシアにいるコリアン（「コリョサラム」（高麗人）と呼ばれていた）を訪ねる旅行が企画された。あまり知られていないことだが、ロシアには約四七万人のコリアンが暮らしており、とくに中央アジアのウズベキスタンとカザフスタンにはその半数以上が集住している。彼らはもともと極東の沿海州に住んでいたのだが、スターリン時代の一九三七年におこなわれた強制移住によって今の居住地に住むことになったのである。在日コリアンとの比較ができることを期待した私は、早速そのツアーに申し込んだ。総勢三〇人ほどになったツアー参加者の顔ぶれは、半数が日本人で、残りの半分は在日コリアン（以下、在日と略記）と留学生を含む日本在住の韓国人であった。

経由地のモスクワ空港ではじめて全員と顔合わせをした時に、私は「在日の文化を研究するために韓国から来た文化人類学専攻の留学生です」と自己紹介をした。今にして思えば、この一言が事の発端だったような気がする。私自身このツアーのなかで調査をするつもりはなかったのだが、この不用意な一言で、在日の人びとにとって私は単なるツアーの同行者ではなく自分たちを調査研究しに来た特別な存在になってしまったのである。事実、カザフスタンの当時の首都アルマトイで開かれた歓迎会の席で、とある著名な在日著述家（差別問題の著書が多数あり、韓国に何度も招待されて在日を代表する発言をしている）から「韓国人に在日のことがわかるはずがない」と面と向かって言われてしまう。それ以後も一部の在日たちの態度や言動には、しばしば理解に苦しむものがあり、そのたびに私は居心地の悪い思いをすることになった。

旅程を半分ほど終えたころ、アルマトイから遠く離れたウシトベの実験農場にホームステイする

図6-1　カザフスタンのウシトベにある共同農場の牧場。

プログラムが組まれていた。六五〇世帯の多民族（その半分はコリョサラム）で構成された農場は歓迎ムードで満ちていた。農場の責任者であった朴さんの案内で一通りの見学を終えた後、質疑応答の時間がもたれた。その時に質問をしたのはほとんど在日であったが、その質問は明らかに偏りを持っていた。「強制移住の時には生活はどうだったのか？」「カザフスタンの人たちの対応はどうだったのか？」朴さんらの答えは「たしかに当時は苦労した。しかし、強制移住させられたのはコリョサラムだけではなかった。とにかくみんな貧しく、生きるために精一杯だった。協力して農場を発展させ、今ではみな裕福な生活をしているし、他民族とも仲良く暮らしている」というものだった。しかし、質問者たちはこの答えに満足がいかなかったのか、さらに「洞窟に住むしかない人もいたというが、それは本当か？」「移住先でどれくらい自由があったのか？」「民族差別は本当になかったのか？」と次々に質問を重ねていった。しまいには「非人道的な強制移住に対してロシア政府に補償を求めるつもりはないのか？」といった質問まで飛び出した。まるで聞きたい答えを言わせるための質問攻めのように思えて、私は違和感を感じた。朴さんたちもそう思ったのか、あっさりとした答えを返すばかりであった。とくに最後の質問は、その意味するところがわからないといったふうであった。それを後でコリョサラムがいなくなったところで「まだ監視されていて自由に自分の意見を言えないのだ」と解して結論づける在日がいたのには、正直驚かされた。

　この質問攻めはもう一度繰り返された。アルマトイに戻った日、日本人通訳が不在のため韓国語のできる人たちだけが、還暦のお祝いをするコリョサラムの家に招かれた。[*1] お祝いの席にふさわしく、色とりどりのごちそうが並べられ、歌や踊りが披露されるのを見た私は、朝鮮半島からはるか六〇〇〇キロメートルも離れた土地で懐かしい食べ物やしきたりに出会った感動から、これまで以上に文化人類学者としての姿をさらけだし、あれこれと彼らの生活文化に関する質問を繰り出していた。ところが、宴もたけなわとなったころ、再び在日たちの質問が始まった。それは前と同じく、

図6-2
共同農場の農地（地質に塩分の多いこの地域で稲作を成功させたのは、強制移住させられたコリョサラムたちであった）。

＊1
コリョサラムはもともと住んでいた沿海州で韓国語を話していた。現在の公用語はロシア語であるが、集団農場で生活していたためか、今の若い世代の人びとでも韓国語を話せる人は多い。

強制移住の時の暮らし向きや差別の有無を問うものだった。コリョサラムたちの答えは、ここでもおおよそ同じであった。それどころか、「特に差別を受けたとは思わない。むしろ自分たちの方が優秀だと思っているので、たとえば結婚とかは自分たち同士で行おうとしている」という意見に皆がうなずいていた。在日の一人がたまりかねたように「私たちには本当のことを言ってもいいのですよ。あなた方の不利になるようなことは決してしませんから」と言ったのに対し、「本当に私たちはそう思っているのだけど……」とコリョサラムの長老が答えるのを聞いて、私はとうとう我慢できずに「彼らの発言をそのままに受け入れてもいいのではないですか」と言ってしまった。その途端、在日の一人から日本語で「彼らが常に怖がって発言しないのが分からないのか？　韓国から来た小娘のくせに何が分かる！」と一喝されてしまった。

その時、私は悟った。同じ質問を繰り返す在日たちは、自分たちの見たいものを見たくて、聞きたい話を聞きたくて、ここに来ているのだ、と。そして、それが難しいとなると自分たちの先入観を押しつけるのだ、と。そう思った瞬間、一挙に気が抜けてしまい、それまでの旅の疲れもあって、その二日後、他のツアー参加者が日本に帰国して私一人残ったホームステイ先で、私は病気になった。

図6-3
初期の移住者家族の写真。

✻フィールドという場

ホストのコリョサラム家族の看病のおかげで、病いは快方に向かい、私は病気になった理由を冷静に考えることができた。そのなかで見えてきたことは、コリョサラムに対して一部の在日たちがとった姿勢、すなわち見たいものを見たい、聞きたい話を聞きたいという態度を、彼らは私に向けてもとっていたのだということである。

たとえば、こんなことがあった。日本人も同席しているところで、ある在日が韓国にいる自分の親戚の話をしながら、「彼らが日本に来るときには、家に招待せずホテルに泊まってもらうことにした。大きな自宅を見るといつまでもいようとするから」と言う。まるで韓国人は節度のない図々しさの塊と言わんばかりである。また別の在日も、ほかの機会に「韓国の女性が日本に来るのは、在日や日本人と結婚したいからだ。とくに水商売の人たちはそうやって底辺から這い上がろうとする」と、これまたステレオタイプ化した韓国人イメージを披瀝するのであった。その発言内容には、また日本人も同席している場でそうした発言をすることには、「日本人／在日／韓国人」という序列意識のようなものまで見え隠れしていた。[*2]

以上は極端な例であり、またどの発言も私を名指しして、あなたもそうだろうと言ってくるわけではなかったが、彼らがどのようなものを韓国人に見出したいのかが、そこには透けでていた。その全部とまでは言わないが大部分が誤解に基づくイメージであることを知っている私としては、自分がそうしたイメージのなかで捉えられそうになっていることに居心地の悪さを感じ、それに搦め取られまいと肩肘を張ったわけだったのだ。息苦しくもなろうし、ストレスも溜まろうというものだ。

しかし、私の側にも落ち度はあった。在日の「文化」を研究したいと言い、実際にコリョサラムの生活文化面にばかり質問を寄せていた私を見て、在日たちは期待を裏切られたと思ったかもしれないからだ。ある在日は私の自己紹介を聞いて「留学生で在日に興味を持ってくれた人は今まで会ったことがない」と言っていた。振り返ってみれば、そこにはある期待が込められていたのだと思われる。しかし、「文化」ばかりをもちだす私の姿は、彼らの目には、自分たちにとって重要なテーマである「差別」の問題を素通りしているかのように映ったことであろう。彼らにとって「見てもらいたいもの」、とことんまで「語りたいもの」を見ようとしない私に、こんな小娘に何が分かる？

＊2
この話は今から一五年ほど前のことであり、今ではこうした見方や序列意識は相当に薄まっていると思われる。というのも、ここ一〇年ほどの間に日本と韓国をめぐる状況が相当に変化してきたからである。マスコミを賑わしたワールドカップの日韓共催、サムソンなどの韓国企業の世界的知名度アップ、さらには「韓流ブーム」といった一連の流れが、日本人のみならず在日の意識を変えつつある。

と不満をぶちまけたくなるのも当然といえば当然なのである。旅の途中でかわるがわる何度も受けた、「在日に対する韓国の棄民政策を知っているか？」「在日が済州島の道路を作ってあげたのを知っているか？」「差別の歴史を知っているか？」といった、調査者としての私を試すような一連の問いは、たしかに私を疲れさせ、病気の一因ともなった。しかし、「見るべきもの」を見ようとしない態度によって彼らにフラストレーションを感じさせてしまったのは、ほかならぬ私自身であったのかもしれない。

こうして考えてみると、私としては今回の旅行で在日の調査をするつもりはなかったのだが、自己紹介の時の私の不用意な一言で旅先はフィールドと化していたのである。フィールドにおいてフィールドワーカーは見る存在であると同時に見られる存在でもある。フィールドの人びとは、フィールドワーカーを自分たちの理解の枠で捉えようとするし、見たいものを見ようとする。また当然のことながら、彼らには彼らなりの見せたいもの、語りたいものがある。両者の間に何らかのズレやミゾがある時（あるのが常態だが）、フィールドは大小さまざまな軋轢や葛藤が頻繁に生じる場となりうるのだ。そのことを私は病気という形で骨身にしみて理解することができた。

もちろん、今回のフィールドはいろいろな意味で特殊である。ツアー旅行先というフィールドは逃げ場もなく、また在日と韓国人という近しい関係だったために先方に分厚い先入観や固定観念があった。いわば、濃いフィールドだったのである。しかし、グローバル化の進む現代においては、よほど辺境にでも赴かないかぎり、「日本人」フィールドワーカーは何らかの色眼鏡（濃淡の差はあるだろうが）で眼差される覚悟をしておく必要はあるだろう。フィールドワークは参与観察などといったコンパクトで小ぎれいな言葉で言い表せるものではなく、相互干渉を伴う相互観察ぐらいに思っておくのがちょうど良いのではなかろうか。予防接種があれば、フィールドでの病気も軽くて済むはずだから。

図6–4　移住二世のコリョサラムの学者夫妻（モスクワ大学の教授で、五〇年代に北朝鮮に行き、金日成大学の副学長をつとめていた）。

しかし、それにしてもと、病気から完全に回復した私は再び考えた。それにしても、なぜ病気になるほどまで私は、自分にストレスをかけてくるフィールドの人びとと相互交渉関係を保ち続けたのだろうか。そんなにしんどいのであれば、相手に見切りを付けて没交渉を決め込むことだってできなくはなかったわけだし、あるいは逆に、もう面倒だとばかりに自分に少しばかりの嘘をついて相手に迎合しその場をしのぐことだって、向こうの「見たいもの」に自分を合わせてあげることでうまくあしらいながら付き合っていくことだってできたはずである。しかし、私はそうしなかった。いや、正確に言えば、できなかったのである。

それは、私の性分によるものだったのかもしれないが、それ以上に、私のなかにある一つの信念によるところが大きかったと思われる。韓国で文化人類学の基礎を叩き込まれた私には、文化人類学者は社会の医者たれ、という教えが内面化されていたのである。誤解のあるところには理解を、争いのあるところには和解を、というのが私の信じる文化人類学者の本分だったのである。その信念がかくも強固に私のなかに居座って、フィールドでの私の行動を律していようとは、今回の病気になるまでうかつにも私は気づいていなかった。それは一つの発見であった。*3

さらに、結果的に病気にはなったものの、あの特段に「濃いフィールド」においてこの信念を貫き通したことは、私に一つの確信を授けてくれた。というのも、一人残って続けていたカザフスタンでの調査を終えて日本に帰ってきた私のもとに、アルマトイで「小娘のくせに何が分かる!」と一喝した人を含む複数の在日から、私の調査に協力したい旨の連絡が立て続けに入ったからである。旅先でのもやもやが一気に晴れ渡ったような気分のなかで私は、自分の内に頑丈に形成されていた信念に感謝した。と同時に、フィールドという大なり小なりストレスフルな事態に見舞われやすい環境において、文化人類学者を支えてくれるのは、そうした何らかの信念なのではないかとの思いを強くした。フィールドから逃げ出さず、フィールドでその場しのぎをすることなく、フィールド

*3
争いや反目のあるところに和解の道筋を見出すことこそ文化人類学者の本分であるという私の意見に共感する人には、李　二〇〇六：一七八－二〇八を読んでいただきたいと思う。

図6-5
移住四・五世代にあたるコリョサラムの子供たち。

を見切ってしまうこともせず、長期戦であるところのフィールドワークを一歩ずつ進めていくために大切なことは、「嘘も方便」とか「調査対象者との間にまずはラポールを築きあげて」とか「相手を怒らせてみて反応を見る」といった小手先の技術を振り回すことではない。文化人類学者もしくはフィールドワーカーの本分とは何か、使命とは何かについて自分の信ずるところを持つことが肝要なのである。場合によっては病気にもなるかもしれないが、そうした信念を持つことは大きな強みでもあると私は考える。

✻在日の家で病気になる

カザフスタンへの旅行から半年ほど経ったころ、私は東京駅近くの喫茶店の一隅で同じツアーに参加していたSさんという在日と会っていた。帰国後に連絡をくれた他の人たちとはすでに再会を果たしていたが、彼は東京在住の人であったため、ずいぶんと再会が遅くなっていた。じつは、彼は、あの旅先で私が一緒にいて居心地の悪さを感じなかった数少ない在日の一人であった。もう一人、大阪に住むKさんもそうした人であり、すでに私はKさん一家とは親しく付き合っていたのだが、SさんとKさんの二人には共通点があった。それは、在日本朝鮮人総聯合会[*4]（以下、総連と略記）と深いつながりを持っているという点である。おそらく、二人にしても、また私にしても、互いの間に政治的な隔たりがあるという思いから、初対面だったツアーの最中には適度な距離を保っていたせいもあるのだろう（最初は警戒心があったとSさんは告白してくれた）、とにかく二人とは旅行中から良好な関係にあった。そんなSさんだったので、今は一人暮らしだと聞いていた彼の母親（在日一世）の家で、住み込みの調査をさせてもらえないだろうかと電話で依頼していたのである。Sさんも、母親のMさんも二つ返事で承諾してくれて、私は新幹線に乗った。[*5]

＊4
日本に居住する在日朝鮮人によって構成され、民族的利益を代弁し、民族性を守るため活動する民族団体である。一九四五年結成の在日朝鮮人連盟から在日大韓民国民団（略称「民団」）と袂を分かつ形で一九五五年に設立された。その傘下には、商工業者、青年学生、女性、各分野の専門家、宗教人などによって組織された諸団体や事業体、専門機関などがある。日本政府からは非合法な活動を行っている疑いがあるとされ、破壊活動防止法に基づき公安調査庁から厳しい監視を受けている。二〇〇二年九月の小泉純一郎首相（当時）の訪朝時に北朝鮮が拉致問題への関与を公式に認めたことを境にして、総連に所属している人たちの立場は徐々に悪くなっていった。民族団体として存続の意義を主張する声もあるが、総連離れは進んでいる。

招き入れられたマンションの一室は、北朝鮮で買ってきたという伝統的な家具調度で埋め尽くされ、その上に飾られた置物から卓上の小物に至るまですべてが朝鮮調のもので、一瞬自分がどこの国にいるのか分からなくなるほどであった。本棚には社会運動や北朝鮮に関する書物がぎっしりと収められており、壁の高いところには金日成と一緒に撮ったMさんの写真がかけられていた。さながら北朝鮮の知識人の家ならこうであろうといった風情である。

そんな部屋のなかでMさんは、一緒に過ごすようになった初日から、自らの家族の経歴を語りながら「民族的」な精神がいかに大切であるかを強調した。彼女の今は亡き夫は、総連で指導者的役割を果たしていた人物で、その夫とともにMさんも数々の政治活動や民族運動に身を投じてきた。同胞の権利を獲得するために、国会議事堂前で連日座り込みをおこなったり、幼い子どもを背中におぶってデモに参加したこともあったという。民族学校を建てる時にも、寄付集めや関係機関への働きかけに奔走した。北朝鮮への帰国運動が始まった時には、周囲に勧誘して回った。そして、その過程で、自分たちのまだ高校生だった長女も単身帰国した。夫婦ともども総連や民族運動に関わる仕事であれば、何をおいても熱心に取り組んだものだったと語るMさんの表情には、うっすらと矜持のようなものも浮かんでいた。

Mさんは子どもたちの教育に関しても「民族的」な方針を貫いた。Mさんには七人の子どもがいたが、すべて民族学校に通わせたという。そして、そのほとんどは学校を終えた後、総連系の教育機関や言論機関に職を得ていた。さらに、調査当時すでに結婚していた四人の子どもは、民族学校出身の在日同胞を配偶者としており、まさに家族全体で民族的な色の濃い生活を日本のなかで送るようになっていたのである。Mさんのこうした話を聞けば、自らの出自に背を向けがちな子どもたちを持つ多くの在日一世たちはおそらくうらやましく思うことだろう。

しかし、Mさんの人生は、他の在日一世たちと同じように、けっして順風満帆なものではなかった。

＊5
朝鮮半島では古くから夫婦別姓であり、子どもの名字は父親のものを引き継ぐため、子どもと母親の名字は異なることのほうが普通である。

＊6
一九四八年四月三日（四・三事件の名はこの日付に由来する）から一九五四年九月二一日まで韓国済州道（済州島）で続いた、住民や反政府勢力による武装抗戦とそれに対する政府軍や政府支持勢力による武力制圧とが繰り返された動乱を指す。日本の植民地支配からの解放後、南朝鮮だけの単独政府樹立を目指しておこなわれる予定だった五・一〇総選挙を妨害するために始まった武装襲撃だったが、長期化し、朝鮮戦争が終わるまで続いた。その過程で二万五〇〇〇人～三万人の人が犠牲になったと伝えられる。これは当時の済州島民のおよそ九分の一にあた

韓国の済州島で生まれ育った彼女は、意識の高い父親のおかげで当時としては珍しくきちんと学校に通わせてもらったが、継母との折り合いが悪くつらい青春時代を送っていたという。戦後、日本留学帰りの男性と結婚するも、済州全島を震撼させた四・三事件[*6]により夫は逃げるように日本に渡航。夫の後を追ってMさんも子連れでなんとか日本に渡り、その後は子育てと社会運動に忙しい日々を過ごす。しかし、夫はお酒で健康を害したこともあり、五一歳で他界し、Mさんは残された六人の子どもたち（長女はすでに北朝鮮に渡っていた）を女手一つで育て上げなければならなかった。

　そんなMさんを支えたのは、いち早く相互扶助の仕組みを作り上げていた総連という組織であった。Mさんは生活の糧を得るため喫茶店を開いたのだが、それは同胞が集住する浅草にあったため、一家が暮らすぐらいの収入を得ることは難しくなかったという。また、民族学校の学費も豊かな同胞からの寄付のおかげですべて免除となった[*7]。そうしたことは、総連という横のつながりが強い民族組織にしっかりと組み込まれた成員だったからこそ可能だったろう。Mさん自身も、総連のすばらしさは同じ民族同士が助け合う自給自足の共同体であるところにあると言っていた。同じ民族の絆で結ばれた人びととともに日本にいながら朝鮮を生きることができる、それが彼女が見つけた安住の形であるようだった。そして、話を聞き続けた私にも、それは、安住を模索する移住者の、まるで夢のように理想的な姿に映ったのである。

　息子のSさんが「機関銃のようにしゃべりまくる人だから」と評するだけのことはあって、Mさんは本当にあっという間に、「民族」の道を踏み外すことなく生きてきた一家の歴史を語りきった。調査初日から「民族」という語の洪水に飲み込まれ、まだまだうぶさの抜けきれなかった私は、大変感心しながら彼女の話に耳を傾け、家族の生きざまを尊敬の眼差しで見つめようとしていた。しかし、夜になって彼女がお風呂は銭湯に行かなければと言い出した時、私は何とも言えない予感と疑念を感じた。そしてそれは、首をかしげる私に謎解きをしてくれるようにMさんが家のお風呂場

り、若い男の人は敵対勢力に見つかると殺されたと言っても過言ではないほど苛烈なものであった。多くの島民は動乱を逃れて島外に脱出し、事件前に二八万人いた島民は、一九五七年には三万人弱にまで激減した。本文に登場するMさんの夫も、難を逃れて再び日本に渡ってきたのである。朝鮮半島をめぐる近現代史が凝縮されたとも言えるこの事件の発生背景や進行過程は、非常に複雑で政治的に多くの問題を孕むものであったため、長いあいだ韓国社会ではタブー扱いされ、その全容解明に向けての調査が開始されたのは事件後四〇年以上も経ってからであった。それからさらに一〇年近く後の二〇〇三年に、四・三事件の遺族や島民たちは、自国の歴史清算事業を進める盧武鉉大統領（当時）から初めて公式の謝罪を受けることになった。

のなかを見せてくれた時、的中した。広くはないそのお風呂場は、北朝鮮に行った長女のための荷物置き場になっており、親族や友人から集めた古着やさまざまな生活用品が天井いっぱいまで山積みされていたのである。親族訪問で北朝鮮に行く時に持って行くのだとMさんは説明してくれたのだが、私は見てはいけないものを見てしまったような気がして、とっさに何の反応も返すことができなかった。

すでにその当時でも、北朝鮮が貧しいことや帰国した在日たちが苦労を強いられていることはうすうす知ってはいた。しかし、長女は大変に優秀で、「祖国建設」のため自らすすんで帰国の道を選んでいったと、「民族」の誇りのように語っていた総連幹部のMさんのお風呂場が山のような物資で使えなくなっている現実を目の当たりにして、私は正直、途方に暮れた。夜道を一〇分以上歩いてようやく銭湯にたどり着く。北にいる娘に荷物を届けつづけるかぎり、七〇歳を過ぎてもMさんの銭湯通いはずっと続くだろうと思うと、一人気丈に暮らしているMさんの胸にある影の部分を覗いてしまった気がして、心苦しかった。

Mさんの家に滞在中に、私はもう一つ心苦しい経験をすることになった。ある日、予想もしなかったことが起こったとだけ言い残して、Mさんは早朝から出かけていった。夜になって帰宅したMさんは、その日の出来事を夜中の二時過ぎまで私に話してくれた。それは、同じ総連の幹部で、若いころから精力的に民族運動に参画し、今では組織全体から尊敬を集めている男性のもとを訪れた、済州島からのお客さんの話だった。韓国から来た客は、ほかでもない彼の妻であった。二〇代はじめに別れ別れになり、七〇歳を軽く越した今になって、ようやく二人は再会できたのである。

戦前、出稼ぎ目的で日本に渡った夫は戦後もそのまま日本に残り、日韓の国交が断絶している間に日本で二度目の結婚をし、別の家庭を作ったのである。妻は済州島に残って夫の実家で嫁として両親の世話をし、自分の子どもやその従兄弟たちを育て上げた。しかし、朝鮮戦争のさなか、二人

＊7 学費免除を受けていたのは生活が苦しかった時期のことであり、生活が安定してからは逆にMさんは民族学校に寄付をおこなっていた。

の息子は日本にいる父親のもとに密航し、さらに父親が推進役を務めていた帰国運動に参加して、北朝鮮に渡ってしまった。日韓国交回復後も、総連の幹部である夫との再会は望みようもなかった。結局、妻は、音信不通になった二人の息子と帰る当てのない夫を一人待ちながら、北朝鮮帰国者を身内に持つ者として非常に肩身の狭い思いをしながら、済州島の夫の実家で日々を送っていたのである。

Mさんが呼ばれたのは、韓国の妻が夫を訪ねてきたことに、現在一緒に暮らしている日本の妻（彼女も済州島出身の在日同胞）が猛反発し、あらゆる方法を動員して夫が出かけられないように妨害していたからであった。当事者三人の全員と面識のあるMさんは、問題解決の役割を託され、数日の間は、朝から晩まで彼らの世話に明け暮れた。彼女の働きの甲斐あって、韓国の妻と夫はまるで逃げるようにして温泉への一泊旅行に出かけたが、そのことを知った日本の妻は怒って夫に暴力をふるい、夫は怪我をし、韓国の妻は心労からか寝込んでしまった。その仲裁や看病も担当したMさんは帰宅後、珍しくぐったりした様子で「これが植民地と（南北）分断の痛みなんだよね」と何度も繰り返したのを今も鮮明に覚えている。私も彼女の感想に同感し、それを言葉にもしたが、その半面、とくに韓国からやってきた妻の一生涯のことを考えれば考えるほど、民族的アイデンティティを貫いて生きることの別の一面が見えてくるようで、その功罪に思い悩んでしまった。この家族の不幸な離散状況は、「民族」的な精神や理念をあまりにも優先しすぎた結果もたらされた悲劇でもあるのではなかろうか、との思いを禁じることができなくなっていった。

そんな私の気持ちを知ってか知らずか、Mさんはこの夫婦の話をしながら、自分の夫のことを少しずつ語ってくれた。民族同胞の権利を守るため熱心に活動する夫は、しかし、外での運動に忙しくじつは家庭をあまり顧みない人であった。お金もほとんど運動に使ってしまった。また、男女平等という総連の理想を外では声高に主張しながら、家ではしばしばお酒を飲んでMさんに暴力をふるったりもしたという。それまでMさんから聞かされていた民族の英雄的な闘士というイメージから大きく逸脱する内容に、私は少なからず驚くとともに、Mさんが夫の祥月命日に墓参りを欠かさないことや、毎年命日に必ずチェサ（祭祀）を執りおこなっていることとの間にある齟齬をどう理解すればよいのか困惑してしまった。

そして、その数日後、とうとう私はMさんの家で寝込んでしまった。

✳フィールドワーカーの盲点

なんとか京都の下宿に戻り、養生しながら考えた。前回の病気の時とはちがって、今回は一対一のフィールドであり、しかも最初は非常に居心地の良い状況だったはずである。しかし、かえって問題はその辺にあったのだ。

誰でもそうだろうが、フィールドでの調査が進むにつれ、フィールドワーカーは徐々に「狙い」をつけ始める。何かにフォーカスを絞らないと民族誌が書けないという現実的な理由もそこにはあるのだが、いずれにせよ何らかの意図を持って調査をおこなうようになる。しかし、そこに罠があるのだ。ついつい見たいものを見たいという誘惑にかられるのである。

私の場合、それは移住先の厳しい環境のなかでも自分たちの民族性を失わずに雄々しく生きる在日の姿であった。そんな狙いを持った私の前に現れたMさんは、民族的精神の重要性を説き、民族性を失わないために奮闘した家族の歴史を語ってくれた。まさに打って付けのインフォーマントだったのである。しかし、それは彼女の語りたいもの、私に見せたいものでもあったのである。「見たいもの」と「見せたいもの」とが、偶然にも合致したわけである。もし、そのまま何も起こらなければ、彼女も私も満ち足りた気分のまま調査は終了し、私は予定調和的な民族誌を一本ものすることになったろう。しかし、幸か不幸か、私は自分が見たいものと大きく隔たるものを見、聞きたいこととはかけ離れた話を聞くことになった。その時までに見てきたものや聞いてきたことと、どうあっても「折り合い」のつけられないものを見聞きして、私は凍りつき、身動きがとれなくなった。

一度ならず二度、三度とそうした事態に見舞われると、連鎖反応的にいろいろなことが違った角度から見えてきてしまう。たとえば、総連が政治的な民族団体であることは確かなことだとしても、それは同時に、食べて生きていくための生活協同組合でもあって、そこでの民族運動への参画は、むしろ子どもたちを養いながら生きていくための手段であったのではなかろうか。また、長女が帰国してから三〇年の長きにわたってずっと娘のことを不憫に思うがゆえに、あの風呂場があったのではなかろうか。銭湯がなくなりつつある都会で、自宅の風呂場を荷物置き場にして銭湯に通うのは、母親としてのお詫びの行のようにも見えてきたのである。

自分のなかで整理の付けられない思いを抱えたままでいることは、調査でなくとも苦しいことである。あまつさえ今回は一対一の住み込み調査であったため、そうした影の面が見えてきても、目の前には調査の冒頭から見たいものと見せたいものがあまりにも合致してしまったMさんがいる。しかも彼女は民族性を貫き通した自らの半生に誇りを持っている。そういう彼女にどう接すればよいのか。調査をどのように続けたらよいのだろうか。迷路に迷い込んだ子どものように私は分からなくなった。私が病気になったのは、こうした経緯からである。言ってみれば、独り相撲をとったあげくに自壊したのである。

病が癒えてくるにつれ、さらに私には今回の病気の背景にある別の次元が見えてきた。病気になったのは、私にとってむしろ必然だったのである。どういうことか。

先に私はフィールドにおいて自分の見たいものを見ようとしてしまったと書いた。その「見たいもの」とは、繰り返しになるが、移住先の厳しい環境にくじけることなく自分たちの民族性を堅持し、民族的アイデンティティを持ち続ける在日の姿というものであった。もし、それが誰かに指示されたり、半ば強制されたものであったならば、私は病気にならずに済んだろう。さっさと「見たいもの」を切り替えればよいのだから。しかし、実際のところ、それは私という存在と切り離せないものだったのである。というのも、その背後には、民族性を保持することは真であり善であり美である、あるいは民族的アイデンティティこそ価値のあるものだとする先入観もしくは価値付けが、ぴったりと貼り付いていたからである。こうした先入観や価値観は何も私一人に限ったものではなく、おそらく同時代に韓国で義務教育を受けた者ならば、少なからず共有しているものであろう。当時の韓国では、それほど熱心に民族主義的色合いの濃い教育がおこなわれていたのである。私のなかにそうした先入観や価値観が形成されたのは、ある意味、歴史的必然なのである。しかも、それらが先入観であり、多々ある価値観のなかの一つにすぎないとまで相対化できるようになるのには、韓国の地を離れるだけでは不十分だったのである。その結果、私はその強固な「思い込み」(今でこそこう呼べる)を不用意にもフィールドに持ち込んでしまったのである。

必然の糸はもう一本ある。それは、私が自分の「見たいもの」をなぜ総連の幹部であったMさんに見ようとしたのかという、いわば動機の面である。じつは当時、北朝鮮と休戦状態にあった韓国からの留学生や渡航者は、総連系の人との接触を法的に禁じられていた。[*8] 私も留学前の公安による研修でそうした特別教育を受けていたが、それでも私はMさん宅での住み込み調査を敢行した。なぜか。これもまた私のなかに刻まれた歴史に関わることであるが、私の前後の世代を韓国では「三八六世代」と特別に呼ぶ。この世代が社会的に脚光を浴びたのが三〇歳代で、大学入学年度が八〇年代、生まれたのが六〇年代ということからそう呼ばれるのだが、その最大の特徴は、学生紛争が民主化を目指す反政府運動の一環として最も激化した時期に大学生になり、その多くが運動に参加した経験を持つ点にある。政府が喧伝する情報に対し、懐疑の深い世代なのである。そして、その

＊8
韓国の「国家保安法」には、反国家団体との通信や会合を禁じる条文がある。朝鮮総連は反国家団体とみなされているため、彼らとの交流は厳密には法に触れることになる。

懐疑は、当時の韓国政府やマスコミが主導して作り上げた北朝鮮についての醜悪なイメージや、在日同胞についてのステレオタイプ化した言説に対しても向けられた。少なくとも日本に留学することを決めた時点で、まだはっきりとは意識せられていなかったものの、私のなかにもそうした懐疑が頭をもたげていたことは間違いない。三八六世代まっただなかの私が、在日の、しかも北朝鮮と結びついた側の在日のなかに、韓国の一般市民よりも強烈に民族性を重視しながら生きている姿を見出したくなったのも、むしろ当然の成り行きだったのである。*9

病気で何もできなかった空白の時間は、こうした内省をする余裕を私に与えてくれた。そして、すべてが白日の下に明らかになった時、私を覆っていた殻のようなものがパチンと音を立てて、割れた。むろん、それは私のなかの先入観や固定観念などが消え去ったということではない。そんなことになれば、私の方が消え去ってしまうだろう。そうではなくて、そうした先入観や価値観、あるいは偏向した懐疑や理念といったものを距離を置いて見つめ直し、そうしたものがフィールドワークの最中に思いのほか強く働いていることに自覚的になれた、ということである。何をいまさら当たり前のことを、と言う勿れ。何事にも最初というものがあるのだから。それに、当たり前のことと言っても、自分が実体験した具体的な失敗から学んだ「当たり前のこと」は、重みが違うのである。事実、私はこの病気を機に、フィールドにおいて自分が何か狙いをつけ始めた時、あるいは逆に何かを見たくないと感じだした時、まずは自分を疑ってみることが自然とできるようになった。フィールドにおいては居心地良すぎるにしても、反対に困難に直面して立ち往生するにしても、そこには自分の内にある何らかの偏り（先入観だったり妙なこだわりだったり）が関与しているのではないかと疑ってみる思考回路。そうした自省回路を備えることができたおかげで、私はフィールドワークの途中で病気になることもなくなったし（ヒトなのでカゼぐらいはひくが）、自分の見たいものをフィールドの人びとに押しつけるという過ちから自分を遠ざけることもできるようになった。

*9　賢明なる読者ならすでにお気づきだろうが、この当然の成り行きの裏面には、再び「誤解のあるところには理解を、争いのあるところには和解を」という文化人類学者としての私の信念が、あたかも通奏低音のように流れている。誤情報や誤解のために隔てられ反目し合う人びとに和解の地平を提供するという自らに課したこの役割こそが、もしかするとすべての病気の根本原因なのかもしれない。もちろんそうだとしても、私は喜んでその因果関係を甘受するだろうけれど。

✳病気を経て強くなる

今から振り返ってみると、まだ駆け出しだったころに経験した二回の病気は、巫者が巫者になるために通り過ぎなければならない巫病のようなものだったと思われる。一人前のフィールドワーカーになるために最初に経なければならないイニシエーションだったと言ってもよい。

はじめの病気で私は、フィールドというものの難しさ、すなわちそこはフィールドワーカーとフィールドの人びととが「見たいもの」と「見せたいもの」をめぐってせめぎ合う場であるということを、骨身にしみて理解することができた。と同時に、自分のなかに形成されていた文化人類学者としての信念の働きと、その重要性に気づかされた。しかし、これはまだ巫病のほんの序の口だったのだろう。殻がパチンと割れるためには、もう一回苦しまなければならなかった。

次の病気で私は、自分の「見たいもの」がいかに自分という存在と切り離せないものなのかということを理解することになる。逆に言えば、自分の生い立ちや経験、受けた教育といった私を作り上げているものが、いかにフィールドワーカーの眼差しや行動に影響を及ぼすかといったことである。その影響に自覚的でいられるようになった時、ようやく殻はパチンと割れたのであった。

こうして二つの病気を経験するなかで、私は、当たり前だがとても重要なことをいくつか学ぶことができた。だが、それでいったい何が変わったというのだろうか。以下、病気を乗り越えた後に私に起こった変化とその顛末をいくつか語ることで、本章のまとめに代えたい。

まず何より、民族的アイデンティティや民族性を貫いた生き方といったものに対する勢い余った思い入れが、まるで憑き物が落ちたかのように私のなかで沈静化した。「二四時間民族的アイデンティティで戦える」在日は絵に描いた餅なのである。総連が民族主義団体であると同時に生きてい

図6-6　Mさんが同行して紹介してくれた、東京の三河島地域にある朝鮮市場の伝統衣装（チマチョゴリ）の店。

くための生活協同組合であっても何の問題もないのである。民族的アイデンティティなるものは、むしろ、学者や社会運動家たちが見たがるテーマであって、生活者である在日にとって常時必要な自分らしさではなく、ごくたまに確認したり持ち出したりするような自分の一面なのである。そう考え始めると、在日は民族的アイデンティティを含む重層的アイデンティティを生きる移住者として立ち現れてくる。[*10]

もう一つの顕著な変化は、以前なら自分の先入観や価値観に邪魔されて受け入れ難く感じていたいくつかのタイプの人びとを、表面的な付き合いのレベルを超えてすんなりと受け入れられるようになったことである。心にはゆとりが生まれ、フィールドには奥行きが生まれたのである。たとえば、在日二・三世の若い人びとに対して、以前の私はある種の苦手意識があった。一世や一世に近い経験を持つ年配の二世たちと異なり、おおかたの若い二・三世たちは、日本で生まれ、日本の教育を受け、日本の現代文化を吸収して成長した。そのため彼らは、さまざまな点で日本人的であると同時にコリアンでもあるわけで、事あるごとに複雑になりがちな内面世界の持ち主であることが多い。人によっては、民族的アイデンティティによって生きにくくなっていたり、それをもてあましているることすらある。そうした人たちに、民族的アイデンティティに高い価値を置くような目線で接しようとしても、それは無理があろうというものである。幸い、殻が割れるとともに、私の先入観や価値観が生み出していた彼らに対する勝手な苦手意識も薄らいでいった。同世代の人が多かったこともあって、インタビューを重ねるうちに、一人また一人と交流を深めていくことができた。そして、その過程で私は、差別という次元とは異なる次元に彼ら固有のアポリアがあることを、徐々に理解していったのである。[*11]

もちろん、こうした変化は現在進行形である。ひとたびパチンと割れた殻はけっして元には戻らないからである。今でも私はフィールドでしばしば「自分を疑う」場面に出くわすし、そのたびご

＊10
在日社会をそうした重層的アイデンティティを持った人びとの集まりと捉え、そうしたアイデンティティの表現のあり方を在日が日本に建立した墓に見ようとしたのが、拙論「異文化における移住者のアイデンティティ表現の重層性」（『民族學研究』六一（三）、一九九六年、三九三―四二二）である。それまで民族的アイデンティティの表現としてのみ解釈されていた特殊な墓誌を有する彼らの墓について、新たな解釈を提示することができたのは、病気後の新たな眼差しをもってフィールドワークを積み重ねたことによるところが大きい。

＊11
その一例として、在日二・三世の若い女性たちの結婚問題があげられる。詳しくは、拙論「マイノリティとジェンダー」（『ジェンダーで学ぶ文化人類学』世界思想社、二〇〇五年、二八八―三〇七頁）を参照されたい。

とに大小さまざまな新しい何かを発見したり学んだりしている。フィールドワークというのは、そういうものなのであり、フィールドというところは、やはり、スリリングな場なのである。[*12]

*12 なお、最後に念のために断っておくと、この章の一部には、総連に対する批判ともとれるような記述が含まれているが、私の真意はそこにはない。たしかに総連も一つの政治的組織であるから、他の政治団体や結社と同じように暗部も問題点もあるかもしれない。しかし、それはあくまで別問題である。ここまで読了した方にとっては蛇足かとは思いつつ、あえて書き記しておく。

参考文献

李仁子　一九九六「異文化における移住者のアイデンティティ表現の重層性——在日韓国・朝鮮人の墓をめぐって」『民族學研究』六一（三）：三九三－四二二。
——　一九九九「移住する「生」、帰郷する「死」」新谷尚紀編『講座・人間と環境7　死後の環境——他界への準備と墓』昭和堂、一五四－一八三頁。
——　二〇〇六「コリアンの生きる街——ニューカマーと在日の関係を軸に」新谷尚紀編『都市の暮らしの民俗学——都市の光と闇』吉川弘文館。
岡奈津子　一九九八「ロシア極東の朝鮮人——ソビエト民族政策と強制移住」『スラヴ研究』四五号：一六三－一九六。
姜尚中　二〇〇四『在日』講談社。
田辺繁治・松田素二編　二〇〇二『日常的実践のエスノグラフィ——語り・コミュニティ・アイデンティティ』世界思想社。
野村進　一九九七『コリアン世界の旅』講談社。
速水洋子　二〇〇六「表象・介入・実践——人類学者と現地とのかかわり」『文化人類学』七〇（四）：四七三－四八三。
松田素二　一九九六「『人類学の危機』と戦術的リアリズムの可能性」『社会人類学年報』第二二号、弘文堂：二三－四八。

column

どこまでもフィールド

「鉛筆を買うくらいのことで、いちいち社長がハンコを押すんですか？もっと各部門で予算管理するよう権限委譲していいんじゃないでしょうか？」

「ここの業務手順は、本社と工場で重複してしまっていますね。本社か工場に集約した方がよいのでは？」

「分析帳票が一〇〇や二〇〇もあって、使い切れていますか？逆に、ほんとうに必要な情報が見えていますか？どういった管理が今必要なのか、そこから分析し直してみましょう」。

私は現在、システムコンサルタントという仕事に就き、顧客企業へ会計管理や生産管理といった業務システムを導入するため、顧客企業の担当者と日々、右のような会話を交わしている。世間一般から見ると、企業というのはその商品やサービスを通じてしか見えないため、その企業の「なか」でどのようなことがおこなわれているかうかがい知ることはできないが、同じような商品やサービスを提供している企業でも、その「なか」というのは千差万別だ。仕事のやりかたに正解というものはなく、みなそこにいる人たちが、どうやって計画を立てたらいいか、どうやって管理したらいいか、などと頭を捻って考え、編み出した結果が仕事という形になって現れる。なので、そこにはある観点からの合理性があるが、別の視点から見ると合理的どころか非常に効率の悪いことをしてしまっていることにもなりうる。

「企業文化」という言葉があるが、これはけっして抽象的な比喩や、単に雰囲気を表すものではなく、制度や行動パターンとして形となって現れている。どんな組織体制を敷き、どんな会議を設置・運営しているか、何を優先してどんなルールで仕事をおこなっているか、あらゆるところにその企業が固有に持つ背景や成り立ちといったことが反映されているように思える。これは、その企業が置かれたさまざまな環境の中で、ある姿（理念や目標）を追い求めていろいろな策を施して適応してきた結果だ。一方で、環境が変化したり、求める姿が変わってきた場合には、逆に現在の制度やルールを変化させる必要が出てくる。つまり、今まで環境に適応してきた結果である「仕事のやり方」が、変化した環境とギャップを生じてくるということだ。とくにIT（情報技術）が仕事や生活の隅々にまで行き渡っている今日では、環境の変化が広い範囲にこれまでにないスピードで影響を及ぼしてしまう、つまり、仕事のやり方を変える必要のある企業がいつでも行列をなしており、システムコンサルタントやSEという仕事に就く者は休まる暇がない。

ところで、実際にプログラミングをしたり、ハードウェアを導入したりするSEが忙しいのは分かるが、なぜ私のようなコンサルタントが駆り出される必要があるのか。企業自身が、こうなりたい、仕事のやり方をこういう風に変えたい、ということが分かっていれば、後はこんなものを作ってくれとSEに依頼してシステムを作ってもらえば済むことなのに。ところが、意外なことに（私もこの職について知ったのだが）、企業というのは自分がどのように変わりたいのか、仕事のやり方をどのように変えればよいのか、自分たちのことなのに明確にできない場合が往々にしてよくあるのだ。企業の内部にいる人びとにとって、売れない、費用が掛かり過ぎている、仕事が減らない、といった「困っている」という状況は分っても、何がほんとうの問題で、その原因がどこにあるのかを気づくことが困難である場合が多い。なぜなら、それ（原因）は、彼らにとってあまりにも当たり前におこなわれている、日常の「仕事のやり方」の中に潜んでいるからである。漠然と「何かおかしい」と感じることはあっても、客観的に掘り起こし、整理して示すためには「外部の目」が必要になる。

コンサルタントに求められることは、こうした「外部の目」を持ちながら、その企業の現状をつぶさに分析し、実現可能な解決方法まで導くことだ。システムを導入するということは、単にITの仕組みを作るということではなく、現状を打破し、新たな環境に適応するための「仕事のやり方」を新たに作り出す業務改革を推進するというのがその本質である。しかし、とても高い改革意識を持ったメンバーが集まっても、考え方の大きな転換を要する提案には、合意がなかなか得られない場合がある。良くも悪くも、これまでの「仕事のやりかた」というのが、彼らにとっては「文化」であり、それを否定することに抵抗を感じない人はいない。ここをいかに突破するかがプロジェクトの成否の鍵を握る。よくある失敗として、外部から参画したコンサルタントが、大風呂敷を広げて実現不可能な絵を描いてしまったり、流行に乗っているだけでその企業固有の実情に合わない提案をして頓挫してしまったりということがある。こうした「フィールドを見ないコンサルタント」が、コンサルタントという職種に対する悪評をそこかしこで生んでしまっている。「胡散臭い」、「報告書の紙だけ分厚い」、「最後まで責任を持たない」、等々さんざんな言われようだ。コンサルタントはさまざまなプロジェクトを通じて培ったノウハウはあるが、予断を持って望んではならない。なぜなら、企業は一つ一つ違うからだ。分析は事実に即したものでなければならないし、解決方法の提案はその企業の実情に合ったものでなければ、受け入れられることはない。私の仕事は、顧客企業のプロジェクトメンバーと一緒に、問題を徹底的に洗い出すところから始まる。

私にとって、こうした分析作業は、かつて文化人類学研究室で先生方からの指導を受けたり、院生同士で昼夜・場所・分野・手段を問わない熱い議論をしながら、フィールド調査から研究成果を纏めていった作業にかなり近いものと感じている。対象としたフィールドの持つ背景的要素（＝企業にとっての経営環境）や、人びとの行為や発言（＝企業にとっての仕事のやり方）を分解したり繋げたりすることを通して、まず仮説を立て、それにさまざまな実証や肉付けをおこない、ある行動の意味や理由を立体的に浮かび上がらせる。その時、客観性とオリジナリティのいずれも手放さないことが大切で、いわば現実（＝企業の実態）と理想（＝企業のあるべき姿）を繋げる地道な作業の中にこそ、説得性が生まれると考えている。とくに、修士論文を纏めようとしていたM2生の夏の終わりごろ、組み立てようとしていた仮説に行き詰まり、ゼミ発表の場で「このままでは纏められない」と皆の前で絶望的な告白をし、その後、先生や先輩、同期からさまざまなアドバイスや励ましを受け、なんとか仕上げることができた経験が、今も大きな財産となっている。「フィールドを見ないコンサルタント」のように一方的に自己の論理を当てはめようとする作法は私には備わっておらず、一〇年前と変わらず、フィールド（企業）における現実と理想のギャップを相手に格闘する日々である。

高田理紀

COLUMN

視座変換の日常的実践

私の所属するのは、企業のセキュリティリスク管理支援サービスを事業にしている企業（四七〇名（二〇〇七年六月末現在））である。

現場では、プロジェクトベースで仕事をしている。プロジェクトとは、ある共通の目的に対して一時的に集まった人間がマネージャーのもとに共同作業をおこなうものである。

同じ「プロジェクト」＝「島」にいる人たちの考え方や暗黙の習慣はなんとなく似ていく。先輩が業務知識を後輩に伝えていく。教育として、知識や規律の伝承がおこなわれる。そのようにしてできあがったものが「プロジェクトカルチャー」＝「島の文化」といわれるものである。同じ「会社」＝「海」の内部でも、異なる慣習を持つ「島」が生まれる。企業間においても、業界の商慣行や上下関係も、組織に属する人間に対する影響力を持ち、カルチャーを形成している。プロジェクトを異動するだけで、そのような文化の違いを感じる。

企業風土全体でみるとその違いはもっと大きくなる。わが社は、社員旅行で新入社員が宴会芸をおこない、通過儀礼を終えるような日本型企業であるが、M&Aで同質の文化を持つ企業と経営統合をおこなった。文化がきちんと機能をしていれば、法で規制する必要がない。良き習慣か悪しき慣習かは別として、経営陣からすると会社の文化を醸成していくのも大事な仕事であり、文化の微妙な齟齬を底辺から掬い取るような素質がある人材は必要である。そのため、文化人類学というのは企業の合併共存には役に立つ教養の一つだろう。

文化人類学を学んだ人ならば、近い分野で仕事をしたいという人は多いと思う。私自身も、修士時代は沖縄の宮古諸島で過ごし、カツオ一本釣り漁業と鰹節加工を主たる生業としている池間島の人びとの間で、海や魚に関する方言名称や生活の中に埋め込まれているさまざまな知識を学ぶ毎日をすごしてきた。卒業後は、研究者として海外へさらにフィールドを広げたいと考えていた。また、そのような関心を満足させてくれるような企業が多いとも思えなかったので個人的に研究を継続する事を選択した。

企業に入ると職種により個人の経験世界というものはきわめて限定され、海外駐在以外では異文化に触れるという醍醐味を仕事上で得るのはなかなかないだろうと想像する人も多いことだろう。

グローバル化時代には珍しい英語アレルギーの日本企業で、システムエンジニアをファーストキャリアとして踏み出した経験から、残念なことにそれはある意味正しいと思う。もちろん例外もある。最近では、日本国内の技術者単価引き下げの圧力からローコストのオフショアアウトソーシングが多く、中国やインドでブリッジSEをすれば、異文化との出会いを楽しむことも可能となるだろう。私もそのような希望を出していたものの、かなえられることはついになかった。やはり、技術と効率を重んじるIT技術者は数学の美を感じられる人には好適でも、想像力をいくら逞しくしても人類学的な面白さは少ない。

しかし、二年ほど前から人事異動で職種転換してみると、テーマは違えども、素養を生かすような仕事ができると感じるようになってきた。もっとも、人類学の花形「フィールドワーク」ではなく、その後の地道なデスクワークであるが。

それは、二年間、社員研修や教育サービスの企画をおこなった時の経験である。まず四月から三ヵ月に及ぶ新人研修のメイン講師を担当し、三三名の新入社員と三ヵ月を共にした。研修中のカリキュラムは、講義がみっちりと組まれていた。毎日、彼らの日報所感を読み、校正チェックとコメントを返す。報告書なので、感想文になってはいけないと繰り返し指摘した。科学的記述や上手な文章は求めないが、せめて客観的な文章を書けるようになってほしかったからである。その中で、私も個別の日程で講義をする機会があった。私の担当はドキュメント研修で「ビジネスにおける文章講座」である。

新人研修を終了した後は、社員が自己申告したスキルという個人情報を分析して、次年度の社員研修プログラムを計画する仕事をしていた。そのようなデータ分析の手法を学ぶのが必要だと考えビジネス本をあたったが、その中にぴんとくるものはなかった。ところが、定性的分析をおこなう手法をキーワードに探してみると行き当たったのが人類学の書籍だった。

なかでも、エスノメソドロジーにかかわる佐藤郁哉の一連のフィールドワーク論は、たいへん参考になった。調査分析の目的が「文化の記述」でなく「社員の保有スキルの記述」であっても根底のデータの扱い方や考え方というものには多くの共通点があると感じられ、改めて勉強になった。とくに、仮説構築と企画書作成に関し、参考になった考え方は次のような部分である。

ファイリングという作業には、次にあげる脱文脈化と再文脈化という二つの作業が含まれているということです。

脱文脈化（セグメント化）——資料のある部分をそれが埋め込まれていた元の文脈から切り離

す

再文脈化（再編集）――元の資料から抜き出した複数のデータを新しい文脈に組みなおして、検索や情報抽出を容易にする

（中略）

ファイリングのための再文脈化を第一段階の再文脈化あるいは「データベース化」と呼ぶならば、一つ一つの資料を民族誌のストーリーの中に組み込んでいく作業は、第二段階の再文脈化ないし「ストーリー化」と名づけることができます（佐藤郁哉　一九九二『フィールドワーク――書を持って街へ出よう』二、二三〇―二三二頁）。

この「ストーリー化」の段階は、企画を作る時の仮説化の部分に当たる。仮説を立てて、それを肉付けするためのデータを作り上げる。そのためには、このファイルワークを納得いくまで、新鮮なストレンジャーの視点で何度もおこなう必要がある。

この計画書作成の仕事は、昔、修士論文作成に行き詰っていた時の苦労を思い起こさせるものでもあり、それまでの決まったストーリーをばらばらにしてくっつけるというモジュール化された仕事内容とはまた異なる頭を使うものであったと感じている。

このように、ビジネスの中でも人類学の蓄積する客観的記述分析の方法や集団に対する捉え方、個人情報の扱い方という部分が役に立ってくるということは、私自身の大きな気づきとなり、新たな視点をもたらしてくれた。これからの仕事への取り組み方に大きな影響を持ってくるだろうと希望を感じる今日このごろである。

そして、私は今年末から、子会社の法務を担当することになった。

毎日のように、さまざまな取引先企業や公的機関との取引を開始するにあたり交わされる業務の契約書や覚書の確認をおこなっている。営業マンとの駆け引きや営業マンの個性、はたまた書面を通じて、相手方の法人としての個性も垣間見ることができる。

私は、第三者的な立場にたち、契約当事者間に起こるであろう諸事象を書面から立ち上らせて見つめなければいけない。事実確認はもちろん、あらゆる可能性を考える想像力の問われる業務である。個人情報や機密情報についての取り扱い事項についての契約は必須になっているので、気を使うところである。紙片一枚がはらむ効力とリスクの恐ろしさを感じつつ、言霊の持つ力を最大限に借りている。

さて、私と言霊の、いや言葉の文化人類学は、今後どのような世界への視座を切り結ぶことができるだろうか。

見目佳寿子

C o l u m n

フィールドワークは他人の飯を食うこと

親のスネかじりはまあ褒められたものではない。しかし「若いうちに他人の飯を食う」ことがもう少し当たり前になってもよいのではないか。

大学の助教という仕事をしている。学生たちと接していて次第にこう思うようになった。日本でもいいが、異国だと格別な体験になる。人情に触れるとはどういうことか。この世はもちつもたれつで成り立っていること。苦労を苦労とも思わないこと、etc。フィールドワーク＝「他人の飯を食う」ことで、私は、はじめてわかった気がする。

二年調査した、ベトナム北部の農村でのこと。七〇代以上の方に幼少時の話をきくと、ときどき「ディー　オー」という言葉とであう。ディーは「行く」、オーは「居る、住む」、つまり、自分の家を出て、他人の家に住まわせてもらう、居候をする、奉公をする、といった状態をさす。

一九四四、四五年に、父母、キョウダイのほとんどが亡くなった。しかたなく、「ディーオー」に出た。こういう方が少なくない。当初は、ちょっとドキドキしながら聞いていた。「日本軍が侵略していたせいで」と言われやしないか、と。この方たちから、そう言われることはなかった。やさしいなあ、と思った。しまいに私のほうから、それは日本軍が侵略したころのことですね、というようになった。「ディー　オー」の後、ある老人は一〇代から革命運動に参加した。別の老人は、幼い妹をいったん隣村に奉公にいかせ、自分はオジの家に居候しながら、何年か懸命に働き、妹を引き取った、という。

ぜんぜん「重さ」が違うが、フィールドワークも一種の「ディー　オー」だと思う。調査をするために村に住まわせてもらっている寄寓者だから。その証拠に、「貴様、何様のつもりだ（実際にはお前は大臣か、といわれた）」とひどく叱られたことがある。私の態度が寄寓者らしくなかったのだろう。

私が逆鱗に触れた人物を某氏とする。その前日、某氏の家を訪ねた。そのころ私は、ベトナム北部の村を理解する上で重要な、ゾンホという親族集団のことを集中的に調べていた。とくに、成員数の少ない小規模ゾンホでは、葬式の棺担ぎに必要な若者の動員をどうしているのかに関心があった。それで村長に連れられて某氏を訪ね、ゾンホのことを「根掘り葉掘り」聞いた。そういう積もりではなかったが。

翌日、某氏が近所にある私のホームステイ先を訪ねてきた。おもむろにタバコを取り出し、口にくわえた。タバコを吸わず、まだ村に住んでさほど時間のたっていなかった私には、マッチをとって火をつけてあげることなど思いもよらなかった。それが某氏の「癇癪玉」を破裂させたのだ。某氏は大声で怒鳴り散らした。私はなんのことかわからず呆然としていた。ホームステイ先の家族がその場を収めてくれた。あろうことか、それから数日間、某氏は私の悪口を触れ回って歩いたらしい。

ホームステイ先の家族は私の味方になってくれた。某氏はアルコール中毒の「癇癪持ち」で、近所でも評判が悪いのだ。気にするな、と。しばらくして、暗い気持ちで、ある長老を訪ねた。長老は、村の祭礼リーダーの一人で、それまでも私の調査にいろいろとお世話をしてくださっていた。長老は「村の中には付き合わないほうがよい人間もいる。じゅうぶん気をつけなさい。何の利益にもならないから」とアドバイスをくれた。村の人たちも、この件について触れることはなく、私への風当たりもなかったので、私は元気を取り戻した。某氏に謝りにも行かなかった。むしろ、だんだん腹も立ってきた。居直ったのだ。

以後、村人から怒鳴られたことはない。慎重にもなり、勘所もわかったのだろう。この件のお陰で、ゾンホがこの村でもつ意味について、決定的なインスピレーションを得た気がした。ただでは失敗しないゾ。調査を続けていくと、知らず知らずのうちに、図太くなっていく。

他人の飯を食わせてもらったことへの恩返しとは。自分もまたどこの国であれ他人である若者に飯を食わせてやることと、「他人の飯を食う」経験をへて、自分で道を切り開いていくタフさを身につけることだ、と私は考えている。

某氏は数年後、五〇代半ばで亡くなった。

結局、謝れなかった。

比留間洋一

第III部

フィールドワーク中におおいに悩む

第7章

邂逅と往還のフィールドワーク

エチオピア山地社会での経験から

藤本　武

今日の晩ご飯もタロイモだ。皆の真ん中に山と積まれたその蒸かしイモからは湯気が勢いよく立ち上っていてとてもおいしそうだ。大人も子どもも次々に口に運んでいく。私も三、四つ食べるところまでは皆とかわらないが、それ以上はとたんに入らなくなる。

「タッケセ（私の呼び名）、モーバ（食べなさい）」。

「ターロッデロッデマーダ（私はゆっくり食べます）」。

また言われてしまった。さっきまでおなかぺこぺこだったのに、そして日本でも慣れ親しんできたタロイモ（サトイモ）なのに、どうしても食が進まない。食事をいただいているのにろくに食べないのは失礼だが、本当に食べられない。またトゥッケとよばれるコーヒーの葉を煮出してトウガラシやショウガなど香辛料を加えた塩っぱい飲み物も村の人たちのように何杯も飲めず、私はちびちびなめる程度で精一杯だった。しかしこれは村のもっとも日常的な飲料で、これが飲めないことは水分補給に苦労することを意味していた。

ここはエチオピア西南部の険しい山地に暮らすマロという人たちのガイツァ村である。毎年雨季の最盛期の七、八月ごろは農繁期で日々忙しく、また前年収穫した穀物は食べつくしていて食事が単調になる。八月の途中からトウモロコシがとれるようになるが、すると今度は一転してトウモロコシばかりの食事になる。雨季だから当然かもしれないが、ほぼ毎日雨が降り、降らない間も雲に覆われていてほとんど日が差さず、村のいたるところがぬかるんでいるのも、慣れない私にはこたえた。

この地でフィールドワークを始めて半年あまり経っていたが、調査の展望はいっこうに開けず、むしろ自分はここに何をしに来たのかわからなくなりつつある感じだった。学部時代の貧乏旅行に飽き足らず、腰を落ち着けてフィールドワークにとりくんでみたいと大学院では文化人類学に進んだのだったが、旅行とちがいフィールドワークは辛くても逃げ場がないことを痛いほど感じていた。村の人たちは終始暖かくもてなしてくれ、言葉は日増しに上達していたが、食べ物や気候にはすんなりなじめなかった。そして一人になるとうつろで何もする気が起こらず、ノートをとるのもだんだん億劫になっていた。気がつくと、何日間もフィールドノートに何も記していなかったりした。フィールドワークといいながらその目的であるはずの調査がすっぽり抜け落ち、村の人たちと雑談しながら居候させてもらう生活を送るだけとなっていた。そしてしばしば熱を出すようになっていた。その最たるものが雨季あけの九月に起こった。

私はその前の六月からガイツァだけでなく、そこより高度の約五〇〇メートル低いシャーシャというガイツァから歩いて三、四時間の村でもフィールドワークを始めていた。環境の異なる村の様子をみてみたいと思ったのである。しかし、ここにきて一週間ほどすると決まって熱が出た。それまで数日で回復したが、その時は夕方から震えとともに三九度台の熱に毎晩襲われ、結局三週間近

図7-1
フィールドワークを始めた頃の私。長く使われてきたこのランドクルーザーで一万キロ走った。

く村で寝込むことになってしまった。シャーシャはもちろん、ガイツァの人も心配し、さらに町の役人まで知るところとなり、ラバを用意され車のくる町まで乗せてもらって帰途についた。自らそのように行動する気力はもはや残っていなかった。調査の展望もフィールドでの生活も何もかも行き詰まっているようだった。ラバの背に揺られどこまでも穏やかなマロの景色をぼんやり見つめながら私は深い挫折を感じずにはいられなかった……。

これからフィールドワークを志そうという人にはややショッキングなエピソードかもしれない。私のケースは極端なものかもしれないが、それでもフィールドワークをする人にとってはまったく無縁でないのではないかと思う。つまりフィールドワーカーは大なり小なり苦い経験を積み重ねてきているはずである。強盗にあったり、警察に収監されたり、川で流されそうになったり、ヘリコプターで救出されたり……。ただこうしたことは文化人類学の研究成果に示されることはめったにない。一定の形式に則った研究論文などには入りにくく通常の学問的範疇からどうしてもはみでてしまうからだろう。私もこうした機会がなければふりかえってみることはなかったかもしれない。ただ実際にはフィールドワーカーはフィールドワークを通じてじつにさまざまな喜怒哀楽の経験をしてきているはずである。そこで本章では文化人類学の研究成果からは通常はみでてしまってつづられることは多くないけれども文化人類学の世界に進んだらきっと遭遇するであろうフィールドワークのもつ諸側面について私の経験に即して考えてみたいと思う。初期のフィールドワークでは前述のようにさまざまな問題を抱え込みやすいのが実情と思われるが、しかしこれもたんにトラブルが発生しやすいというマイナス面だけでなく、そこには試行錯誤のなかからオリジナリティを獲得していくというプラスの側面も含まれていることをみていくつもりである。

＊邂逅のフィールドワーク

文化人類学の扉をたたいてくる人たちはさまざまである。何かの機会にその中身にふれ興味を抱いたからという人が多い。そのいっぽう今日でもそれなりにいると思われるのは、フィールドワークに憧れてきたという人たちである。文化人類学の学問的な議論の中身にひかれてというよりその手法であるフィールドワークをしてみたくてやってくるパターンである。学問への入り口はいろいろあっていいのであり、そのこと自体責められるべきではないだろう。何を隠そう、私もそうした一人だった。ただ、フィールドワークを個人的な体験にとどまらない学問的な成果にまでひきあげていくにはそうしたナイーブな姿勢のままでいていいわけもなく、最初のフィールドワークのなかで私は苦い経験を味わうことになったのだった。

今どの程度読まれているのかわからないが、私は高校生の時、ジャーナリスト本多勝一の探検的ルポルタージュ（本多 一九六三；一九六四；一九六六）に出会い、世界にはこんなに魅力的な生き方をしている人たちがいるのかと感銘を受けた。大学で探検部に入ったのもその影響だった。私はあちこち旅することが多かったが、そのなかでどこかに腰を落ち着けてみたらみえてくることがあるかもしれないと思った。そして大学院で文化人類学に進もうと考えた。院に入る時点では、人びとの生業構造と世界観の関係を探るというテーマを立て、フィールドはアフリカを希望した。なぜアフリカかというと、まわりにアフリカの研究者がいたこともあるが、自分は訪れたことのない遠い世界だったことが大きかった。

そして早くも修士一年の夏、その希望をかなえることができた。福井勝義京都大学教授（当時）を代表とするエチオピア研究のグループの一員に加えていただいたのだった。受け入れ先のアディスアベバ大学の研究機関に調査許可を申請し、バスケートという民族集団を対象にその生業構造を調べることにした。先行研究を調べてイメージをもっていたわけではなかったが、当時の私はフィールドに出てきっとどうにかなるだろうと高をくくっていた。

調査許可の取得もひと月足らずですみ、先に来ていた同年代の仲間らに助けられながら、地方行政府への挨拶に始まるフィールド探しを数ヵ月かけておこなった。バスケートという民族集団の領域がなかなかわからず、道のりにして六〇〇キロメートルほどなのに道路事情が悪いため首都から四日以上かかるのもため息がでた。とりあえず首都で入手した五万分の一の地図を眺めていると、一帯は南部の丘陵地と北部の山地にわかれており、その山地部の高度二〇〇〇メートル台の地にいくつも村が分布することが示されていた。いったいこんな、日本ならまず人が住まない急峻な高地になぜおおぜいの人が暮らしているのか、そもそもこれは本当なのか訪れて確認してみよう、というところから滞在する村探しを始めた。

役所で道案内にあてがわれた少年と五日ほど山地の村々をまわった。地図のとおり急傾斜の地におおぜいの人が暮らしていて不思議な活気があり、私は即座にこの地に滞在してフィールドワークを始めたいと思った。ただまだ現地の言葉は挨拶がやっとで、公用語のアムハラ語で意思を伝えたものの、村の人たちははじめて見る外国人にどう対応すればいいのか戸惑っている様子だった。そうしたなかある家の主人A氏が「いつでもまた来なさい。ここに滞在すればいい」と言ってくれた。こうして私のフィールドワークはその村（ガイツァ）を拠点にスタートしたのだった。これがちょうどその年（一九九三年）の大晦日だった。今でもまず最初に訪れるのはその主人宅であり、最大の恩人であり続けている。私を温かく見守ってくれるとともに私がトラブルに巻き込まれないように心を砕き、時に私の行動を戒めてくれる方である。この出会いがなければ私のその後のフィールドワークはまったく別のものとなっていただろう。そもそもここでフィールドワークを実現できた

図7-2
ガイツァ村の眺め。高いところは高度三〇〇〇Mをこえる。

かどうか。そしてこの最初の時期にもう一人私の滞在を強力に後押ししてくれた人物がいた。この村出身の役人で私と同年代のTだった。町での生活が長く、私の立場を早く理解し、村の人たちに警戒する必要のないことを説いてくれた人だった。彼はもうこの世にいない。私がこの地でフィールドワークをなしえたのはいくつもの偶然が重なってのものであることはたしかだ。アフリカでのフィールドワークをやみくもに志した私に対して、福井教授がその心意気を認めてくださり、エチオピアでの調査機会を与え、バスケートをフィールドとして薦めてくださったこと、そして私が地図をみて選んだガイツァを訪れた際A氏がまた来なさいと言ってくれ、警戒する村人をTが説得してくれたことなど、他にもさまざまな人たちに陰に陽に支えられて実現したのだった。こうした数々の邂逅があってのものである。文化人類学の研究成果にはめったに現れることはないが、必ずやフィールドワークの前後最中にはこうしたいくつもの貴重な邂逅が伴っているはずである。

こうして待望のフィールドワークを始めることができた。後はじっくりとりくんでいけば自ずと研究に値するテーマを見つけていけるはずだった。ところがこれは思い込みにすぎず、安直だったことを痛感させられる。皮肉にも、期待して臨んだフィールドワークのなかで辛い状況に陥っていったのだった。

底なしのフィールドワーク

フィールドワークを開始してすぐわかったのは、南の丘陵部にくらすのはたしかにバスケートの人たちだが、この山地部にくらすのはマロという別の民族集団であることだった。私はフィールドワークを始めるまで対象とする民族集団を把握していなかった。両者は言語がことなり、バスケート語がわかる人は村に多くなかった。学校教育などを通じて多少ともアムハラ語のわかる若者

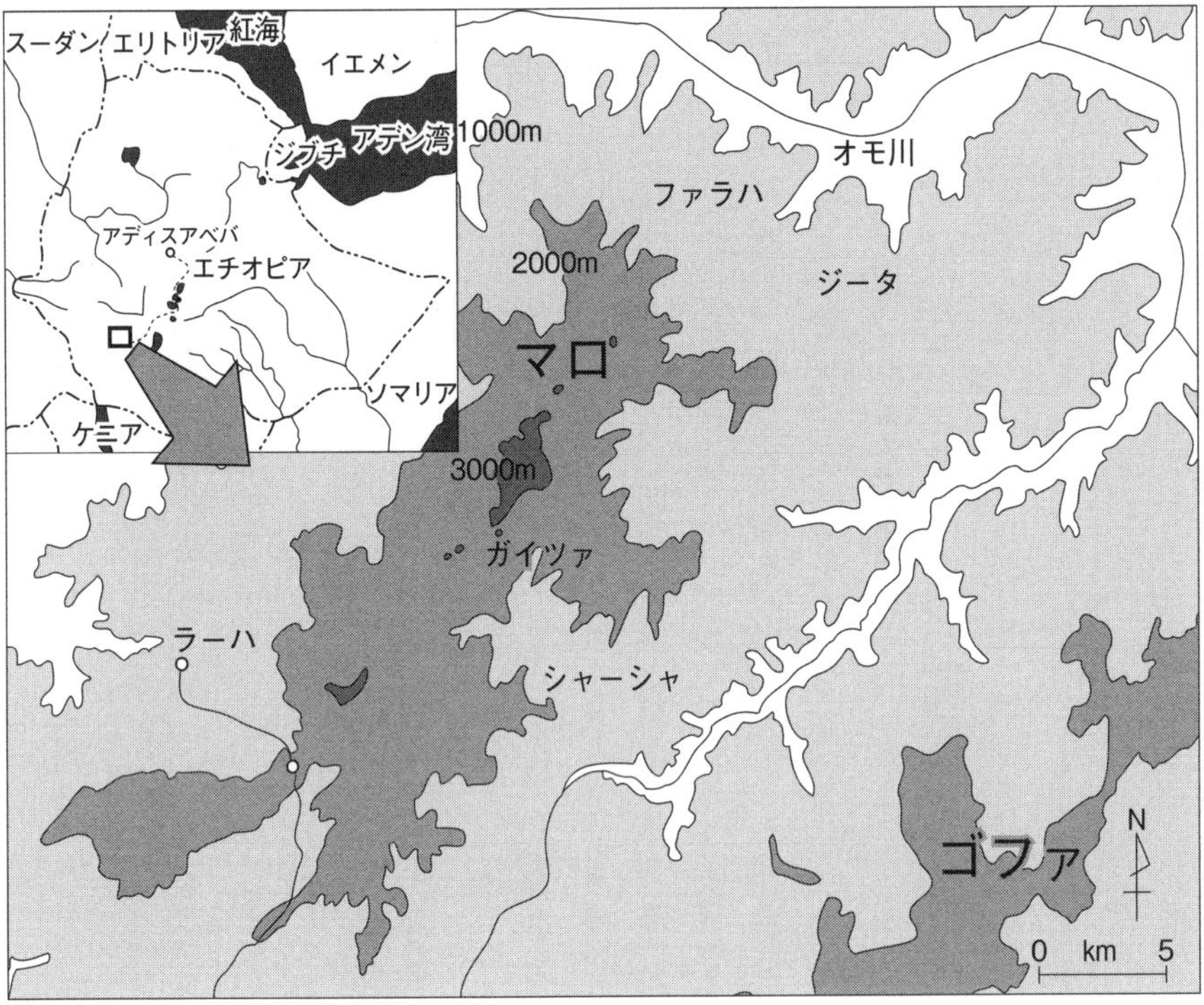

図 7-4　エチオピアとマロ周辺図

から現地の言葉を習い始めたが、挨拶、親族名称、数字など、いずれもある人はこういうが別の人はこういうといったぐあいで、それぞれ言い方が二つあるようでどういうことかわからなかった。それは、一つはたしかにマロ語だが、もう一方はゴファ語という東隣にくらすより大きな民族集団の言語であることが後にわかった。人びとは完全にバイリンガルで、状況に応じてそれらを使い分けているのだった。ガイツァ村の人たちが日常使用するのはマロ語だが、遠方からおおぜい人がくる市場の日はゴファ語を用い、また面識のない人とはとりあえずゴ

図7-3　マロの家づくり。大半が竹でできている。大人数で一気に組み立ててしまう。

ファ語で話す。私は二つの言語を同時に学ぶのは不可能と思われたので、村の日常語であるマロ語を習うことにした。ただ、これも後になってわかったのだが、マロのなかでもマロ語を日常的に話すのはガイツァをはじめ一〇ほどの村しかなく、もっと多くの村ではもはやゴファ語を用い、そのためマロ語を解さない人のほうが現在多くなっている。またマロの領域には後述するもう一つ別の言語があり、一つの民族に一つの言語という私がイメージしていた状況ではなかった。

私は現地の言葉を習いながら、もう一つ初めにおこなったのが、野生植物について名称や利用法をきき、同時に植物の学名を後で把握するためそれぞれの標本を作成する作業だった。これは日本で読んでいたコンクリン（Conklin 1955）などの研究とも関連するものだったし、また言葉がよくできず時間をもて余し気味の調査初期にとりくむべき作業として事前に薦められていたものでもあった（栗本 一九九六）。ただ植物の名称や利用法が、人によって言うことがちがったり、同じ人でも別の時にきくとまた別のことを言われたりして、どう考えればいいかわからなかった。私の読んでいた先行研究ではこうした問題は言及されておらず、斉一的・体系的に記述されているばかりだった。それでも自分自身にひきつけて考えてみると、字引のように一つのことにつねに同じ説明をするわけではなく、むしろその時々の状況でもっている知識の一部を詳しく語ったりすることがあることに気づき、細部の差異に拘泥するのは得策でないように思われた。人びとは地域の野生植物の名称や利用法について豊富な知識をもち、多少ばらつきを含みつつも多くは共有されていることはまちがいなかった。むしろ私に痛かったのは、人びとの生活をみていると家畜に食べさせるために刈り集める草や薪にする樹木以外は野生植物を日常的に用いているわけではなく、人びとの食卓にのぼることなどめったにないことだった。生業の調査として野生植物の利用ばかり調べることは的外れであることはあきらかだった。[*1]

では人びとの日常的な生業はというと、作物栽培と家畜飼養を組み合わせた農耕だった。五月に

＊1　ただし野生植物の利用に関する調査はその後も継続し、人びとは間接的なかたちで野生植物をさまざまに利用していることがわかってきた（Fujimoto (in press)）。

なると農閑期が終わり、人びとは農作業を開始しつつあった。ただ、農耕といってもどのような切り口で分析すればいいのか、そもそも作物があまりにもたくさんの種類があり、全体がどのように営まれているのか皆目見当がつかなかった。

また生業に関することだけでなく、社会についてもわからなかった。マロにはさきに述べたマロ語とゴファ語以外にもう一つドコ語という言語があり、それは人口の半分弱を占めるドコとよばれる人たちの母語だった。それまで私が接していたのはマロの農民のうち多数派のゴカという人たちだった。しかし往来の不便な僻地の村ではドコが多く、そうしたところでは今もドコ語が話されていた。じつはガイツァも周縁部にドコの人が住んでいるが、彼らはもはやドコ語を話せない。ドコの人たちは市場に来てもドコ語を話さずもっぱら家でしゃべるという。そしてドコの連中は食べ物に毒をもったり、呪いをかけたりして危険なので親しく接してはならないとしばしば忠告された。さらにこれら農民集団以外に、マニと呼ばれる鍛治師と土器作りの二つの職人集団が共存しているが、彼らとの婚姻は農民にとってタブーであった。マロという小さな社会もその内部は一枚岩でないことはもはやあきらかだったが、これをどう理解すればいいのかしっくりこなかった。私が目にしていた民族誌では、民族集団間の関係はさかんに述べられていたが、集団内が複雑な構成となっていると記されているものは思い浮かばず、あえて探せばエヴァンス＝プリチャード（一九七八）のヌエル（ヌアー族）の分節原理の議論だったが、それはここではとうてい役に立たなかった。

宗教もいろいろだった。もっともさかんなのはプロテスタント・ミッションのキリスト教で、ついでエチオピア北部で古来信奉されてきたコプト系キリスト教のエチオピア正教、そしてイスラム教や霊媒師による精霊祭祀で、これらはいずれも外来の宗教だった。私はマロに固有の宗教や世界観があることを期待していろいろきいて回り、川や大地、太陽など自然物に宿る精霊信仰や首長筋の祖先祭祀はおそらくそうしたものかもしれなかったが期待していたように活発では残念ながらな

図7-5 一日の畑仕事を終えて高らかに感謝の歌を歌うガイツァ村の農民。

かった。

　つまり私は、先行研究から漠然と思い描いていた、「一民族＝一言語＝一社会＝一宗教」といった図式に典型的に示される、それぞれの民族集団は固有の言語や文化のもとにまとまって存在し独自の世界を形成しているといった文化相対主義的な理解は、[*2] マロでフィールドワークを始めてみるとまったくあてはまらないものであることに気づかされたのだった。近年の都市的な状況下でならそれは理解できるにしても、マロは農村社会だった。さまざまな要素がせまい範囲に混在し、人びと自身も隣の村のことになるとさだかでないといった感じで、全体がつかめなかった。人類学者ならまず避けるであろう底なしの沼に足を踏みいれてしまった気がし、帰国後何かまとめられそうにはとても思われなかった。固有の文化的なまとまりを保持している民族集団こそ文化人類学のフィールドに適しているといった考えにとらわれていた当時の私には、マロをフィールドにしたことがよかったのだろうかという思いから逃れられずにいた。さらにフィールドワークをしていれば、そのなかから自ずと注目すべきテーマは見つかってくるはずという、当初のもくろみが狂いはじめていることを感じずにいられなかった。具体的なことを知れば知るほど、どう理解すべきかわからないことがいっそう増してくるのだった。全般的な展望を見いだせず羅針盤を欠いたまま、ずぶずぶと底なしの沼にはまり込んでいくような感覚だった。それでも実際はぼうっとしている暇はなく、むしろ知らない事に日々出くわすので、その日知ったことを忘れぬようひたすら書きつらねていた。しかし、これを長く続けることはできず、やがて無関心になり、冒頭で述べた状況に至ったのだった。

✻綱渡りのフィールドワーク

　フィールドで病気を患い、首都に戻った後どうなったか。病院で検査しても結局原因はわからず

＊2
アメリカの人類学者フランツ・ボアズにより二〇世紀前半に提唱された概念で、いかなる慣習や信念もその文化を通じて把握されなければならないという考えで、各文化における固有の内在的な価値を強調する。西洋中心主義的な発想への反発から生まれたものだが、その後の文化人類学の基本的な枠組みとなってきた。理念として尊重すべき点があることはまちがいないが、世界の多くの少数民族・言語が消滅の危機に瀕している現実に対して無力である感は否めない。文化人類学の世界でもこの概念をめぐって賛否さまざまな議論がなされている。

じまいだったが、病状は回復した。しかし体力が落ちていて何より静養が必要だった。それまでフィールドを離れても一ヵ月はあけないようにしていたが、この時は二ヵ月以上あけることになり、残りの期間から次回がこの一年半以上にわたったエチオピア滞在の最後の調査になることがわかった。もしこの時点で帰国時期を迎えていたら、その後エチオピアを訪れることがあったかどうか。もはや崖っぷちに立っていることはあきらかだった。プレッシャーを感じつつも締めくくりに向け態勢を整えなければならなかった。フィールドにいるうちは断片的な情報が積もる感じで混乱していたが、離れているうちに頭が整理されてきた。マロの社会的な複雑さを理解するめどは依然たたなかったが、生業についてはある程度見えてきているように思われた。マロには膨大な数の作物や品種があるが、おそらくそのこと自体が他のフィールドではなかなかみられない顕著な特性であり、それが人びとの実際の利用とどのように関係しつつ維持されているのかを調べてみることは意味があるように思われた。この終盤になってようやく具体的なテーマを定めてフィールドワークに臨むことになったのだった。

季節はちょうど乾季に入り穀物の収穫期を迎えたところで、その品種を把握するには最適の時期だった。今度は二ヵ月あまり一度も病気になることもなく、ガイツァとシャーシャでの調査を無事終えて翌三月に帰国した。今度は日本に適応するのに苦労しながらも一年かけてどうにか修士論文をまとめた。

私の経験は文化人類学のフィールドワークでも一般的でないかもしれない。フィールドワークにあこがれを抱き、理想的なフィールドについて一方的にイメージを膨らませるいっぽう、現実にとりくむべき課題をろくに考えないままフィールドワークに臨んだ。とにかくフィールドに行ってそこで見いだしていこうという姿勢だった。そのためとりあえず出会った未知のことをできるだけ書きとめていった。そのなかで掘り下げていくテーマが見えてくるはずだった。ところがそこで感じたのは、ごちゃごちゃに入り組んでいてどこまでいっても全体が見渡せず、ずぶずぶと底なしの沼にはまっていくような感覚であり、またイメージしていたフィールドとのギャップだった。そして全体的な展望を欠くなかでやがて調査意欲を失い、半ば漂流していたなかで病気を患ったのだった。その後態勢を立て直しテーマを定めて開き直って調査したが、最後まで大きな不安をかかえながらだったのは事実である。これまでの行き当たりばったりの方法でなく集中して聞き取りをおこなったことで何とか修士論文をまとめることができたとはいえ、途中までみるかぎりこのフィールドワークは破綻していたといわざるをえないだろう。では、なぜ私のフィールドワークはそのように破綻に陥ってしまったのか。おそらく読者の皆さんも原因をいろいろ指摘できると思うが、ここではできるだけ一般的な文脈から考えてみたい。

　文化人類学のフィールドワークは他の分野にくらべて長期にわたっておこなうのが特徴である。修士課程のうちから一年半というのは例外かもしれないが、博士課程の大学院生なら一年以上フィールドにでるのはむしろふつうだろう。短期なら直面しなくてすんでも、長期滞在するなかで自らのフィールドワークの根底がゆさぶられるような危機に遭遇しやすいのではないかと思われる。

　危機といってもさまざまで、フィールドの気候や食べ物があわず体調を崩したり、人間関係がうまく築けず悩んでしまう人もいる。事故や犯罪にまきこまれる可能性もある。慣れない環境下で不安定な生活となりがちなフィールドではふだんとは比べものにならないほど問題を抱えこみやすい。とりわけ経験が浅く、脆弱な基盤のもとに実施されがちな大学院生のフィールドワークはそうだろう。細心の注意を払い万全の対策を講じたつもりであっても完全に克服するのは容易でない。むしろ解決できない問題を多少抱えつつ、それらが調査の支障をきたさぬよう言ってみればそれらを飼いならしつつ危うい綱渡りをしながらやっていく側面がフィールドワークにはまちがいなくあるように思う。そしてそれでも危機に見舞われる時はある。どこのフィールドでも通用するような、万能の対処法などおそらくなく、フィールドワーカーが大なり小なり痛い目にあいながらそれぞれのフィールドに適した技を編み出してきているのだろう。それは研究成果に示されることはまずないものであり、学問というより生きる知恵に近いものなのかもしれないが、フィールドワークを円滑におこなっていく上ではかかせないものである。うまくまとめられないが、フィールドワークでは調査以前に慣れないフィールドで自らもそのなかで生活を送っていくという側面がまちがいなくあり、これを綱渡りしながらどうにか軌道にのせていかないと、長期に及ぶ文化人類学のフィールドワークでは調査も何もあったものではないということなのである。

食べ物があうあわないというのは微妙な感覚の問題で容易に解決しづらく、アフリカで調査する人でも現地食に全面的に依存している人は多くないのかもしれない。私の場合車で行くことのできない山奥にフィールドがあるためそうせざるをえなかった。飲み水その他の衛生管理では人びとに遠慮してしまって、今から思えば甘い点が多々あった。現地の人たちと何でも同じように生活しようとすれば、よそから来た人間は病気になってしまうことが多いだろう。

もう一点はフィールドワークの核というべき調査に関することである。さきほどフィールドワークでは綱渡りしながらやっていく側面があることを述べた。これはじつは文化人類学においては、その調査についてもいえることなのではないかと思う。一般にフィールドワークは「折衷主義」といわれるようにそのなかで臨機応変にいくつもの手法を併用したり軌道修正したりして工夫を積み重ねながらやっていくものと言われるが（佐藤 一九九二）、なかでも文化人類学のフィールドワークは他の分野のそれに比べ、定められた調査項目のようなものがなく、具体的に何を調べていくかは各研究者に多く委ねられている。端的に言ってテーマや手法の自由度が大きい。しかしこれは裏を返せばフィールドで何をするのか必ずしも自明でないということでもある。私の場合、多少の調査メニューは用意していたが、基本的にフィールドでテーマを探すつもりで臨み、それがなかなか見いだせなかったため羅針盤のない航海をするようなことになってしまった。たしかに文化人類学はフィールドワークに重きがあり、それが他の分野にない特色を形づくっているのは事実だろう。ただフィールドワークはそれだけで完結するものではない。帰国後の論文執筆など研究を企図したフィールドワークをするのであれば（そうあるべきだが）、フィールドワークに臨む前にできるだけ調べ、調査課題を用意していくべきだろう。

しかし調査課題を用意し前述のようなフィールドワークに伴いがちなトラブルを回避できれば、後の調査は自動的に進んでいくかというとおそらくそうではないだろう。その課題を調べそれで無難に終わるというケースはそう多くないはずである。むしろ用意していた課題を調べていくなかでその前提に疑問を感じたり、途中で別のテーマに興味を抱いたりすることのほうが多いだろう。そして新たな枠組みを模索するなかでジレンマを覚えたり、先が見通せず不安になったりすることがあるかもしれない。先ほどフィールドでの生活は不安定になりがちだと述べたが、それと同じく調査課題やそれを支える問題意識もしばしば揺れ動くのである。調査が予定どおり進まないということで一見したところマイナスにみられるかもしれない。だがまさにその試行錯誤は独自の問題意識を獲得していく契機となるかもしれないのであり、むしろえがたい知的経験という側面もあるのではないかと思われる。

最初の私のもくろみではフィールドにどっぷり浸ってさえいれば自ずと問題が浮かびあがってくるはずであった。しかし実際はフィールドに埋没していると徐々に頭が混乱しがちになっていたのであり、むしろ町に出て冷静にフィールドノートを繰ったりしているなかでそれまで気づいていなかった点がみえてきてそこから次の課題を見いだしたりしていたのだった。つまり、たんにフィールドにどっぷり浸かっていればいいというのではおそらくなく、近づいたり離れたりさまざまな距離をとりながら関わる方が見えてくることがあるように思われる。これは、その後日本とエチオピアとを往復しつつフィールドワークを繰り返していくなかで意識するようになってきたことである。

✳拡大するフィールドワーク——見える現在から見えない歴史へ

博士課程にあがってからもマロでのフィールドワークを続けた。ただ今度はエチオピアに行っても調査許可がおりず首都に三ヵ月間足止めを食ったり、ようやく許可がおりてフィールドワークを再開したらマラリアにかかってしまい、期間を短縮して帰国することになったりして、マロでのフィールドワークになかなか集中できなかった。しかしそのためかフィールドに滞在する間は以前のようにかなり成り行きに任せて漫然とすごすのでなく、課題をある程度用意しそれに関することを調べようと、積極的に行動するようになった。以前の失敗に学んだのである。

また以前はガイツァとシャーシャという二つの村を数週間ごとに往復しながら調査するだけだったが、今度は同じマロの域内にあるとはいえほぼ反対側に位置するジータやファラハという別の村も対象に加えて調べるようにした。それらは高度が一〇〇〇メートル台前半でガイツァより一〇〇〇メートル以上、シャーシャとも五〇〇メートルあまり高度が低いため、生態環境が大きく異なっており、マロの生業の全体像を把握する上で欠かせなかったのである。

だがじつはそればかりではなかった。低地の村はガイツァのもっと近くにもあったが私はあえて遠方に位置するそれらの村を選んだ。人びとからマロのことをもっと知りたければあそこへ行くといいと言われていたのである。実際ガイツァの人たちは自分たちはマロであると言いながらも、どういうわけかジータやファラハの方が本当のマロの地と考えており、その地域へ行くことを「マロへ行く」という言い方をするのだった。

実際はガイツァから山道を歩いて二、三日かかる道のりであり、そうやすやすと行けるものでなかった。ガイツァの人たちでも行ったことがない人の方が多く、行ったことのある人も若い時に何回か行ったことがある程度だった。言葉もマロ語でなく、ゴファ語に早く転換した地域のため、マロ語のわかる人がほとんどおらず、私も今度はゴファ語を学ばなければならなかった。

ただそうして何往復かしているうち徐々にわかってくるものがあった。現在のマロの領域ではガイツァを中心とした中部から南西部にかけての地域がもっとも人が多く活気が感じられる。それにくらベジータやファラハは土地は広いが人家はまばらで目立った存在ではない。しかし、この北東部はマロとしての歴史がもっとも古く、かつてもっと大勢の人がくらしていたのだった。そうした歴史を反映してか、このあたりの人たちはさまざまな歴史的変遷を語り伝え、よく記憶していた。また道中の村々も、それぞれことなる歴史的経験をして現在にいたってきたことがわかってきた。

そのような、今後人びとの記憶にとどめられるであろう出来事が調査期間中に発生した。ファラハの隣のシャバロとメッラという集落を訪れると空き家が目立ったのできいたところ、親戚を頼り別のところに引っ越していったのだという。じつはこの三〇年あまりマロの北を流れるオモ川を伝って銃で武装した集団が時折襲ってくるため、その難から逃れるため人びとは徐々に離村してきた。これらの集落の下はそうして無人となった廃村跡が点在していた。そして近くまた奴らはくるかもしれないという。夜になるとオモ川の河原でたき火がたかれており、あれは襲撃の偵察に来ている連中のものなのだという。私はこんな平穏なのにまさかと思ってきいていたが、一ヵ月後にその悪い予想が的中したのだった。ウシ二〇〇頭をはじめとするすべての家畜、そしてさまざまな家財道具が略奪され、さらに逃げ遅れた村びと一七人が容赦なく殺害された。そのなかには私を泊めてくれた家の奥さんやオモ川まで一日かけて道案内してくれた男性もふくまれていた。私はその少し前に首都に出ており、翌月戻って知り呆然としたのだった。マロのなかでその被害に遭ったのは

図7-6　雨季のオモ川。水位の低い時期にこの川を遡って低地の牧畜民が襲撃にきた。

オモ川近くの一部の集落だけであり、大半の人たちにとって関係することではなく、とくに関心をもたれていなかった。しかし、襲われた集落での被害は甚大で、このシャバロとメッラが廃村跡に連なるのも時間の問題かもしれなかった（藤本 二〇〇四）。事件の前日にも別の尾根筋で未遂に終わった襲撃事件が起こっていたが、そのことはここには伝わっていなかった。この事件からも、同じマロでもそれぞれの地で異なる経験をし、それが部分的に伝わりながらも広く共有されることなく今日にいたっていることが察せられた。そして、こうした一つにまとまらない社会のあり方がそう広くないマロの域内で言語や宗教などがいくつも複雑にわかれてあることと関係しているのではないかと思われてきた。

私は修士課程の間はマロの社会は複雑だと認識しながらも、全体的にそれをどうとらえればいいのかわからず事実上理解を棚上げにしていた。ところがマロのなかを広くみて歩き、また各地できとりを進めていくなかで、マロの社会はたんにモザイク状に複雑にあるだけでなく、個々の要素を丁寧に腑分けしてみていけば、ある程度はつなげて理解できるように感じられてきた。

たとえばマロの農民集団はゴカとドコの二つに分かれているが、よくみるとその分布は北東部はほとんどゴカが占めているのに対して、南西部ほどドコが多い。また市場などのない僻地はほぼドコの人たちの集落だった。そしてゴカは純然たる農民としてくらしているのに対し、ドコは農業だけでは食べていけず、農業以外にかごづくりなどの副業で生計を成り立たせている人が多かった。ゴカはドコに比べて優位にあることはあきらかだったが、その理由は当初よくわからなかった。しかし人びとに自らの出自を尋ねているうちに、ゴカは一九世紀末までのマロ王国の時代に東隣のゴファなどから移住してきた人たちの子孫とみられるのに対し、ドコは出自があいまいで、昔からこの地にいたと多少いわれるくらいだった。じつはマロの王国は北東部の地域で成立後（当時アッバといった）、ドコとの度重なる戦闘を通じて現在の領域へ拡張してきたのであり、それが現在のゴカとドコの関係にも反映されているのであった（Fujimoto 2006）。北東部のジータはそのもっとも古くからのマロの領域だったのに対し、ガイツァは一九世紀半ばにはじめてマロの領域に入ったところであり、そうしたちがいが人びとの歴史認識のちがいにも表れているとみられる。ここまで断片的にマロの社会について述べてきたが、フィールドワークを通して理解したマロの社会を以下に整理しておきたい。

エチオピア西南部の険しい山地に居住する定着農耕民で現在人口は四―五万人と推定される。領域の年間降水量は一三〇〇―一七〇〇ミリでエチオピアでは湿潤な地域である。一〇〇種あまりのさまざまな作物を栽培するが、高度二〇〇〇―三〇〇〇メートルにかけての高地ではもっとも主要な作物としてエンセーテ（*Ensete ventricosum*）というバナナに似た姿をした多年生の作物を栽培し、地下にできる巨大な根茎を蒸したり、発酵させた後パンに焼いたりなどして食べるほか、葉を包みや敷物などさまざまに用いている。高度一〇〇〇―二〇〇〇メートルの低地ではテフ（*Eragrostis tef*）というエチオピア固有の雑穀をもっとも広く栽培しており、インジェラとして知られるクレープ状の薄いパンケーキに焼いて食べるほか、貴重な換金作物ともなっている。マロはもともと一九世紀末に一帯がエチオピア領内に併合されるまで、世襲的な王に率いられた王国を数世紀の間築いていた。その当時の支配層は東のゴファなどから移住してきた人びととみられ今日のゴカはその子孫である。そして王国の拡張に伴い支配され僻地においやられたのがドコとみられる。両者の差異は今日でも居住域や生業その他に強固に維持されている。ほかにも少数の土器作りと鍛冶師の二つの職人集団が共存している。域内ではアフロアジア語族のオモ系言語であるマロ語、ゴファ語、ドコ語などが話され、ゴファ語がこの半世紀に急速に共通語化した一方、ゴカの人たちの母語だったマロ語はガイツァなど一部の集落をのぞいて忘れられつつある。またマロは王国時代活発に戦闘をおこなっていたことがヨーロッパ人の旅行記にも記されているが、一九世紀末にエチオピアの配下に入り銃などの所持を許されない農民となると戦闘と無縁な人びととなってきた。そして今度は逆にこの三〇年ほどはオモ川を伝ってやってくる銃で武装した牧畜民から襲撃を繰り返し受けるようになってきている。襲われる低地の集落では人口が減少する一方、高地にある集落はいっそう人口が過密になってきている。今日のアフリカの山地社会では高地から低地への人口移動が起こっていることが多いなか、マロではそれと反対の現象が進行しつつある。平時は穏やかとはいえ、一帯は必ずしも平和というわけではない。またかつては祖先祭祀や精霊崇拝がさかんだったとみられるが、今日では三〇–四〇年前に宣教師がもたらしたプロテスタントのキリスト教が半数近くの人びとの信仰を集めるようになっている。かつての王国に由来するマロは一民族集団でありながらも何か一つの文化要素にまとまるのではなく、言語、社会構成、宗教などそのいずれも複数の要素をモザイク状に並存させる山地民的な社会の特性を強くもつ一方、国家編入を契機にその社会と文化はこの一〇〇年ほどで大きく変わり、今もその変動のさなかにある（藤本　二〇〇八、Fujimoto 2007）。

✳往還のフィールドワーク

今マロの社会が一つにまとまることなくモザイク状にあり、しかもそれが歴史的に変化してきているものであることを述べた。じつはこのことは社会的なことがらだけに限らないのではないかと考えるようになってきた。修士課程の時はガイツァとシャーシャという二つの村で観察した農耕の方法が多様な作物や品種の分類とどう関係しているかをもっぱら共時的な視点で分析した。だが、農耕など生業に関することも、じつはこうした歴史性が無視できないように思われてきたのだった。

かつての文化生態学の「適応」概念で考えられたように、生態環境の違いに応じて農耕の仕方が異なるという主張はマロでもおおまかにはあてはまるにせよ、その個々の状況にはあてはまっていなかった。同様の生態環境でも離れた集落どうしは農耕の仕方がことなる一方、ガイツァとシャーシャは生態環境は異なるものの農耕の仕方は共通点が多かった。それは人口や市場へのアクセスといった社会経済的な面だけで理解できるものでもなかった。むしろ、マロの内外のどういった地域と歴史的につながりが深かったのかといった側面も生業をみる上で無視できないものであることがわかってきた。端的に言えば、マロのなかでもマロ語を話す地域（中央部から南西部にかけての一〇ほどの村々）とゴファ語を話す地域（それ以外の村々）では、前者は犂を用いず掘棒での耕作を多用しイモ類の栽培を重視するのに対し、ゴファ語を話す地域では掘棒の使用は限定的でむしろ犂の使用を好み、穀物栽培を重視するといった異なる傾向がみられる。これは先のゴカとドコの分布とも一致せず、むしろ二〇世紀になってからゴファの文化が深く浸透しているかどうかということともっとも関係しているようだった。そして後者の地域では（そこにはマロの発祥したとされる地域もふくまれる）マロという帰属意識は希薄になりつつある。一九世紀末にマロ王国がエチオピア帝国の配下に入って王国体制が終結し、それまでのライバルであったゴファと対抗するため差異化をはかる必要がなくなったことや、帝国編入後税が課され、そのなかで交換価値の高い穀物栽培の重要性が高まってきたことなどが背景にあると考えられる。

いずれにせよ、範囲を広げて調べていくなかで、マロ社会の複雑さだけでなく農耕の多様性をみていく際にも歴史的な視点からの考察が欠かせないように思われてきた。これを意識するようになったのはいつごろからだったか。それがフィールドでだったか日本でだったかもはやわからない。またある時急にというより徐々にであったかもしれない。エチオピアと日本との間で往復を繰り返しフィールドとさまざまな距離をとりながら考え続けていくなかで、フィールドワークとフィールド以外での研究に境目がなく、もはや不可分にからみあうものになってきていたためかもしれない。

✳深化するフィールドワーク

今も述べたが、博士課程とその後のフィールドワークでは同じマロの人たちを対象にしながらも課題をもって臨むなどとりくみ方を変え、そうするなかで分析する視点も徐々に変わってきていた。

文化人類学のフィールドワークの特性として、すでに述べたように一回のフィールドワークで長く滞在することとともに、繰り返し何度も訪れて継続的に調査していくという点があげられる。他の分野のフィールドワークでも定点観測といって時間が経ってから再調査することがあるが、それは一回ごとにフィールドを移して調査していくことが基本となっていることの裏返しでもあるだろう。文化人類学では繰り返し訪れることが多いため、いちいちそういわないだけである。それはフィールドにおける経年変化をフォローしていく面もあるだろうが、むしろフィールドワーカーが自らの問題意識を練り直し研究を深めることをめざして通っている面が大きいだろう。研究の仕方には対象を移しつつ同じ方法でデータを集めて研究を拡大していく方法もあるが、文化人類学ではむしろあまり対象を変えずに問題意識や方法を練り直しながら研究を深めていく傾向が強いのではないだろうか。もちろん人類学者でもフィールドが一つでなく複数もちながらそれらを交互に訪れていく場合もあるし、前述の私のように同じ民族集団内を移動して調べていく場合もある。文化人類学も比較の視点をまったく放棄しているわけではないが、それでも他の分野と比べた場合、量的拡大より質的な深化をめざす傾向は顕著といえるだろう。

さらに文化人類学のフィールドワークに関して、個々の研究者でみていくと、また別の点が指摘できる。それは大学院生など研究の初期に長期のフィールドワークを実施するということである。その後は繰り返し訪れるといっても、ずっと短期のものであることがほとんどだろう。これは研究者のおかれる社会的状況のため、院生時代のように長期のフィールドワークを実施できないという事情ももちろんある。しかしそれ以外のこともあるのではないかと考える。

先ほどフィールドワーク、とくにその初期のものは脆弱な基盤のもと不安定となりがちで、問題意識や関心も揺れ動きやすいが、そのいっぽうその試行錯誤にはオリジナリティを獲得していく貴重な契機がふくまれていると述べた。もちろん初期のフィールドワークからも一定の成果を示していかなければならないのは事実である。そうしなければフィールドワークを継続していくことも困難だろう。ただ、同時にまずまちがいないのは各研究者を支えていく問題意識や関心は院生時代の揺れ動くフィールドワークのなかで大半は培われたものであるだろうということだ。その時の成果にはすぐには現れないかもしれないが、それぞれの研究者のなかに芽のようなかたちで問題意識が胚胎するのは初期の長期におよぶフィールドワークのなかでだろう。つまりコスト・パフォーマンスでいえば、初めのころは滞在期間あたりの成果の生産性は必ずしも高くないかもしれないが、その後研究者がライフワークとしてとりくんでいくべき課題をみいだしていく不可欠な過程ではないかと思われる。その後の反復されるフィールドワークのなかで問題意識の細かな修正がなされ、以前より高い生産性で成果を出していくにせよ、それはゆれ動く初期のフィールドワークのなかで問題意識が育まれ、さまざまな基盤がすでに確立しているからこそ実現できるのだと思われる。文化人類学のフィールドワークは一回かぎりで完結するものでなく、むしろ研究者とともに長く歩んでいく側面があることはまちがいない。

✳フィールドワークの力

ここまで文化人類学のフィールドワークについて、研究対象となる人びとに出会い、かれらの社会や文化を理解しようとして格闘してきた自らの経験に依拠しながら、さまざまに考えてきた。私の経験から言えるのは、長期にわたる初期のフィールドワークは脆弱な基盤のもと不安定で危機的な状況に陥りやすいが、同時にその研究にオリジナリティをもたらす可能性を秘めているものであること、その後に反復していくフィールドワークのなかで問題意識を練り直しながら徐々にかたちにしていくことができるものなのだといったことである。冒頭にあるような初期のフィールドワークの話だけ読むとつい文化人類学を敬遠したくなるかもしれない。しかしフィールドワークそして文化人類学はけっしてそればかりではない。重要なのは、初期の調査時における不安に呑みこまれないことだ。むしろその不安をバネにして、当初立てていた研究課題を果敢に再構築していくことである。もちろんこれは私がそうであったようにすべてをフィールドでできるわけではないだろう。しかし、フィールドワークにおける不安や戸惑いこそが、方法としてのフィールドワークの力であるといえるかもしれない。文化人類学はきわめてダイナミックな知的営みなのだ。

私は最近フィールドワークについてまた別の見方をするようになってきた。それは文化人類学のフィールドワークとはある種の強烈な毒のようなものなのではないかということである。文化人類学のフィールドワークでは、とくにその初期のものでは実質的な調査にとりかかれるまでさまざまな苦労を味わう。それは別の社会に入っていったのだから考えてみれば当たり前のことかもしれない。しかし研究論文などにそうしたことはまず示されず、そのため学問的な成果を目にして憧れてやってきた人たちはフィールドに出て予想していなかったさまざまな問題に直面して戸惑い、こんなはずでなかったとやりきれない思いを抱えながらさっさと文化人類学の世界から足を洗い去っていくこともある。いわばフィールドワークの強い毒にあたって、はき戻すなりもう二度と食べないと決心したのだ。毒に対する正常な反応というべきかもしれない。

ところがどういうわけか毒をのみ込んでやがて自分のものとして吸収してしまうくせ者がいる。

それは当初は強烈な苦痛をもたらす毒だったはずなのに鈍感なせいか、何度かのみ込んでどうにか吸収しているうちについには好んで追い求めるようになっていく。

何をいいたいのかというと、人類学者には、そうしてフィールドワークという毒に対していつのまにか中毒症状に陥ってしまっている族《やから》という側面があるのではないかということである。フィールドに何度も通い続けるというのは学問的な深まりがともなっていることがもちろん多いが、同時に中毒症状としてフィールドにでること自体が目的化してしまっていることもあるかもしれない。同時先ほどフィールドワークにはそこでの不安や戸惑いをばねにして新たに課題を見出し再構築していく強力な力があることを述べたが、同時にその力はいったんそれを乗り越えた人を虜《とりこ》にしいわば中毒症状に陥らせる場合もあるのではないかということである。つまり、フィールドワークを礼賛さえしていればいいのではなく、半ば自戒を込めつつ思うのはフィールドワークを反復することに安住することなくむしろその力を意識し半ば緊張関係をもちながらやっていかなければ、文化人類学の研究として深まっていくことは決してないのではないかということである。

❋おわりに

文化人類学のフィールドワークにはじつにさまざまな面がある。初心者向けに技術的なアドバイスに特化して記すことも可能かもしれないが、同時にそれに還元できない面も多数ふくんでいるように思われる。フィールドワークは今日の文化人類学において必須の部分を占めるとともに、いい意味でも悪い意味でもその学問的成果におさまりきらない多様な側面をふくんでいる。本章では危機だの毒だのと言ってフィールドワークのはらむ問題について紙幅を多く割いてきたかもしれない。しかしよく考えてもらいたい。人類学者がフィールドワークを反復しながらその研究を続けてきているのは、知的な興奮や人間的な喜びがともなっているからであることはまちがいない。フィールドワークにおけるかけがえのない経験こそがその人の研究に多分にモチベーションを与えている。机上の学問に飽き足らず、フィールドワークや文化人類学に関心をもった諸君、試行錯誤の経験のなかから自らの考えを深めていきたい人はぜひ文化人類学の扉を叩いてもらいたい。

参考文献

エヴァンズ＝プリチャード、E・E　一九七八『ヌアー族――ナイル系一民族の生業形態と政治制度の調査記録』向井元子訳、岩波書店。

栗本英世　一九九六「招かれざる人類学者の絶望と希望エチオピアにおけるアニュワ人の調査」須藤健一編『フィールドワークを歩く――文科系研究者の知識と経験』嵯峨野書院、一四九－一六七頁。

佐藤郁哉　一九九二『フィールドワーク――書を持って街へ出よう』新曜社。

藤本武　二〇〇四「戦いを奪われた民――農耕民マロ」『季刊民族学』一〇九：二五－三一。

――　二〇〇八「マロ――アフリカの山に生きる人びと」福井勝義・竹沢尚一郎編『講座ファースト・ピープルズ　第5巻：サハラ以南アフリカ』明石書店。

本多勝一　一九六三『カナダ＝エスキモー』朝日新聞社（ただし私が見たのは一九八一年の朝日文庫）。

――　一九六四『ニューギニア高地人』朝日新聞社（同　一九八一）。

――　一九六六『アラビア遊牧民』朝日新聞社（同　一九八一）。

Conklin, Harold C. 1955 The Relation of Hanunoo Culture to the Plant World. Ph. D Dissertation Thesis. Yale University.

Fujimoto, Takeshi 2006 Social Stratification and its Relevance to Ethno-history: A Case in Malo, Southwestern Ethiopia. In Siegbert Uhlig (ed.), *Proceedings of the XVth International Conference of Ethiopian Studies*. Wiesbaden: Harrassowitz Verlag, pp. 92-103.

―― 2007 Malo Ethnography. In Siegbeit Uhlig (ed.) *Encyclopaedia Aethiopica*, Vol. 3. Wiesbaden: Harrassowitz Verlag, pp.711-713.

——— (forthcoming) Indirect Wild Plant Uses as Agricultural Indicators: An Avenue of Linking Ethnobotany with Traditional Ecological Knowledge. In Robin Wilson and Serena Heckler (eds.) *Landscape, Power and Process: A Re-evaluation of Traditional Environmental Knowledge*. Oxford: Berghahn Books.

Howell, Nancy 1990 *Surviving Fieldwork: A Report of the Advisory Panel on Health and Safety in Fieldwork*. Washington, D. C.: American Anthropological Association.

第8章

「わたしのもの」は誰のもの?

エチオピア農村社会の「所有」をめぐるフィールドワーク

松村圭一郎

ラジオのゆくえ——「問い」との出会い

フィールドワークをしていると、自分があたりまえだと思っていたことがまるで通じない出来事に直面する。そこから、「なぜ?」「どうして?」という問いかけがはじまる。そうした小さな問いかけから、研究の方向性が大きく変わることもある。私のエチオピアでのフィールドワークも、そんな「問いかけ」の連続だった。

最初にエチオピアの農村部に入った時、私は村の中央を走る道沿いの長屋を間借りして生活をはじめた。町から安いスプリング・ベッドや生活用具などを買いそろえ、大家から借りた大きなテーブルの上には、フィールドノートや単語帳、筆記用具などを並べて、ちょっとした「研究室」をつくりあげていた。

通りに面していたこともあって、私の部屋にはよく村人が訪ねてきた。人びとは私のテーブルの前に座ると、きまって机の上に並べられた私の持ち物を手にとり、「これは何だ？」、「何に使うんだ？」と質問してきた。最初は、話の種のつもりで気軽に応じていたが、しだいに同じ問いかけに答えるのに疲れ果ててしまった。私の調査は、まず村人から調査されることから始まったようなものだった。

　そんなある日、大家が古ぼけたテープレコーダーを手に私の部屋に入ってきた。私の間借りした部屋と大家の部屋とは裏の物置のようなところでつながっており、彼はいつもふらりと私の部屋に入ってきた。大家はカセットを入れる部分がむき出しになった壊れかけのテープレコーダーを机の上におくと、「日本の音楽でも聴いたらいい」という。急にどうしたのかといぶかしく思っていると、彼は机の上においてあった私の短波ラジオを手に取り、「小さくていいラジオだな」といって、そのまま何やらつぶやきながら自分の部屋に持っていってしまった。

　一瞬、何が起きたのかわからなかった。たしかに彼は「貸してくれ」とも、「ちょっと聴かせてくれ」とも言わずに、私のラジオを自分の部屋に持ち帰った。テープレコーダーを代わりにもってきてくれたのだから、と自分を納得させようとしたが、彼の行動への違和感をどうしても拭い去ることができなかった。そして、後で彼がそのラジオを自分の職場であるコーヒー農園に持っていったことを知って、さらに違和感は大きくなった。その時私のなかに湧きあがったのは、「せめて自分がいるこの家のなかで聴くのならいい。それが私の目の届かない遠くの仕事場までもっていくとは何事なんだ！」という怒りに近い感情だった。「わたしのもの」なのだから、私の許可をえてから使うのが当然だ。そんな気持ちが渦巻いていた。よっぽど大音量で聴きつづけていたのか、結局、短波ラジオは二、三日で電池切れになって戻ってきた。

　このラジオの一件で、「わたしのもの」がまるで私のものではないかのように扱われてしまったことへの違和感がずっと心に残っていた。「わたしのもの」をめぐる感覚が彼らと私とでは違うの

図8-1
初めてエチオピアの村に入って二ヶ月ほどたった頃、間借りしていた長屋の前で。

だろうか？　まだ研究テーマとも言えないような、小さな問いかけの種が芽生えた。

✳「異文化」に向き合う――「ずれ」を理解するために

文化人類学は、「異文化」を研究する学問だといわれる。ラジオの一件にあるように、生まれ育った場所とは異なる社会に身をおくと、そこで暮らす人びとが自分たちとは何かがまるで違うように感じる場面は多い。その「違和感」や「ずれ」に答えを出していくことが、研究の一つの動機づけにもなっている。これまでの「所有」をめぐる人類学も、その「違い」をどのように理解するか、という点から議論がなされてきた。

たとえば、西洋以外の社会では、「身体」への所有観が異なるのではないか。個人の身体がその人のものとされなければ、その労働を通して得られた産物も個人の所有物とはみなされないはずだ。あるいは、土地などの所有の対象物をとらえる「世界観」が、自分たちとはまったく違うのかもしれない。所有されるものを、われわれのようにたんなる「財産」や「モノ」と考えていないので、その所有形態に違いが生じる。異なる「所有」のあり方を理解するために、固有の「身体」や「世界」の見方にねざした「所有観」の存在が想定されてきた[*1]。

たしかに、外国などでこれまでの経験がまるで通用しない場面に出会った時、つい「やっぱり文化が違うよな」とか、「物の考え方が日本人とはまるで違う」などといって、何かを理解したような気になってしまう。私自身、最初にエチオピアで生活をはじめた時は、エチオピアには日本とは異なる「所有観」があると考えて、いったいどうやったら、その異なる「所有観」を把握できるのか、真剣に思い悩んでいた。A社会には、Aという所有観があり、B社会にはBという所有観がある。きっとエチオピアの農村社会にも、固有の所有観があるはずだ。そんな構図を思い描いていた。

＊1
こうした議論は、西洋近代の基本的な所有概念である「私的所有権」の根底に、身体の自己所有という考え方があることを前提に、非西洋社会には、それとは異なる身体観・所有観があると考える議論である。自己所有権という考え方については、立岩（二〇〇四）や森村（二〇〇一）を参照のこと。所有についての人類学については、杉島（一九九九）に詳しい。

しかし、調査を進めていくと、こうした社会に固有の「所有観」から「所有」という現象をとらえるという視点が、とても短絡的だったことに気づかされることになった。ただし、それに気づくまでには、ずいぶんと遠い回り道をしなければならなかった。

✳牛の背中を追いかける――フィールドワークのはじまり

文化人類学の調査は、現地の言葉を覚え、人びととの信頼関係を築いてはじめて、多くの有益な情報を手にすることができる。言葉もろくに理解できないうちは、当然、手探り状態の日々がつづく。私は、当初、牛の放牧に興味があったため、とりあえず毎日のように村の放牧地に足を運んでいた。言葉がほとんどわからなくても、牧童の子どもたちと戯れたりしていると、顔なじみの者も増えてくる。毎朝、長靴を履いて低湿地におりては、牛の数をかぞえるカウンターを片手に牛の背中を追いかけていた。

村では、各家庭が自分たちの牛を放牧地につれていき、その日の放牧当番にあずける。そして、夕方に子どもたちが牛を引き取るまでは、放牧当番が牛の群れに草を食べさせたり水を飲ませたりする。当時、有刺鉄線に囲まれた日本の牧場を調査していた私の目には、柵もなにもない場所で一〇〇頭あまりの牛が一人か二人の少年に誘導されている光景は、それ自体、驚くべきものだった。[*2]

私は、まず村の放牧地の簡単な地図をつくり、何時にどこに何頭の牛がいるかを記録することからはじめた。村には三つの放牧集団があり、それぞれが村の低湿地をおおまかに使い分けながら牛を放牧している。言葉がうまく話せない私には、こんな基本的なことを理解するまでに、二、三週間はかかった。さらに、だいたいの牛の放牧経路や放牧集団の構成などを把握するまでには、一ヵ月以上、牛の動きを記録しつづけなければならなかった。

＊2
当時、私は八重山諸島にある黒島の共同牧場についての調査をおこなっていた。黒島では、戦後、分散している個人の畑をもちよって共同の放牧場をつくり、畜産を産業の柱にしてきた。詳細は、松村(二〇〇〇)を参照。

朝、あるところに五〇頭の牛がいる。次の日、同じ場所に行ってみると、一〇〇頭に増えている。なぜ牛の数が二倍に増えたのだろう。しばらく通い続けると、村の別の群れが同じ場所で合流していたと知る。そんな単純なことか、と思われるかもしれないが、当時は、そんな小さな謎を一つひとつ解いては、また別の謎にぶつかるというくり返しだった。村に滞在しはじめた最初の二ヵ月を終え、私は、ようやく放牧形態の全体像を理解できたという思いで村を離れた。

ところが、一ヵ月後に再び村に戻ってきた私は、以前とはまったく違う光景を目の当たりにすることになる。まず、低湿地にあれだけいた牛の姿がまるで見あたらない。話を聞いてみると、別の場所で放牧されているという。その場所に行くと、牛の数が前に記録したものとはまるで合わない。一度はすべて解けたと思っていた謎が、またいっそう深い謎に包まれてしまったかのようだった。「なんでだ」という失望感と、「何が起こったんだろう」というドキドキ感を胸に、また牛の記録をつける日々がはじまった。

村では、ちょうどトウモロコシの収穫が終わり、それまで低湿地だけで放牧されていた牛が、畑の土地でも放牧されるようになった。放牧できる場所が広がったことで、三つだった放牧集団も五つあまりに分裂し、それまでトウモロコシ畑があったために行けなかった遠くの放牧地にも牛を連れて行けるようになっていた。[*3]

村の低湿地は、村人なら誰もが牛を放牧することができる土地だった。そのためトウモロコシの収穫前は、村人の家畜の共同放牧地になっていた。ところが、畑の収穫が終わると、それまで個人の畑として耕されていた土地も共同の放牧地となり、他人の牛の群れがずかずかと入っていく。日本では考えられるだろうか。私の頭には、有刺鉄線の隙間から首を伸ばして隣の草を食べただけで、もめごとが起きる日本の牧場の光景が浮かんでいた。エチオピアでは、自分の土地であっても、他人の牛が入ることを許容している。なんて寛容なのだろうか。日本だったら、何も使っていない空

図8-2
トウモロコシの収穫が終わった個人の畑に入っていく牛の群れ。

＊3
この最初におこなった牛の放牧調査は、七年あまりたって、農村の土地所有と土地利用との関係を考察する論考としてまとめることになった。詳細は、松村（二〇〇六；二〇〇八・第Ⅱ部）を参照。

き地でも「立ち入り禁止」の看板が立てられ、厳重に柵で囲われているというのに。「ラジオ」をめぐるちょっとした出来事と牛の放牧の話とが、「所有」という問いの周りで渦を巻きはじめた。

✳土地に歴史あり——研究の深まり

言葉が少しできるようになり、村人との信頼関係を築きはじめると、いろいろな話を耳にするようになる。何気ない会話のなかから、それまでどこにでもありそうな牧歌的な農村でしかなかった場所が、多くの歴史的な激動に巻き込まれてきた姿が見えてきた。

エチオピアでは、一九七四年、社会主義を掲げる軍事独裁政権が樹立された。村でも、この一七年間続いた「デルグ」という軍事政権時代のことは、鮮烈な記憶として人びとの心に残っている。最初の調査から二年後、再調査に入っていた私は、村の「土地所有」について調査をはじめようとしていた。共同でなされる放牧地と個人によって耕される畑、その関係のことを念頭におきながら、土地という資源がどのように所有・利用されてきたのか、その歴史を明らかにしたいと思い描くようになった。まず手はじめに、そのころ居候させてもらうようになっていた当時六〇代の農民男性アッバ・オリに、彼がこれまでどのような土地を耕してきたのかをたずねていった。

アッバ・オリが関わってきた土地の履歴をリストにしていくと、いくつもの違う土地を耕してきたことがわかってきた。ところが、その履歴が一九八五年あたりでぷっつりと途絶えてしまう。彼は、すべての土地を政府に奪われ、国営農園で働くようになった経緯を話してくれた。

すべての農民が、やがては国営農園か、生産者協同農場か、農民組合に入らされるという話だった。[*4] あとで入るところがなくなってしまうと言われた。ただで働かされるよりは、給料が入ったほうがい

＊4　一九七四年に政権を掌握した軍事独裁政権は、急進的な土地の国有化や農業の社会主義化を推し進め、農民たちの多くが社会主義的な組織に組み込まれていった。生産者共同農場では、生産手段（土地・農具）を共有した上で、一つの土地をみなで耕作し、その収穫物は、基本的に固定された配給制で分配された。村の農民すべてが加入する農民組合も、出生した兵士や女性世帯主の畑を耕したり、村の共同コーヒー園に労働奉仕することが求められていた。

いから、国営農園で働くことにして、土地を譲り渡す書類にサインをした。でも、大木を伐り倒したりする重労働なのに、配給食糧が天引きされて、さらに現場監督と関係が悪かったりしたら、月給がどんどん減額された。最初の月にもらった給料なんて、わずか二五サンティム（セント）だけ。経理の女に向かって、「女はワット（おかず）の調理でもしてるもんだ！　なんで正しい給料を払わないんだ」と食ってかかったんだけど、すぐに守衛が飛んできて、二五サンティムとともに外に放り出されてしまったよ。

デルグ政権は、一九七五年にすべての土地を国有化することを宣言し、大地主から土地を接収して土地のない農民に分け与える政策をはじめた。[*5] 村でも、大地主には二ヘクタールあまりの土地だけが残され、後は土地をもたない農民に分配された。しかし、当時、アッバ・オリが森を伐り拓いて耕していた土地には、コーヒーの国営農園が建設されることになっていた。彼は、耕していた土地からの立ち退きを迫られ、代わりに国営農園で働くよう勧められたという。この時、村の多くの農民が「軽い仕事をするだけで毎月の給料がもらえる」という誘いにのって契約書に署名させられ、土地を失っている。

アッバ・オリの言葉にあるように、農園で働くようになった農民たちは、約束とは裏腹に厳しい労働条件に苦しむことになる。アッバ・オリはいう。「火の中に入れられたような時代だった」。人びとは今でも農園労働者たちのことを「兵士」という意味の「ワタッダル」と呼んでいる。

自分で額に汗して伐り拓いた土地であっても、国の政策一つで追い出されてしまう。農民たちが、いくら「自分たちの土地だ」と声をあげても、その「所有」の主張は、国家を前に無力でしかない。「わたしのもの」を支えているものは何なのか？　「所有」は「法律」や「権力」によって決められてしまうものなのだろうか。「所有」をめぐる素朴な問いが、村人の口から語られる歴史のなかで、

＊5
一九七五年にエチオピアでおこなわれた農地改革は、アフリカの社会主義諸国の中でもとくに急進的なものだったと言われている。エチオピアの農村社会は、この社会主義時代に大きな変動を経験してきた。社会主義時代の国家政策と農村部の土地所有をめぐる歴史過程については、松村（二〇〇二：二〇〇八・第Ⅲ部）を参照。

重みをもった問いになりはじめた。

＊国家の力をすり抜ける——現実の多様な姿

社会主義時代の国家による介入の歴史からは、国家の強大な力とそれに翻弄されてきた農民たちの姿が浮かび上がってきた。しかし、村人の話を聞いていくと、かならずしも国家の論理だけで村の土地所有が決まっていくわけではないこともわかってきた。村で生活している時耳にした「土地争い」の話は、最初に思い描いた「国家に支配される農民像」を考え直していくきっかけになった。

問題となった土地は、道路沿いにのびている宅地の一区画にあった。最近、こうした道沿いの土地は高値で売買されており、一種の「高級住宅地」となっている。ある時、こうした宅地の一つを、村の中年夫婦が購入した。この時、この夫婦のもとに身を寄せていた老婆が、亡き夫の遺産を夫婦に提供した。ところが、その後、老婆が亡くなると、老婆の親族であった姉妹がその家や土地の購入にあてられた遺産は自分たちが相続すべきものだったとして、家も土地もすべて返すよう村に訴えた。

こうした争いがおきると、村の役所はふつう複数の人望の厚い年長者に調停を依頼する。問題が複雑な場合は、町の裁判所に訴訟として持ち込まれることになる。このケースはすぐに裁判所での係争となった。

じつは、エチオピアでは、現在でも土地の売買が禁止されている。法的には禁止されていても、村ではふつうに土地の取引がおこなわれている。訴えを受けた裁判所では、この土地がそもそも誰の土地であったか、ということが問題となった。法律では土地の売買は認められないので、法廷で証言した者たちは「土地が購入された」という事実をもちだすことはなかった。夫婦側は、「土地の所有者が、この土地に家を建ててもよいと言ったので、家を建てた」という主張をおこなった。それに対し、家と土地の返還を求めた姉妹は、「(屋根に使われた)トタンも家の建材も、われわれが受け取るべき父の遺産で購入されたので、その家に住む権利は自分たちにある」と主張した。裁判所の判決は、この土地が夫婦のものでも姉妹のものでもなく、もとの所有者に属するというものだった。最初の土地の移転自体を無効とする判断が下されたのである。

ところがこの裁判所の判決も、村では別のかたちで受け入れられることになった。土地を取り戻したもとの所有者は、夫婦がこの宅地を半額ほどのお金を支払って買い戻すか、あるいは第三者に宅地を売って、そのお金を夫婦と折半しようと話をもちかけていた。

国家が禁じているはずの土地の「売買」は、村では公然とおこなわれている。もちろん裁判という場にでると、実情とはかけ離れた国家の「法律」の方が優先する。出された判決は、「土地はもとの所有者のもの」というものだった。ところが、この「判決」も、村に戻ると、「夫婦と元の所有者がその土地の利益を折半する」という別の論理に置きかわろうとしていた。国家の裁判という制度を介しながらも、それとはまったく異なる論理で一つの土地をめぐる駆け引きが進んでいく。

人びとは、国家の政策や法という権威に縛られ、大きく翻弄されながらも、それを自分たちの「所有」を正当化するために巧みに利用しようとしていた。国家という強力な枠組みに取り込まれてきたはずの農民たちは、その支配に完全に従っていたわけではない。そこには、国家の論理と村の論理とをうまく操ろうとする農民の姿が見えてきた。フィールドワークを続けていると、「こうかもしれない」と思い描いた考えが何度も裏切られる。そこにたちあらわれてくるのは、一つの図式におさまりきれない多面的な現実の姿である。

✳寛容と不寛容のはざまで――点在する疑問

最初、私をとらえていた思いは、日本人である私とエチオピアの農村に暮らす人びととでは、「わたしのもの」についての感覚が違うのではないか、というものだった。ラジオにしても、収穫が終わった畑の土地にしても、利用できるものであれば、とくに他人を排除することはしない。そうした自分の所有物が使われることへの寛容な態度があるように思えた。

しかし一方には、国家からの介入によって土地が奪われたり、農民どうしで土地をめぐって激しく争うような厳しい現実もみえてきた。「所有」という問いのまわりに、つじつまの合わない、一見ばらばらなエピソードが浮遊している。実際、自分のやっていることから何か明確な答えが見出せる自信のないままに長い時間が過ぎていった。そんな出口の見えない状態のなかで、私のフィールドワークは、人びとの「日常」に目を向けることで、少しずつ動きはじめた。

村では、トウモロコシの収穫が終わるころ、袋をさげて歩きまわる人の姿をよく目にした。私が気になってたずねると、貧しい者が作物を分け与えてくれるようお願いしてまわっているのだという。そのうち、私がお世話になっていた農家にも、何人もの人が訪れるようになった。その多くが年をとった女性だった。女性たちは、居間の椅子に座り、相談をもちかける。「少し食物を分けてくれないか」。女性たちは、口々に自分たちには食べ物がなく困っていること、子どもが病気で働けないことなどを訴えた。なかには、遠くの村から見知らぬ男性が訪ねてくることもあった。そんな面識のない人に対しても、トウモロコシが手渡されていた。自分の富を他者に与えることへの寛容な態度。どこかラジオの出来事に通じるのかもしれない、という感触があった。

ところが、たんに「寛容」という言葉だけではすませられない出来事を目にするようになった。

図8-3　収穫されたトウモロコシの分配作業：地主と小作とのあいだで分けられたあと、村の多くの人の手に渡っていく。

五〇歳代のある女性は、夫と離婚したこともあって、毎年のように集落中を歩きまわって物乞いしている。女性は、トウモロコシを一〇本ほど与えた農民に、しばらくして次のように言った。「もっとトウモロコシをちょうだいよ！　このまえ少しだけくれて、それで与えたとでも思ってるの？」富を分け与えてもらうのに、彼女の口ぶりは「もらって当然だ」という感じだった。この時、彼女の言葉を聞いた男性は、吐き捨てるように答えた。「この前だって多すぎたくらいだ！」

富の所有に対して寛容だからこそ他人に分け与えている、と考えるのは間違っているのだろうか。人びとは、富を貧しい者に分け与えるのは、イスラームの戒律があるからだという。[*6]「作物は神様がくれたものなので、乞われたら何も持たせないで帰すのはよくない。家のなかにあるのに、ないといって追い返せば、本当になくなってしまう」。しかし、宗教的な戒律があるというだけで、誰もが喜んで富を分配しているわけではない。ある高齢の女性が物乞いに来た場面では、人びとが富を分け与えることに葛藤を感じていることが垣間見えた。

その女性は、六〇歳をこえる未亡人だった。「ひとりの息子は病気だし、もうひとりの息子も畑を耕すことはできない。私には何もない。トウモロコシを少し分けてほしい」。

女性の話をきいてあげていた母親に対して、ちょうど畑から戻ってきた三〇代の息子が次のように声を荒げた。「一本も与えるな。他人にあげるほどの余裕はないんだからな。おれたちと一緒に畑を耕したとでもいうのか！」

この時彼は、次のように話してくれた。

むかしはたくさんの収穫があっても、両親は村人が穀物袋をもって物乞いにくると、すぐに分け与えてしまっていた。最後には一年分あったトウモロコシも半年でなくなってしまって、ほんとうに大変だった。

＊6
イスラームは、自分の富の一定割合を貧者に分け与える喜捨を規律として定めている。このイスラームの喜捨についての人類学的考察については、大塚（二〇〇三）を参照のこと。

そんな彼でも、時に見知らぬ物乞いや村の貧しい老人世帯などにトウモロコシを分け与えていた。ただし、与えすぎると、今度は自分たちが困ってしまう。人びとは、喜捨がムスリムとして尊重すべき行いであるとわかっていながらも、つねに分配をめぐるジレンマのなかで葛藤している。自分の富を他人に分け与える寛容さと、それをときに頑として突っぱねる不寛容さ。この矛盾をどのように紐解いていけばよいのだろうか？

乞われる食べ物――着眼点を絞り込む

最初に村に入ってから四年あまりが過ぎ、私は「富の分配」という問題に目を向けるようになった。ある者の土地から生み出された作物などの富は、その土地の所有者だけでなく、さまざまな人の手にわたっていく。「所有」という問題を考える時に、この「分配」という問題が重要になるという感触があった。土地のことを調査するかたわら、私は「分配」に関する出来事を見逃さないよう記録するようになった。

ある時、集落で最高齢の女性（ＨＭ）が家を訪ねてきた。私は、慌ててＩＣレコーダーをとりだし、女性と農民とのやり取りを録音しはじめた。

彼女は、エチオピア北部高地に居住するアムハラという民族の出身で、キリスト教徒だった。私がお世話になっていたアッバ・オリ一家は、オロモという民族でムスリムである。彼女は、ふだんアムハラ語で話しているにもかかわらず、この時はアッバ・オリの息子であるヤスィンにオロモ語で話しかけていた。アッバ・オリやヤスィンをはじめ村のほとんどの者は、アムハラ語を自由に話すことができる。それでも彼女は、時おりオロモの慣用句やムスリムの表現を交えながら、タロイモを分け与えてくれるよう頼んでいた。
そして、ヤスィンがタロイモを分け与えると、彼女はムスリムが使う祝福の言葉を投げかけはじめた。

つつがなく年を重ねていけますように。毎年、タロイモがよく実りますように。毎年、子どもが生まれて、女の子を産んで育ちますように。年を重ねていけますように。われわれの偉大なアッバ・ヤブ(イスラームの聖者)の恵みがありますように。食べ物に(なくならないように)祝福を与えてくれますように。

キリスト教徒のアムハラであるにもかかわらず、彼女はオロモ語を用いて「ムスリムの聖者」の名をあげながら祝福を繰り返した。イスラームの規律があるから富を分配する。あるいは富に対する寛容な文化があるから人に分け与える。こうした理解では、富の所有と分配という問題は語りつくせないのかもしれない。もっと流動的で、その時その時の対面的な交渉のなかで、富が分け与えられたり、与えられなかったりしている。人びとの生活のなかの何気ない場面を目にするなかで、「所有」という問いを考える糸口が少しずつ見えてきた。
貧しい者は、相手から富を引き出すために、さまざまな方法を駆使しながら働きかけをおこなっている。そして、富を分け与える側も、いつも喜んで富を分け与えているわけではない。調査を長く続けていくうちに、それまで見えなかった人びとの隠れた思いに触れることができるようになっていった。

＊富をめぐる攻防——鍵は日常のなかに

調査地であるエチオピア西南部の高原地帯は、コーヒーの原産地として名高い。人びとは、重要な換金作物としてコーヒーの栽培に従事している。ほかにも日常的に野菜や果物などを売って、現金を稼いでいる。作物を売ればお金になる。しかし一方で、人びとは作物を分配するよう、さまざまな圧力を受けている。どうやって、「人に与えること」と「与えずに利益を独り占めすること」とのバランスをとっているのだろうか。ある時村の路上などでもよく売られているサトウキビをめぐって、こんなことがあった。

ある農民が、自分の屋敷で栽培していたサトウキビを一度に安い値段で村の青年に売却した。その青年は、毎日、サトウキビを刈り取りにきては、小学校の前や村の大通りで売っていた。町の商人に売却するのならわかる。しかし、すべてのサトウキビは村のなかで売られていた。不思議に思った私は、「なぜ自分で刈り取って売ろうとしないのか？」とたずねた。そのほうが当然、多くの利益をあげられると思ったからだ。すると彼からは予想もしなかった答えが返ってきた。

うちのサトウキビが大きくなってきたのを見たり、その噂を聞きつけたりして、たくさんの人が分けてくれないかと言ってきていた。そんな時、「じつは、ちょうどこのまえ、税金の支払いに困って売ってしまったんだよ」と答えればいい。もし、彼に売ってなければ、今ごろ少なくとも一〇人には分け与えていて、もうなくなってしまっていたはずだ。少ない額でも人に売った方がずいぶんとましだよ。

もし、サトウキビを自分の手もとにおいたままにしていたら、それはすぐに「分配」の対象になって親族や村の知人などに分け与えなければならなくなる。そこで、熟して他人に乞われる前に売却したというのだ。

欲しいといって人から乞われると、サトウキビのように「商品」になりうる作物であっても、「分配」せざるをえなくなる。その一方で、現金は「分配」の領域の外に位置している。いったん現金へと置きかわってしまった富に対しては、だれも「よこせ」とはいえなくなる。つまり、前もって他者に売却することで、サトウキビという富を現金にかえ、「分配」の領域からはずすことができたのだ。このささいな出来事から、「分配される富」と「独占される富」という二つの領域の存在がみえてきた。人びとは、これらの領域をうまく使い分けながら、周囲の者からの「分配」の圧力をかいくぐっていたのである。[*7]

「わたしのもの」への寛容な態度の裏側には、富の所有をめぐる目に見えない攻防が隠されている。こうした場面を「観察」するために、事前に準備を重ねたり、調査計画を綿密に立てたわけではない。たんに人びとと生活をともにしていたにすぎない。日本とエチオピアを往復するうちに、私自身がデータをとるための「調査」という型から解き放たれていったことが、逆によかったのかもしれない。フィールドワークにおける「問い」が、現地で時間を過ごすなかで芽生えてくるのと同じように、その問いを解く鍵も、人びととの日常的な暮らしのなかに埋もれているのだ。

✻所有の力学——「異文化」への新たな視座

村での生活は、大半の時間を調査らしからぬ事柄に費やしている。朝から顔を洗い、みなに挨拶をして、朝食をとる。さて今日は何をして過ごそうか。そんなことを考えながら、前の日に起こったことを日記につける。今日は畑で種まきをやると聞けば、カメラとフィールドノートをもって、

＊7
富の分配や平等主義をめぐっては、人類学には長い研究の歴史がある。こうした先行研究については、寺嶋（二〇〇四）を参照のこと。エチオピアの事例の考察については、松村（二〇〇七b：二〇〇八・第Ⅰ部）にまとめている。

慌てて後を追いかける。と、道すがらコーヒーの林の境界をめぐってもめている人びとに遭遇する。今日は疲れたから部屋で本でも読んでいようと寝転がっていると、物乞いの女性が家を訪ねてきて、大声で自分の不幸な境遇を語りはじめる。私のエチオピアでの「フィールドワーク」は、とにかく村人のなかでじっくり時間を過ごすということの積み重ねでしかなかった。

そうした日々のなかで、少しずつ深まっていった「所有」をめぐる謎解きは、つねに日本という国で生まれ育った私自身との「ずれ」への問いかけでもあった。エチオピアの村で起きるさまざまなことに驚き、なぜだろうと頭をひねる。そして、その「違和感」をどのように理解したらよいのか、と思い悩む。最初に村に入った時、短波ラジオが「わたしのもの」ではないように扱われたことに、大きな衝撃を覚えた。そして、エチオピアには「誰のものでも、みんなのものとして扱う」といった、日本とはまるで違う「所有観」があるのではないか、と考えていた。しかし、それは、私の想像力の欠如でしかなかった。

エチオピアの村で、人びとの富の所有と分配をめぐる攻防を目の当たりにするうちに、かならずしも、人びとの生活が単一の「所有観」だけに根ざしているわけではない、という事実に気づかされるようになった。彼らは、時にきわめて寛容に自分のものをふるまい、そして時には巧妙に富を独占しようとしていた。そこには、所有の対象となるモノや社会関係をめぐる状況に応じたふさわしい所有のあり方があり、時にその「ふさわしさ」自体が、交渉されたり、ずらされたりしていた。つまり、われわれとは異なる固有の所有観がある、という視点で「所有」という現象を理解しようとしたこと自体に無理があったのだ。そうやって、自分自身のことを振り返ってみると、はじめからエチオピアと日本との間に本質的な差異があることを前提にしてしまったことで、重大な見落としをしてきたことがわかる。

ラジオをめぐって、私が大きな違和感を覚えたのは、なぜだったのか。それは、日本ではありえないことなのだろうか。たとえば、もし、そのラジオが一緒に暮らしている家族のものだったとしたら、どうだろう。とくに断りもせずに別の場所にもっていくようなことがあったとしても、それほど不思議ではない。ここでは、「家族」という親密な社会関係における「ラジオ」の所有が、他の社会関係の場合とは異なっている点が重要になる。エチオピアにおいて私が違和感を覚えたのは、じつは「わたしのもの」がそうではないように扱われたということ自体ではなく、むしろ私と大家との間柄において、私が「ふさわしい」とは思えないかたちでラジオが扱われたことだったのだ。「ずれ」を生じさせたのは、モノの所有観ではなく、相手との関係の質をめぐる解釈のずれだったともいえる。

ある関係においてはモノがほとんど共有されるような寛容な態度がとられていても、また別の関係では、きわめて不寛容な態度がとられることになる。ただし、この社会関係とモノの所有とのつながりには、曖昧な領域がかならず存在する。人によって、その社会関係の解釈にずれが生じることは、ある意味、避けられない。大家が私のラジオを持っていた時、私が強い口調で断れば、彼は私との関係がそれほど親密でないことを確認することになっただろう。私が何も言わずラジオを持たせたことで、彼は私との関係について、モノを共有できるくらい親密なものであると感じたに違いない。少なくとも、結果として、二人がそうした親密な行動をとってもよい間柄なのだと互いに認め合うことになった。

物乞いの女性が相手の宗教の言葉で祝福を述べる時、彼女は、自分たちがモノを分かち合う親密な関係にあることを強調しようとしていた。農民がサトウキビを売る時、その相手は家族や親族の者ではない「他者」であった。親密さの強調されない者との間では、金銭を介したモノのやり取りが何のためらいもなくおこなわれる。しかし、親族や親しい関係にある村人との間では、サトウキビは分け与える対象となり、金銭を介したやり取りは慎まれるようになる。社会関係によってモノは位置づけを変え、その所有のあり方に違いが生まれる。その違いを利用して、人びとは他人の富を自分のものにしようとしたり、あるいは独り占めしようとしている。そして、ある時は国家によって「法律」で規定された土地所有が強制されることもあれば、その「法律」を村のなかで逆手にとって土地をめぐる争いを自分に有利に進めようとする者もいる。あたかも、人びとの間で所有をめぐる力学が作用しているかのように、モノやその関係の位置づけをめぐる攻防が繰り広げられているのだ。

エチオピアのフィールドワークを続けているうちに、しだいに見えてきた「所有」という問いのとらえ方は、ある文化に固有の所有観があるという単純な図式を乗り越える動態的なものになった。それは、「異文化」というものを理解する時の重要な視座を獲得する過程でもあった。私たちが「他者」との間に何らかの差異を感じる時、かならずしも彼らと私たちの間で、物の見方や価値観などが根底から異なっているわけではない。むしろ、さまざまな状況ごとに割り当てられている「ふさわしさ」の配置が異なっていると考えるべきなのだ。つまり、A社会にAという文化があり、B社会にはそれとは相容れないBという文化だけが存在しているわけではない。A社会にもB社会にも、Aという文化もBという文化も、ともに存在している。ただ、それぞれがふさわしいものとして行為されたり、許容されるコンテクストの配置が異なっているのだ。しかも、その配置は、一つの社会内部でも固定的ではない。つねにわれわれは日々の暮らしのなかで「ふさわしい」配置をめぐって確認しあったり、不満をぶつけあったり、交渉したりしている。[*8]

私たちの社会にも、富を個人で独占することを認めたり、それを当たり前のように振る舞っている状況もあれば、あきらかにそれが許されない状況もある。それは、かならずしも法律や規則だけによって定められているわけではない。日常生活のなかで、われわれはその微妙なコンテクストの推移を敏感にとらえて振る舞い方を変えている。そうした自分たちの行為に多様なあらわれ方があ

＊8　このコンテクストごとの「ふさわしさ」の配置とそれをめぐる相互行為については、松村（二〇〇七a：二〇〇八・結論）で論じている。

るにもかかわらず、つい異なる社会に住む人びとが、自分たちとは何か根本的に異なる存在であるかのようにみなしてしまう。「異文化」を理解するとは、互いの社会の多様なあり方やその可能性への想像力をもつことなのだ。

エチオピアの村に入った時には、「所有」という問いをほとんど意識さえしていなかったところから、ゆっくりと謎解きが進み、独自の物の見方を獲得していく。そうしてたどっていく調査と思考の道程は、誰も思いつかなかったような独創的なものになる可能性を秘めている。フィールドワークという経験は、いっけん行き当たりばったりの道筋をへながらも、しだいに身をもって新たな視野を獲得していく過程でもある。きっとそこには、あなたにしか見ることのできない世界の姿が待ち構えている。

参考文献

大塚和夫　二〇〇三『異文化としてのイスラーム――社会人類学的視点から』同文館出版。
杉島敬志　一九九九『土地所有の政治史――人類学的視点』風響社。
立岩真也　二〇〇四『自由の平等――簡単で別な姿の世界』岩波書店。
寺嶋秀明　二〇〇四『平等と不平等をめぐる人類学的研究』ナカニシヤ出版。
松村圭一郎　二〇〇〇「共同放牧をめぐる資源利用と土地所有――沖縄県・黒島の組合牧場の事例から」『エコソフィア』六：一〇〇－一一九。
――　二〇〇二「社会主義政策と農民・土地関係をめぐる歴史過程――エチオピア西南部・コーヒー栽培農村の事例から」『アフリカ研究』六一：一－二〇。
――　二〇〇六「土地の『利用』が『所有』をつくる――エチオピア西南部・農村社会における資源利用と土地所有」『アフリカ研究』六八：一－一三。
――　二〇〇七a「市場経済とモラル・エコノミー――『売却』と『分配』をめぐる相互行為の動態論」『アフリカ研究』七〇：六三－七六。

――　二〇〇七b「所有と分配の力学――エチオピア西南部・農村社会の事例から」『文化人類学』七二（二）：一四一―一六四。

――　二〇〇八『所有と分配の人類学――エチオピア農村社会の土地と富をめぐる力学』世界思想社。

森村進　二〇〇一『自由はどこまで可能か――リバタリアニズム入門』講談社現代新書。

第9章

フィールドにおける『超常性』のとらえかた

ガーナ南部の小人祭祀を事例として

石井美保

はじめに――「超常的なるもの」とフィールドワーク

布の後ろをのぞきこむと、部屋の隅に縞模様のバタカリを着た身長七十センチくらいのものがいる。黒い長髪が顔から足元までを覆い、からだ全体が小刻みに揺れている。「エエ、エフィア、オピアフォ！」というナナ・ボアフォの声が、それの方から聞こえる。できるかぎり首をのばし、まじまじと見つめている私をナナ・サチが引き戻し、「見たか？」とたずねる。「見ただろう。かれはそこにいるんだ」。

（小人との遭遇、二〇〇五年八月）

冒頭の文章は、私がフィールドワークをおこなってきたガーナ東部州のとある村で、「小人」と出会ったときの経験を記したものである。このように述べると、たちまち次のような質問がとんでくるにちがいない。

それは本当のことなの？　小人なんてものが本当にいるの？　本当にはっきりと見えたの？　何かのトリックではないの？……等々。

こうした問いの数々は、私たちの「常識」からすれば、まったく妥当なものだろう。普段の生活のなかで、私たちが小人と接する機会など、そうそうあるものではない。道を歩いていて小人に出くわしたり、家に小人が訪ねてくるなどということは、まずありそうもない。「小人」と聞いて私たちが思い浮かべるのは、せいぜい昔話や童話の登場人物、人びとの空想の産物としてのトロールや一寸法師でしかないだろう。つまり、私たちの「常識的」な思考のなかで、小人たちの存在は疑いもなく「非現実的なもの」としての位置を占めているといえる。

このような「常識的思考」は、小人の出現について述べようとしている私自身も、もちろんいくらかはもちあわせているものである。それだけではなく、私はさしあたって「社会科学の徒」とされる人類学者として、この出来事を記述しなくてはならないという立場に立たされている。ここで、小人というものの存在が、私にとって単に「異文化に暮らす人びとの信念」や「想像の産物」でしかないと言い切れるようなものであったなら、おそらく問題はそれほど厄介ではなかっただろう。問題は、「フィールドで小人に出会う」という出来事が、私自身にとって具体的な「現実」、あるいは経験的な「真実」であるとしか思われない、という点にある。

こうした経験を、どのようにして「民族誌」のなかに書き込むことができるのだろうか。それとも、そのような記述はそもそも不可能なのだろうか。この難問に対する答えを見つけることができないがゆえに、私にとって「小人との出会い」という出来事は、人類学的な記述や考察の対象から除外され、私的な思い出のなかに長らく封印されたままであった。本章は、この封印を破ろうとする試みの一つである。

以下に、もうすこし「学問的」な言い方で、本章における私の問題意識を位置づけなおすことにしよう。

本章の目的は、超常的な諸現象をテーマとする民族誌の可能性と、その問題を考察することである。ここで私が「超常的な諸現象」、あるいは「超常的なるもの」として念頭においているのは、妖術や呪術、精霊憑依や小人の出現のことである。これらの現象はいずれも、人びとの生活と密接に絡みあいながらも日常的な相互行為のレヴェルをはるかに超えた、なんらかの非−人間的な力や存在と深くかかわっている。また、これらの現象はいずれも、人類学者にとって直接的な「参与−観察」の対象とはなりえないものであり、したがって人びとの語りからその実体を類推するほかない、不可視の存在であるとされてきた。それにもかかわらず、あるいはだからこそ、小人はともかくとして妖術や呪術、精霊憑依は、人類学における重要な研究テーマでありつづけてきた。

だが実のところ、超常的な諸現象をテーマとしてフィールドワークをおこなうということは、どのような行為なのだろうか。また、フィールドにおいて超常的な諸現象を追いかけつづける人類学者の経験とは、いかなるものでありうるのだろうか。

こうした問いにわずかなりともこたえるために、本章では、①超常的な諸現象についての社会科学的説明とその限界、②「参与−観察」という方法の矛盾、③人類学者と超常的な諸現象との出会いという三点について、ガーナ南部の小人祭祀をめぐる私自身の経験を織りまぜながら考察していきたい。

「虚構」と「現実」の間——社会科学的説明とその限界

真夜中にフクロウとなって飛翔する妖術者や、少年を荒野に連れ去る小人たち。霊媒にのりうつって踊りまわる精霊や、呪医と闘って征伐される悪霊たち……

図9−1　精霊ティガレに憑依された司祭。

民族誌をひもとけば、こうしたまるでおとぎ話に出てくるような物語の断片に出会うことはめずらしくない。それが「呪術」や「宗教」をテーマとする民族誌であるならなおさらのこと、ページの大半は妖術や呪術や精霊憑依といった「不可思議な」出来事についての記述で埋められているにちがいない。こうした民族誌もおとぎ話も、精霊や小人や魔物たちと人間との関係を描くという点では共通している。だがもちろん、民族誌の記述はおとぎ話のそれとは異なっている。もっとも根本的な違いは、おとぎ話が妖精や小人や魔女たちを、はじめから「虚構《フィクション》」とされる物語の内部において、人間と同じくリアルな「実在」として描くのに対して、民族誌の多くは「事実」とされる物語の内部において、精霊や妖術者を人びとの語りのなかにあらわれる架空の存在として描いてきたという点にあるだろう。

いいかえれば、民族誌のなかで精霊や小人や妖術者たちは、つねに「人びとの信念」や「想像の産物」にすぎないという暗黙の注釈をつけられ、実際の「現実世界」に生起するものごととは異なるものであるとされてきた。ここでいう「現実世界」とは、原則として人類学者が参与‐観察することができ、社会科学的な方法で分析することが可能な世界であるとされる。逆にいえば、精霊や小人や妖術者の棲む世界とは、人類学者が参与‐観察することができず、社会科学的な方法による検証が不可能であり、したがって人びとの語りを聞き取ることによってのみ再構築されるような領域であるとされる。精霊や小人や妖術者の存在が、このように直接的に「観察されうる」ものではなく、間接的に「語られる」ほかない存在であることが、人類学者にとってそうした存在を想像的なもの、あるいは非現実的なものとみなす根拠となりえてきたといえる。

だが、精霊や小人や妖術者などの「超常的なるもの」について語る人びとの語りは、はじめから「虚構」とされるおとぎ話をつむぎだす物語作者の語り口とは明らかに異なっている。人びとの語りのなかで、精霊や小人や妖術者たちはきわめて具体的なディテイルをともなう生き生きとした実在と

図9-2
祭りの場で握手を交わす憑依霊。

して、また彼らの仕業は日常のレヴェルをはるかに超えながらも、人びとの生活と密接に絡み合った「事実」そのものとして語られるのである。

人類学者の多くが、妖術や呪術や精霊の存在を人びとの「信念」や「想像」であるにすぎないとしながらも、現地社会をつくりあげている重要な要素として、その記述と分析に膨大な労力を費やしてきたことの意味も、おそらくはここに求められる。たとえば一部の人類学者は、妖術や呪術、精霊憑依などの諸現象は社会に内在する矛盾や葛藤を表現し、人びとの隠れた欲望や敵意をあらわにする一方、その鎮圧や折衝を通してふたたび社会的な安定を取り戻すプロセスの一部であると意味づけてきた。[*1] また、社会変化と妖術・呪術の関係に着目したべつの人類学者たちによれば、社会変動期における妖術摘発や悪魔信仰などの常軌を逸した流行は、新たな社会状況に対する人びとの独創的な解釈や抵抗のあり方を表現しているのだという。[*2]

こうした解釈はいずれも、人びとの生活において明らかに重要な位置を占めているにもかかわらず、妖術や精霊憑依といった超常的な諸現象の核心にたやすく接近することのできない人類学者が編みだした苦しまぎれの――あるいは疑う余地もなく当然の「合理的」な――説明であったといえる。

だが、こうした一見しごく妥当であり、私たちにとって理解可能な解釈を経ることによって、肝心の妖術や呪術や精霊の存在は、人類学者が「現実的」だとみなす事柄を表現しているにすぎない、何らかの「実在ではないもの」へと矮小化されてしまう。この矮小化の過程をごく単純化して示すと、つぎのようにいえるだろう。人類学者である私は、妖術者や呪力や精霊についての人びとの語りを「聞き取る」。私はその語りを「妖術」や「呪術」、「精霊憑依」といった分析用語に「翻訳し」、さらにそれを「社会構造」や「社会変化」といった社会科学的な文脈において「説明する」。この一連の作業を通して、当初は奇妙で不可解きわまりないものにみえた妖術や呪術や精霊の存在は、

＊1
たとえば Turner (1957; 1968)、Lewis (1966) 参照。

＊2
こうした見地をとるものとしては、古典的な研究としてはランテルナーリ（一九七六）、ワースレイ（一九八一）、バランディエ（一九八三）を挙げることができる。より近年の研究としては、Geschiere (1997) と Comaroff and Comaroff (1999) 参照。

図9-3
精霊モシに憑依された女性司祭。

人びとにとっての「表象」や「抵抗手段」であるという注釈をつけられ、社会科学的解釈というフィルターを通したかぎりにおいて、じゅうぶんに「現実的」であり理解可能な事柄として私たちに受容され、了解されることになる。[*3]

　民族誌を書く上で、以上のような作業は実のところきわめて重要であり、ある意味で不可欠のものであるとさえいってよい。精霊憑依や妖術などの不可思議な現象を、私たちとはかけ離れた時空間に暮らす人びとの空想や、とるに足りない嘘っぱちとして笑殺するのではなく、あくまでも一つの「リアリティ」として、また社会事象の一部として論理的に理解し、記述しようと試みること。その重要性はいくら強調してもしすぎることはないだろう。だが、超常的な諸現象に対する社会科学的な説明や理論が洗練されていくほどに、現象それ自体は理論のヴェールの彼方に遠ざかってしまうこともまた事実なのである。

✳境界地帯に立つ人類学者――『アザンデ人の世界』から

　それでは、過剰な理論化によって現象を矮小化することなく、妖術や精霊といった超常的な存在そのものに少しでも近づくためには、どうしたらよいのだろうか。そのためにはおそらく、先に述べたような還元主義的な分析方法とは異なるアプローチをとる必要があるだろう。つまり、超常的な諸現象を「妖術」や「呪術」や「精霊憑依」といった社会科学的な分析概念に翻訳することで記述し、分析しつくそうとするのではなく、たとえば「マナ（*mana*）」や「スマン（*suman*）」、「マング（*mangu*）」などのことばに包含されるような、まさに翻訳不可能な生《なま》の現象と諸力に接近することが不可欠となるのである。[*4] このとき重要となるのは、いうまでもなく超常的な諸現象と人類学者との直接的なかかわりである。

＊3
だが、こうした説明や解釈については、それがいったい誰にとって「合理的」な説明であるといえるのか、という疑問が当然生じてくるだろう。人類学者の「合理的説明」は、はたして現地の人びとにとっての「現実」と一致しうるのだろうか。それとも、そうした一致などはそもそも望むべくもないのだろうか。この問題は、人類学や哲学において、「合理性」の普遍性と相対性をめぐる活発な議論を生みだしてきた。ゲルナー（一九七六）、ウィンチ（一九七七）、スペルベル（一九八四：七七―一三六）、アサド（一九九六）参照。

＊4
「マナ」はメラネシアにおいて呪術、呪力、呪物などの意味合いをもち（モース 一九七三：一六八）、「スマン」はアカン語で呪物や精霊を指す。また「マング」はアザンデ人のことばで妖術を指す（エヴァンズ＝プリチャード 二〇〇一）。

先述したように、従来の民族誌において妖術や呪術や精霊などの超常的な存在は、往々にして具体的現実と区別されるべき人びとの「信念」や「想像」として描かれる傾向にあった。だが、だからといってこれまでに書かれた民族誌のすべてが、無味乾燥な社会科学的言語のなかに現象を押し込めてしまったと断じることはできない。なかには妖術や呪術や精霊たちの行為や作用についてきめこまやかに、かつ生き生きと記述した民族誌も存在するのである。[*5]

こうした民族誌を読むとき、ふとつぎのような素朴な疑問がわいてくることはないだろうか。なるほど、この民族誌によれば妖術や呪術や精霊の存在は、人びとの生活のなかでたしかな実体として重要な位置を占めているらしい。それでは、それほどまでに人びとの日常生活に密着している妖術や呪術や精霊の力を、人類学者自身が実際に経験することはなかったのだろうか？

こうした疑問に対して、超常的な諸現象やそれをあやつる人びとに出会った人類学者自身の経験を主題とすることでこたえようとする試みも少なからず存在する。[*6]だが、ここで私が取り上げたいのは、透徹した論理的・客観的記述によって貫かれているかにみえる「古典的」民族誌のなかにみられる、著者の経験の片鱗である。たとえば人類学的な妖術・呪術研究の礎を築いたエヴァンズ＝プリチャードの大著『アザンデ人の世界――妖術・託宣・呪術』では、「マング」とよばれる妖術の説明のなかに、つぎのようなエピソードがさしはさまれている。

私は一度だけ妖術が移動するのを見たことがある。ある晩、小屋のなかでノートをとりながら夜更かしをしていた。そして、真夜中ごろ、いつものように、就寝前の散歩をするために槍をもって外に出かけた。小屋の裏手のバナナが植わっている畑を歩いていたとき、私は明るい光が召使の小屋の裏からツポイという男の住んでいる家まで動いているのに気づいた。（中略）その光がどこに移動しているのかを見るために大急ぎで自分の小屋を通り抜けて反対側へ回ってみたが、もうそれを見ることはで

＊5
その例として、Lambek（1978）とクラパンザーノ（一九九一）を挙げることができる。

＊6
代表的なものとして、カスタネダ（一九七二）、Stoller and Olkes（1987）、Stoller（1989）参照。

きなかった。[*7]

エヴァンズ＝プリチャードの見た不可思議な光は、はたしてほんとうに「妖術」だったのだろうか。翌朝かれは、ツポイと同居していた老人が亡くなったことを知る。もしも妖術の実在性と実効力をみとめるとするならば、真夜中にエヴァンズ＝プリチャードがみた光は、この老人を殺害するためにツポイの小屋にむかっていく妖術者の魂だったのだという解釈がただちにみちびかれるだろう。現地の人びとがかれに示した解釈は、まさにこのようなものであった。だが、エヴァンズ＝プリチャードはそうした解釈をあくまでアザンデ人の観念として提示するのみであり、妖術を「見た」というかれ自身の経験についてはそれ以上なにも語っていない。

だがそれにしても、引用した節の冒頭で、なぜかれは「妖術のような光」や「妖術とも見まがうような光」といった表現をせず、より端的に「妖術が移動するのを見た」と書いたのだろうか。[*8]またかれはなぜ、動いていく光をとっさに「大急ぎで」追っていったのだろうか。

この短いエピソードのなかに、人類学者の前提としている社会科学的な現実認識を侵食しようとするもう一つの紛れもない「現実」、人類学者の身体に肉薄し、介入してくる具体的実在としての妖術や呪術のありようをみることは、あるいは深読みにすぎるかもしれない。だが、「私は……妖術が移動するのを見た」という一文はたしかに、このきわめて豊かな民族誌の全体のなかで、じつにさりげなく人類学者の境界的な位置を暗示しているように思われるのである。

✳「参与―観察」という方法の矛盾

エヴァンズ＝プリチャードにかぎらず、超常的な諸現象を研究対象とする人類学者の多くは、

＊7
エヴァンズ＝プリチャード（二〇〇一：四一―四二）参照。

＊8
原文ではつぎのとおり。"I have only once seen witchcraft on its path." (Evans-Pritchard 1976: 11)

フィールドにおいて毎日のように妖術摘発や呪術治療、憑依儀礼などの出来事にとりまかれ、自らそうした超常的な事象を追いかけつづけている。そうしながらも、社会科学者である人類学者は、あくまで妖術や呪術や精霊の存在を「架空的なもの」とみなし、それらを紛れもない「現実」とする世界の外部において思考しようと努める。こうした人類学者の立場なり努力といったものは、超常的な現象をテーマとする人類学的調査における、「参与―観察」という方法それ自体の矛盾と限界を露呈しているといえる。以下に、この問題についてやや詳しく考えてみよう。

先に述べたように、超常的な諸現象をテーマとする人類学者にとって、自分が追究している現象の核心部分はほとんどつねに観察や検証が不可能であり、人びとの語りから聞き知るほかない間接的なものにとどまっている。したがって人類学者の多くは、妖術や呪術や精霊の存在を、人びとの「信念」や「想像」、または「解釈」という非―実在として意味づけてきた。だが、ここでつぎのように問いなおすことができる。人類学者がある現象を社会科学的な方法で観察したり検証したりすることができないということは、その現象が人びとの「想像にすぎない」ということのじゅうぶんな根拠となりうるのだろうか。

実のところ、妖術や呪術、精霊などの存在を人びとの「信念」や「想像」として意味づけることは、人類学者にとってある意味で、根本的な矛盾の上に成り立つ自己防衛ともいえる行為である。つまり、人類学者の多くが自明のものとして受け容れている、「精霊や妖術とは架空的な存在である」という公準、もしくは決まりごとは、まずもってこれらの存在が人類学者にとって観察不可能であるという前提のもとに成り立っている。一方、もしも精霊や妖術が直接的に観察・交渉可能な実体として人類学者の前にあらわれたとすれば、それによって今度はかれが立脚している参与―観察の定点、つまり社会科学的な現実認識のほうが危機に曝されることになる。*9

したがって、妖術や呪術や精霊憑依などを研究対象とする人類学者が自らの現実認識を維持し、

図9-4 精霊の社で突然憑依された女性。

＊9 同時にこのことは、「精霊や妖術とは架空的な存在である」という公準を共有している「人類学者共同体」の一員としての、かれ自身の立場を脅かすことにもなりかねない。カスタネダ（一九八二：八―九）参照。

社会科学的な参与–観察の定点を見失わないでいるためには、かれの研究対象があくまで直接的に接近することができず、参与–観察不可能な「空虚な中心」をもつことが必要なのである。こうして超常的な諸現象を主題とする人類学者は、まるで同じ極をもつ片割れを追いかける磁石のように、自分自身が追究している現象をとりまく外円の周りをまわりつづけることになる。

だが、じつは問題はそれほど単純ではない。人類学者は妖術や呪術や精霊の存在を自ら「架空的なもの」の領域に追いやる一方で、かれの暮らすフィールドにおいて、しばしば妖術や呪術の脅威にさらされ、神々や精霊の気配を否応なく感じとる。かれはときに真夜中に漂い流れる妖しい光を目にし、あるいは呪医に病を癒され、憑依霊や小人との対話をくりかえすのである。

それでもなお、社会科学者としての人類学者が妖術や精霊や小人の存在を完全に自明な実在――そうしたものがありうるとして――という意味での「現実的なるもの」としてみとめることは、おそらく到底ありえないにちがいない。だが、超常的なるものとの直接的・間接的な接触と交渉を重ねるうちに、「そんなはずはない、だがひょっとすると……」という現実認識のかすかな揺らぎ、あるいは変容の片鱗が生じてくる。[*10] ここで生じているのは、人類学者をとりまく所与の外界としての「現実世界」の一方的な変容ではなく、むしろ世界との直接的な交渉を通した人類学者自身の変容であると思われる。次節ではこの問題について、フィールドにおける私自身の経験をもとに考えていきたい。

✳「超常的なるもの」と人類学者の出会い

その声はナナ・ボアフォだった。彼は僕に、こんなふうに大きく目を開くようにといった。僕は目を開けようとした。とたんに、アッ、何かが目に入った、痛い！　いててて……　やっとのことで僕

＊10　ファヴレ＝サアダやスペルベルが述べているように、「それはわかりきったことだ、でもやはり……（I know…; but still…）」という言い方は、自明の理と思われる事柄と、一見不条理にみえる可能性との間を揺れ動く人間の心理をよくあらわしている。Favret-Saada（1980: 51-52, 125-126）、スペルベル（一九八四：一三二）参照。

は目を開けた――するとそこにはたくさんの小人たちがいた。小人たちはあっちにも、こっちにも、四方をぐるっと取り巻いていて、僕がその真ん中にいた。ナナ・ボアフォはいった。「これからおまえは我々とともに働くのだ。わしらが見えるか？」「はい」「恐くないのかね」「僕はあなた方が恐い」「いまや、我々はおまえに教えようとしているのだ。どこに力があるのか、おまえに力を与えるすべてのものを」。

（小人との遭遇：ナナ・サチ談、一九九九年）

一九九九年から現在に至るまで、私は西アフリカ・ガーナ共和国東部州の一村落で断続的に調査をおこなってきた。[*11] 中心となるテーマは妖術（*bayie*）と呪術（*sunsum bone*）、そして精霊（*suman*）と小人（*mmoatia*）の祭祀である。私は調査期間の大半を、「ティガレ」とよばれる精霊を祀る社で過ごしたが、この社は精霊のほかにも複数の小人たちと深い結びつきをもっていた。社の運営者である青年司祭ナナ・サチ[*12]は、したがって精霊ティガレに仕える司祭であるとともに、「小人の司祭（*mmoatia komfo*）」として近隣に名を馳せていた。

それでは精霊の社に出没するという「小人」とは、いったいどのような存在なのだろうか。ガーナ南部において一般に、小人たちは精霊と司祭の間を媒介する存在であり、彼ら自身で自律的な一族を形成しているとされる。小人は司祭候補となる少年を荒野に連れ去って訓練し、かれが一人前の司祭として独立すると、その社を訪れて司祭の活動に協力する。ナナ・サチによれば、小人たちは司祭にさまざまな知識や技能を授け、精霊と司祭の間を伝令として行き来している。また、一般の人びとが社にもちこむさまざまな依頼に応じて、疾病治療や未来の予知から物品の宅配やスパイ活動に至るまで、ありとあらゆる任務を遂行するという。小人たちはこのように精霊の司祭を教え導く存在である一方、ことあるごとに司祭から謝礼を徴収し、自分たちの意に添わない司祭の行動

＊11
ガーナ東部州における調査期間は一九九九年九月から二〇〇〇年三月、二〇〇〇年六月から同年一二月、二〇〇一年二月から同年三月、二〇〇二年七月から同年九月、および二〇〇五年八月から同年九月である。調査ではアカン（Akan）語の方言であるチュイ（Twi）語、エウェ（Ewe）語、英語を使用した。ただし、本章の現地語表記ではチュイ語を用いている。なお、調査地で多数を占める民族はアカン民族、グアン（Guan）民族、アダンメ（Adangme）民族、およびエウェ（Ewe）民族である。

＊12
「ナナ」とは、王や司祭をはじめ高位にある人の名に付す尊称である。本章でみるように、人間よりも高位にあるものとして神々や精霊、小人の名にも「ナナ」という尊称が付与される。

を厳しく罰し、あげくの果ては司祭の所持品を盗んでしまうといった、はなはだ厄介な存在でもある。

私が居候をしていた精霊ティガレの社と深いかかわりをもっていたのは、ナナ・シアラとナナ・ボアフォというふたりの長老に率いられた小人の一族である。ナナ・サチによれば、シアラたち一族は東部州の山岳地帯に棲息しており、通常は空気や風のようなものとして存在している。小人は遠距離を瞬時に移動することができ、空中や霊界を回遊しているが、司祭の求めに応じて社へ飛来してくる。

つづいてナナ・サチが小人を呼び出す手順を紹介したい。たいていの場合、司祭が小人を呼び出すのは、さまざまな問題を抱えた依頼者が社を来訪したときである。小人の助けが必要になると、司祭は一人で社のなかに入り、ヒョウタン製のマラカスを激しく振り鳴らして小人を呼ぶ。司祭は五分間ほどマラカスを振り鳴らしてはしばし休憩し、また振りはじめるというサイクルをくりかえす。呼びかけが始まってから五分ないし一〇分ほどが経過したころ、社のスレート屋根が微かに、やがて次第に激しく振動し始める。耳を聾する激しい振動音が約一五秒間続いた後、重い物体が屋根に激突したような「バン！」という衝撃音が生じ、ついでそれが勢いよく床に落下する音がきこえる。社の内部にいる者は振動と衝撃を体感するが、社の外側に立って屋根のあたりに目を凝らしていたとしても、衝撃の原因である物体らしきものを見ることはできない。

床に衝撃音が走ると同時に、社の奥の間を仕切っている白い幕が大きくふくらんで揺れ、中央に下がっている鈴とタカラガイが細かく震えながら鳴り始める。幕の向こうからひときわ高く激しいマラカスの音が聞こえてくると、司祭は間髪をいれず自分のマラカスを振り鳴らしてそれに応じる。両者は一五秒間ほどマラカスを鳴らし続けるが、幕の向こうでマラカスを床に放り投げた音がすると、司祭はマラカスを打ち振る手を止める。

マラカスの音が止むと、社はにわかにしんと静まりかえる。白い幕は内側から突き上げられるかのように絶えず揺れたり脹らんだりし、鈴とタカラガイが高い音で「チリチリチリ……」と鳴りつづける。これで小人を呼び出す手続きがひとまず完了したことになる。

小人が社に到着すると、まず司祭が小人に応対し、呼び出しのわけを説明する。つぎに庭で待機していた依頼者が呼ばれると、彼／彼女は履き物を脱ぎ、帽子や時計などの装身具を外して社に入る。依頼者は敬意のしるしに立てひざをつき、幕の向こうの小人に向かって「ナナ、ようこそ！」と歓迎のあいさつを述べる。依頼者は床几に腰掛けると、小人に対して自分の来訪理由と小人の助けを請うべき問題について説明する。司祭と依頼者、そして小人の三者は幕を隔てて語り合い、依頼者が抱えている問題の背景やその解決に要する儀礼などについて協議するのである。

ナナ・サチ家に滞在していた間、私もまた社を仕切る幕一枚を隔てて、しばしば小人の長老たちと語り合った。長老であるナナ・ボアフォとトウサ・クラモはチュイ語とハウサ語、英語を流暢に話し、気が向けばフランス語やジャマイカン・パトワを口にする。彼らは「アナンシ物語」と呼ばれる寓話やことわざ、謎々や昔話に詳しく、その語り聞かせの名手でもあった。[*13] 会うたびに金品を要求されたり、答えに窮するような難問でからかわれたりするのには閉口したが、小人の語るアナンシ物語は身近な知恵とユーモアに満ちており、私は村の長老たちの昔語りを聞くのとおなじく小人の語りを楽しんだ。

小人たちはこのように、それぞれが独立した存在として出現するため、精霊の社では小人と依頼者の相互交渉が可能であるのみならず、ときには一般の村人たちを巻きこんだ交渉の場が生じることもある。私がナナ・サチ家に暮らしはじめて間もないある日のこと、何の前触れもなく突如としてナナ・ボアフォが社に登場し、近隣の住民たちを交えて賑やかな掛け合いが生じたことがあった。当時のフィールドノートから、そのときの様子をみてみよう。

＊13　アナンシ物語とは愛嬌あるクモのクウェク・アナンシ(Kweku Ananse)をはじめ、人間や動植物、神々と小人たちが活躍する物語群の総称であり、老若男女を問わずアカン語系の人びとによく親しまれている。

夕方から晴れて満月の夜。夜八時ごろ、行水をしていると前庭で続けざまに爆竹が鳴る音がし、子どもたちが騒ぐ声が聞こえる。前庭に出てみると、社を遠巻きにして近所の人びとが集まっている。ナナ・ボアフォが来ており、社の入り口から爆竹を放り投げているという。火のついた爆竹が飛んでくるたびに女性や子どもたちはきゃあきゃあと笑い騒ぎながら走って逃げるが、またすぐに戻ってくる。ボアフォは入り口のすぐそばにいるらしく、だみ声がはっきりと聞こえる。ボアフォがビールとパンと「ミロ」を要求するので、シスター・オブオ（ナナ・サチの奥さん）がアジュアを使いにだす。その後しばらく静かになるが、また爆竹が炸裂。ナナ・サチは社の入り口のそばに床几を置いて腰掛ける。ボアフォに呼ばれて、合宿をしていたサッカー・チームの選手たちが集まってくる。ボアフォは選手の一人を名指しでからかい、そのたびに皆の笑いが起こる。ボアフォはビールを飲みながら長々とサッカー談義をつづける。（中略）十時ごろになると皆はだんだん眠くなってきた様子で、ベンチに座ったまま居眠りをしている選手もいる。ナナ・サチは腕時計を見て、「もう十時すぎだ。明日早いから……」と遠まわしにボアフォに告げるが、それでもボアフォは帰らない。結局、総勢三十人余りの人びとを前にして、ボアフォは十時半ごろまでえんえんと喋りつづけていた（一九九九年一〇月）。

ナナ・ボアフォをはじめとする小人たちは、このように気まぐれで知恵に満ち、危険でありながら面白おかしく、超常的でありながらきわめて身近な「隣人」として、私たちの生活世界に頻繁に出没していたのである。

＊「小人と出会う」ということ

以上のように、きわめて気安く、また頻繁な小人たちとの交渉は、「超常的なるもの」に対する

図9-5　精霊の司祭ナナ・サチと筆者。

私自身の態度や認識にどのような影響を与えてきたのだろうか。結論からいえば、精霊や小人の存在に対する私の認識は、「懐疑」から「慣れ」を経て「自然化」にむかったということができるだろう。このプロセスはまた、自己をとりまく世界／環境の微妙な変化につれて、私自身の現実感覚や知覚のあり方が少しずつ変調を遂げていく過程でもあったといえる。

この点について、ひとまずより一般的な問題として考えてみよう。私は先に、超常的な諸現象をテーマとする人類学者は、自らが拠って立つ社会科学的な現実認識を維持し、参与―観察の定点を見失わないでいるために、妖術や呪術や精霊の存在を「架空的なもの」の領域に追いやる傾向にあると述べた。その一方で、人類学者はフィールドにおける日々の生活のなかで超常的な出来事に絶えず身をさらし、精霊や妖術者や小人たちと直接的・間接的な交渉をくりかえすことになる。

このとき浮上してくるのは、人類学者の意志や思想や観念ではなく、むしろかれの「身体」にかかわる問題であると思われる。私たちが新たな環境や生活習慣に慣れていくプロセスと同様に、精霊や小人や妖術者の出没するフィールドに長く暮らし、超常的な存在との頻繁な接触をくりかえすうちに、人類学者の身体において徐々に、かつ着実に精霊や小人たちの存在が「自然的なもの」としての密度と自明性をもちはじめる。絶えず問いつづける姿勢を保ち、現象のあらゆる側面を分析的にまなざすよう努めながらも、かれの身体はしだいに超常的なるものを環境の一部として認識し、現実世界の要素として分節するようになる。なぜなら、妖術や呪術や精霊の存在は、かれがいま生きているフィールドの日常のなかに織りこまれており、生活の機微とあまりにも深く絡み合っているために、それだけを「非現実的なもの」として身体的な接触や認識から排除することは、ほとんど不可能なのである。*14

したがって徐々に、問いつづける分析者としての態度の背後から、生活者としての不問の了解が形成されてくる。人類学者はときに、呪術治療や精霊憑依の場において、問うことを忘れてただそ

図9-6　ナナ・サチに薬草を教わる。

*14　こうした「現象の自然化」とは、シュッツ（一九八〇：二六八―二七二）の言葉を用いて「自然な態度のエポケー」と言い換えることができる。また、身体を介した世界／環境の分節については市川（二〇〇一）参照。

こにいる自分に気がつく。かれは超常的なるものに満ちた世界に「住み慣れてきた」のである。

それでは、以上述べてきたような事柄は、私自身の調査において具体的にどのようなかたちであらわれたのだろうか。この点について「小人と出会う」という、およそ私たちが「現実」の一部としては了承しがたいと思われる出来事を例にとって考えてみたい。

> 午前十時過ぎ、ナナ・サチがマラカスを振ってナナ・ボアフォを社に呼ぶ。三回目の呼び出しで、バン！という衝撃音とともにボアフォが社に到着する。布の向こうから激しいマラカスの音。ナナ・サチは片手で布をたくし上げ、なかに向かって白粉と香水のスプレーを振りかける。やがて布の向こうをのぞいてみるよう、ナナが私をうながす。私は布の端から首を突っ込み、なかをのぞき込んだ。一メートル四方ほどの空間の中ほどに縞模様の小さなバタカリ[*15]が脱ぎ捨てられている。天上からは黒い角型の依り代が吊り下がっている。そのほかには何もない。キャリコの外に顔を出して「何も見えなかった」とナナに告げると、彼は祭壇の窪みにヒョウタンを差し入れて霊水を汲み、それを私のまぶたに塗りつけた。布の後ろをふたたびのぞきこむと、部屋の隅に縞模様のバタカリを着た身長七十センチくらいのものがいる。黒い長髪（縮れ毛？）が顔から足元までを覆い、からだ全体が小刻みに揺れている。「エエ、エフィア、オピアフォ！」[*16]というナナ・ボアフォの声が、それの方から聞こえる。できるかぎり首をのばし、まじまじと見つめている私をナナ・サチが引き戻し、「見たか？」とたずねる。「見ただろう。かれはそこにいるんだ」（二〇〇五年八月）。

この記述は、私がもっとも近年に小人を「見た」ときの状況を記したものである。先にみたように、ナナ・サチの社にはたびたび小人が飛来し、私はキャリコの布一枚を隔てて小人の長老たちと語りあった。こうした会談の場において、たとえば床を擦るような軽い足音や床上数十センチの高

＊15　「バタカリ」とは、一般にムスリムが着るスモックのことであるが、ガーナ南部では精霊や小人が好んでこの衣服を着用するとされている。

＊16　この一文を直訳することはむずかしいが、あえて訳せば「おお、エフィア、おみごと！」とでもなるだろうか。ちなみに「エフィア」は金曜日生まれの女性の通称であり、村での私の呼び名である。

さでともるタバコの火のように、小人の実在性をうかがわせる現象にはたびたび遭遇したが、私が小人を「見た」といえるのはわずか二度である。

私がはじめて小人を見たのは、社に暮らしはじめてわずか数ヵ月後のことだった。それ以来、二度目に小人を目にするまでに約六年の月日が経過したことになる。いずれの場合も、ほとんど同じような状況において、小人は私の前にその姿をあらわした。それにもかかわらず、一度目と二度目の経験において、小人の出現に対する私の知覚のあり方は微妙に異なっていた。要するに、二度目のときの方が一度目よりもはっきりと小人の姿をみとめることができたのである。それはなぜだろうか。

おそらく変わったのは小人の方ではなく、私と私をとりまく世界／環境との関係である。私がはじめて小人を目にしたとき、人間の生活世界であると同時に精霊や小人の存在をも含みこんだ多元的な世界としてのフィールドは、私にとっていまだよそよそしく、未分化なものであった。したがって、私は自分をとりまく新奇な世界のありようを理解するために、自分がそれまでに慣れ親しんできた現実世界——いわば、私にとっての「原-現実」ともいえるもの——の認識に基づいていたといえる。こうした状況において視覚にあらわれた小人の姿は、より覚醒した「真正な」知覚とは根本的に異なる夢や錯覚のようなものとして、記憶の領域からすみやかにこぼれ落ちてしまった。

その後、憑依霊や小人とのたびかさなる交渉を通して、私のなかでかれらの存在そのものが自然化していく過程が進行していったにちがいない。より日常的な他者とのコミュニケーションや出来事の把握に慣れていく過程と同じく、対象との身体的なかかわりの蓄積を通して、しだいに超常的な諸現象が、私にとって「現実世界」の一部と化していったのである。

同時にそれは、私自身が当の世界のコンテクストにとりこまれ、そのなかで思考し、活動しはじめるということを意味する。私は精霊や小人を擁する世界を「現実的なるもの」として認め、その

図9-7
ナナ・サチの畑で。

なかでの身の処し方に習熟しはじめるとともに、そうした世界のありようについて問うことを忘れはじめる。あるいはまるで、問い自体がだんだんと影をひそめ、知らぬ間に消えうせていくかのようである。相変わらず私は参与―観察の定点に立ち、自分の追究すべき事柄を執拗に問いつづけているつもりであるが、じつは私の問い自体が、新たな世界のコンテクストにしたがって変形しつつある。フィールドに住みはじめた当初、精霊や小人や妖術者は私にとって架空的な存在であり、ゆえにより「現実的な」社会事象を表象し、あるいは間接的に説明するものとしての位置を占めていた。かれらの存在や仕業の意味するところは、人びとの想像や解釈、あるいは私自身の分析に委ねられているかのように思われた。だが、いまや精霊や小人そのものが圧倒的な声と力と存在感を放ちはじめ、私に自ら世界の意味とありようを教えようとするのである。

このとき精霊や小人たちは、すでに私にとって馴染みぶかい生活世界に織りこまれた「実在」と化している。以前は錯覚だとして忘れ去られた小人の姿が、よりはっきりとした輪郭をもって知覚の領域にふみとどまる。ただし、それは解釈や分析以前の生きられた知覚、あるいは身体的な了解ともいうべきものであり、もはや問いや分析の対象とはなりがたいものである。

おわりに――「霊媒」としての人類学者

以上のような私のささやかな経験をもとに、人類学者が超常的な諸現象をテーマとしてフィールドワークをおこなうということについて、あるいはフィールドにおける「超常的なるもの」と人類学者との関係について、どのように考えることができるのだろうか。最後にふたたび、エヴァンズ＝プリチャードのことばに耳を傾けてみたい。

私は読者があるひとつのこと——それはアザンデの諸概念の知的一貫性ということだが——を納得してくれたことを望みたい。アザンデの諸概念は、生命のない博物館の陳列品のように並べられたときに矛盾して見えるだけである。個人がそれらを活用しているのをわれわれが見るとき、神秘的ではあるかもしれないが、それらの活用が非論理的であるとか、無批判だとさえもいえない。私はアザンデ人と同じようにそれらの概念を使ってなんの不都合もなかった。(中略)なぜなら、われわれの社会で、ひとつの常識的な概念が他の常識的な概念と論理的につながっているように、ここではひとつの神秘的な概念は他の神秘的な概念と論理的につながっているからである。[*17]

この一節のなかで、エヴァンズ＝プリチャードはあくまで妖術や託宣、呪術をめぐるアザンデ人の「概念」とその活用について語っているのであって、私が先に問題としたような、超常的な諸現象をめぐる人類学者の認識や身体感覚については、もちろん一言も述べられていない。だがここで、私たちの概念や言語があるがままの「現実世界」を忠実にうつしとり、表象するための道具であるとはいえないのと同様に、私たちの知覚が所与の世界をあるがままに認知し伝達する装置ではないことを考え合わせるとき、前記の一節は「アザンデの諸概念の知的一貫性」を確認するというにとどまらない、重要な意味をはらんでいると思われる。

つまり、この一節が喚起するのは、自己をとりまく世界／環境に絡めとられつつ、世界を分節し、創造しつづける言語と身体という問題である。[*18] さらにまた、それまでに慣れ親しんできた「現実世界」とはきわめて異質な世界にとりこまれながら、言語と身体をもって新たな世界を創りだしていく人類学者の姿である。

エヴァンズ＝プリチャードが最終的に「なんの不都合もなく」実践するに至ったように、つぎつぎと連鎖しながら意味ある世界を生みだしていく諸概念のなかで思考し行為することは、ある意味

＊17 エヴァンズ＝プリチャード（二〇〇一：六一八）参照。

＊18 この点について、詳しくは野家（一九九三）参照。

でそうした諸概念の連鎖がうみだす意味世界を「現実」そのものとして生きることにほかならない。そのことはまた、諸概念の生成とともに生まれてくる新たな世界を、自己の身体をもって感受し、分節することと表裏一体をなしていると思われる。したがって、「神秘的な」諸概念を自在にあやつり、そうした諸概念の連鎖を生みだしつつ生みだされていく世界のありように慣れ親しんでいくうちに、人類学者自身もまた「神秘的」であると同時にかぎりなく「現実的」な世界の生成と変容に否応なしに巻きこまれていくといえるのではないだろうか。

このように考えるとき、多くの民族誌のなかで暗黙のうちに「架空的なもの」とみなされてきた精霊や小人や妖術者の姿が、異なる相貌を帯びてあらわれてくる。これらの超常的なものたちはもはや、「妖術」や「呪術」、「精霊憑依」といった社会科学的な分析概念への翻訳を経ることによってはじめて、私たちにとって「理解可能なもの」としての地位を獲得するのではない。むしろ精霊や小人や妖術者の存在は、たやすく翻訳することのできないローカルな概念を用いつつ、さまざまな概念と現象の連鎖が生みだす世界を生きる人びとと人類学者の身体を通して、紛れもない「現実」そのものとして私たちの前に立ちあらわれるのである。

超常的な諸現象をテーマとする人類学者はたしかに、社会科学的な方法によっては自らの研究対象の核心部分を観察・検証することができないという、根本的な制約のもとに立たされている。だが、その一方でこうした人類学者たちは、私たちが今まさに生きている「現実世界」の揺らぎとその多重性について、あるいは言語と身体を介した世界の生成と変容について、もっとも説得的でラディカルなかたちで省察するチャンスに恵まれてもいる。このような省察を可能とするのは、分析的で超越的なまなざしの卓越性ではなく、むしろ世界を感受しつつ変容する「私」自身の多重的なありようであり、変転する世界にひらかれた「私」の不連続で不分明な存在そのものである。

したがって、超常的な諸現象を飽くことなく探究し、超常的なるものとの交渉に巻きこまれつづける人類学者は、おそらくは精霊の世界と人間の生活世界を行き来する司祭や小人たちと同じように、複数の現実世界を往来する霊媒(*okomfo*/medium)としての生を生きることになるといえるかもしれない。

参考文献

アサド、タラル　一九九六「イギリス社会人類学における文化の翻訳という概念」ジェイムズ・クリフォード、ジョージ・マーカス編、春日直樹他訳『文化を書く』紀伊國屋書店、二六一―三〇一頁。

市川浩、中村雄二郎編　二〇〇一『身体論集成』岩波現代文庫。

ウィンチ、ピーター　一九七七『社会科学の理念――ウィトゲンシュタイン哲学と社会研究』森川眞規雄訳、新曜社。

エヴァンズ＝プリチャード、E・E　二〇〇一『アザンデ人の世界――妖術・託宣・呪術』向井元子訳、みすず書房。

カスタネダ、カルロス　一九七二『呪術師と私――ドン・ファンの教え』真崎義博訳、二見書房。

――　一九八二『呪術と夢見――イーグルの贈り物』真崎義博訳、二見書房。

クラパンザーノ、ヴィンセント　一九九一『精霊と結婚した男――モロッコ人トゥハーミの肖像』大塚和夫・渡辺重行訳、紀伊國屋書店。

ゲルナー、アーネスト　一九七六「概念と社会」D・エメット、A・マッキンタイア編、松井清・久保田芳廣訳『社会学理論と哲学的分析』弘文堂、一六九―二一四頁。

シュッツ、アルフレッド　一九八〇『現象学的社会学』森川眞規雄・浜日出夫訳、紀伊國屋書店。

スペルベル、ダン　一九八四『人類学とはなにか――その知的枠組を問う』菅野盾樹訳、紀伊國屋書店。

野家啓一　一九九三『言語行為の現象学』勁草書房。

バランディエ、G　一九八三『黒アフリカ社会の研究――植民地状況とメシアニズム』井上兼行訳、紀伊国屋書店。

モース、マルセル　一九七三『社会学と人類学I』有地亨・伊藤昌司・山口俊夫訳、弘文堂。

ランテルナーリ、V　一九七六『虐げられた者の宗教――近代メシア運動の研究』堀一郎・中牧弘允訳、新泉社。

ワースレイ、ピーター　一九八一『千年王國と未開社会』吉田正紀訳、紀伊國屋書店。

Comaroff, John L. and Comaroff, Jean 1999 "Occult economies and the violence of abstraction: notes from the South African postcolony." *American Ethnologist* 26 (2): 279-303.

Evans-Pritchard, E. E. 1976 *Witchcraft, oracles and magic among the Azande*. Oxford: Clarendon Press.

Favret-Saada, J. 1980 *Deadly words: witchcraft in the Bocage*. Cambridge & New York: Cambridge University Press.

Geschiere, Peter 1997 *The modernity of witchcraft: politics and the occult in postcolonial Africa*. Charlottesville: The University Press of Virginia.

Lambek, M. 1978 *Human spirits: possession and trance among the Malagasy speakers of Mayotte* (*Comoro Islands*). Ann Arbor: University Microfilms International.

Lewis, I. M. 1966 "Spirit possession and deprivation cults." *Man* 1 (3): 307-329.

Stoller, Paul 1989 *Fusion of the worlds: an ethnography of possession among the Songhay of Niger*. Chicago: University of Chicago Press.

Stoller, Paul and Chelyl Olkes 1987 *In sorcery's shadow: a memoir of apprenticeship among the Songhay of Niger*. Chicago: University of Chicago Press.

Turner, Victor 1957 *Schism and continuity in an African society: a study of Ndembu village life*. Manchester: Manchester University Press.

——— 1968 *The drums of affliction: a study of religious processes among the Ndembu of Zambia*. Oxford: Clarendon Press.

c o l u m n

フィールドワーカーの育児休暇

二〇〇五年九月から半年間、兵庫県尼崎市の阪急・武庫之荘駅から一五分ほど歩いた住宅街で、私たち家族は三LDKの部屋を借りて暮らした。

朝起きると、妻は私と長男（三歳）、次男（一歳）のために朝食を作り、洗濯機を回してから仕事に出かける。私は食事の後のテーブルを片づけ、洗濯物を干してから、子どもたちを連れて公園に向かう。子どもたちと遊び、買い物をし、夕食を作って妻の帰りを待つ。武庫之荘で暮らした半年間、私は「主夫」だった。

育児休業を取ろうと決めたのは、新聞記者になって四年目のことだ。それまで丸三年にわたり産休と育休を取り続けた高校教諭の妻に替わり、家事と育児を引き受けた。

半年間自宅で引きこもるわけにもいかないからと、「公園デビュー」したのは育休二日目だ。長男の乗った三輪車の押し棒を右手で、次男のベビーカーを左手で押して、近所の公園に足を運んだ。

平日の公園に子連れの父親は似つかわしくないらしく、入れ代わり立ち代わり訪れる母親たちが、ちらりちらりとこちらを振り向いた。それはちょうど、学生時代に滞在したエチオピアの街角で私たち「白人」に向けられたのと同じ種類の、奇異な「よそ者」を見る視線に感じられた。

そんな居心地の悪さを子どもたちは軽やかに飛び越えた。車好きの長男は、ほかの子が持っているミニカーに目をつけると、すきを見て奪い取ってしまった。私は長男の肩に手をかけて「お友達に『ごめんね。貸してね』って言うんだよ」とたしなめながら、相手の母親に「すみません」と目配せした。別の一歳そこそこの男の子は、落ち葉や木の枝を拾い集めてすたすたと私に近寄り、「はい、どうぞ」と渡してくれた。今度はその子の母親が私に「すみません、この子、男の人が大好きで」と笑顔で話しかけてきた。

私たち親子は毎日のように公園に通った。そうして少しずつ常連になった。

ある日、長男がすべり台のすべる部分を下から登ろうとして、高さ二メートルほどのところでバランスを崩し、頭から地面に落ちてしまった。泣き叫ぶ長男を抱えておたおたする私に、周りのお母さんたちが「落ちてすぐに泣き声を上げたから、きっと大丈夫」「うちの子が頭を打った時は、〇〇病院に行けばすぐにレントゲンを撮ってもらえましたよ」などと、口々に実践的なアドバイスをくれた。

フィールドで「生きる」ことを通してそこにいる人びとについて知る営みがフィールドワークだとしたら、私にとっての公園はひさびさのフィールドであり、「ママ友」との会話はフィールドワークだった。

新聞記者の仕事は、現場に出かけて見聞きしたことを文章にまとめるという点で、人類学者に似ている。だが、決定的に異なるのは時間の使い方だ。

記者の場合、多くの仕事は一日一日の締め切りが勝負。日常的な事件や事故の取材は現場に出かける余裕もなく、警察署などへの電話だけで済ませることもある。「できるだけ現場へ」とは思うものの、記者になって数年が過ぎ、電話取材の便利さに慣れてしまった部分もある。

〇六年四月に育休から復帰し、保育所探しのルポを書いた。赴任先の神戸市は、保育所に入りたいのに入れない「待機児童」が全国で三番目に多い街だ。我が家の子どもたちも認可保育所に空きがなく、しばらく無認可の保育園に通った。ルポでは実体験を軸に、待機児童の解消を目指す市の対応や苦悩も取材して記事にした。子を持つ親としての「皮膚感覚」は、育体というフィールドワークを通して得たものだったと思う。
何も実体験のルポに限らない。フィールドで得る感覚に根ざした記事には、説得力と面白さがきっとある。忙しさを言い訳にせず、フィールドワーカーの精神を、もっと仕事に生かしたいと思っている。

左古将規

COLUMN

「フィールドからの宿題」
日系アメリカ人との出会いが私に与えてくれたもの

「これを書いて、いったい何人が読むのだろう。フィールドで出会った人たちにあれだけの労力をさいてもらったこの論文は、誰が読んでくれるのだろう」。修士論文を書きながら、私はこんな事ばかり考え続けていた。出した答えは「どうせ書くなら、数百万人の人が読む新聞に書こう。その方が時間をさいて私に話をしてくれる人も何かを実現できるはず。その存在にも光が当たるはず」というものだった。研究室を去り新聞社に就職した。その新聞記者も三年で辞め、今は二歳と〇歳の兄妹の子育てに追われる日々だ。

さて、赴任した松山支局（愛媛県）は記者数も少なく、駆け出しの私でも、事件事故、司法、選挙、スポーツ、教育など何でも担当した。仕事は精神的にも体力的にもきつく日々を乗り切るだけで精一杯だった。パソコン、取材資料、デジタルカメラが入った仕事用かばんはとても重く、右肩でしか持てなかった。そのせいか健康診断で医師に「背骨が曲がっていますよ」と言われたこともある。たしかにレントゲン写真の私の背骨はみごとに曲がっていた……。それでも、記者の仕事は楽しかった。読者や取材先など多くの人が記事を読んでくれ、よくも悪くも反応がすぐに返ってくることが本当に嬉しかった。

私は修士論文で日系アメリカ人の「永眠の地」の選択をテーマに取り上げた。そのため、日系アメリカ人、移民には反応したし、取材するよう心がけた。自分がフィールドや大学院でお世話になった人たちに対し、遠まわしではあるが恩返しになると考えたからだ。

愛媛県では、二〇〇一年二月、県立宇和島水産高の実習船「えひめ丸」が米原子力潜水艦に衝突されて沈没し、乗船していた実習生を含む九人が犠牲になるという痛ましい事故があった。私が入社した二〇〇二年当時も、米海軍と被害者の補償交渉、救助された元実習生らのPTSD（心的外傷後ストレス障害）の問題など、事故は大きな関心を呼んでいた。

ある日、通信部の記者がホノルルにある事故犠牲者慰霊碑の清掃ボランティアをしているハワイの高校生がいるという情報を得た。支局で唯一英語を話す私がアメリカに電話取材することになった。取材を進めるうち、活動していたのは日系四世やアジア系アメリカ人などの生徒らで構成する現地の私立高の日本語クラブメンバーだと分かった。修士課程時にアメリカでおこなったフィールドワークで、お世話になった日系の方たちの顔が頭をよぎった。是非、彼らの声を日本の読者に伝えたい。何度もハワイに電話をかけて補足取材をおこなった。学校へ、自宅へ、昼夜を問わずかけた電話に、顧問の女性教諭は熱心に答えてくれた。

大学院でおこなった米・ロサンゼルス、ハワイの仏教寺院でのフィールドワークでは、多くの日系アメリカ人のライフヒストリーを聞かせて頂いた。その際、彼らが必ず口にしたのは太平洋戦争の際、祖国日本が敵国となったことであり、その過酷な体験は私の心にもっとも印象深く残った。それゆえ、高校生らが事故に心を痛め「日系の高校生として事故当時、悪化した日米関係に対して何ができるかを考えた結果（始めたボランティア活動）だった」、「同じ高校生が四人も亡くなったことにショックを受けた。何かしたい」と話した時、私はどうしてもこの言葉を伝えたいと思った。

活動はこれらのコメントとともに社会面に大きく掲載された。その後、彼らは日本のテレビ局の取材も受け、私は全国ニュースではじめて彼らの笑顔を見ることができたのだった。記事を読んだ高校生からは「記事のおかげで自分たちの行動が認められ、励みになった」と言ってもらえた。彼らとはその後も連絡を取り続け、「日本に留学したい」、「日本とアメリカの架け橋になるような仕事がしたい」などうれしい話を聞くことができた。活動を知った水産高生との交流も始まった。それらはできるだけ記事化するよう心がけた。

フィールドでの出会いは私にとって一生「肩の荷」であり続けると思う。フィールドで出会った人たちに恩返しをしなくては、という気持ちが、子育てに流されそうな今の私を引き留めている。

平賀綾子

column

市民との交流

目を覚まして、カーテンを開ける。目の前には大きく裾野を広げた富士山がそびえる。今日も一日よい天気になりそうだ。

晴れた日には、市内のほとんどの場所からこうした朝を迎えることができる静岡県富士市。北は富士山、南は駿河湾に面し、製紙と製茶が盛んなこの町の博物館に、私は二〇〇四年の四月から民俗担当の学芸員として勤務している。それまで、この地のことをほとんど知らなかった私が、市の博物館の学芸員として充分に務めることができるのだろうか。そんな一抹の不安を抱きながら、この地での生活はスタートした。

だが、同じような感覚をかつて私は一度経験していた。それは、山と人との関わり合いの姿を明らかにする目的で、長野県下水内郡栄村秋山郷という山村にはじめてフィールドワークへ向かう電車の中で抱いていた不安であった。不安を抱きながらフィールドワークを始めた私であったが、当初は、山と人との関わり合いの姿を明らかにするための具体的な方法がなかなか決まらなかった。そのため、フィールドワークに向かうたび、不安がどんどん大きくなっていた。しかし、その不安は、山田房江さん、文一さん親子との出会いで解消することとなった。山田さん親子は、テント暮らしや空き民家を借りながら調査をおこなっていた私を見かねて、居候することを許してくれたのである。

山田さん親子と同じ屋根の下で暮らし始めた私は、山菜やキノコなどの採集や、薪ストーブに使う木の切り出しといった山の仕事に同行させてもらうようになった。そこで驚きとともに発見したのが、彼らの山に対する知識の豊富さであった。その知識に対する純粋な興味とともに、彼らがどのように山地の資源を利用してきたのかを明らかにすることによって、山と人との関わり合いの姿を描いていく、はじめの一歩になるのではと考えるようになった。

こうして、心に抱いていた不安は、いつしか無くなり、私は山菜やキノコといった野生の食用植物や、トチノキを使った木鉢製作などの山地資源の利用に注目し、秋山郷に足しげく通うようになった。その結果、私は山田さん親子以外にも多くの村人と出会い、そして今もなお、秋山郷の人々から調査対象に限らず、多くのことを学ぶ機会に巡り会えている。このことは、私にとって、かけがえのない大きな財産となっているのである。そして、この経験は、学芸員という仕事においても、大きく役立っている。

民俗担当の学芸員として、現在私が任されている仕事は、富士市の民俗についての展示や体験学習などの企画や運営が中心となっている。また、そうした仕事をおこなっていくための基礎的な業務として、調査研究や民俗資料の収集・保管などの仕事がある。

そして、これらの仕事の多くの場面では、富士市に住む人びととの交流が生まれているのである。現在、博物館で受け入れる民俗資料の多くは、市民からの寄贈が中心となっており、そうした資料には、寄贈者の暮らしを明らかにするための多くの要素が詰まっている。また、寄贈品の一つが、企画展のテーマを決定するのに、大きなきっかけとなる場面もある。企画展や体験学習を企画・準備するためには、市民からの聞き取りが必要不可欠であり、時には講師として、企画展や体験学習に参画していただく場合もある。

言い換えれば、博物館で私が担当している仕事は、富士市に住む人びとから様々なことを学び、それを展示や体験学習といった形にしていくことである。こうしてみると、現在の仕事は、秋山郷におけるフィールドワークを通してこれまで経験してきたことと多くの点で似ているところがあり、富士に住む人びととの交流が生まれる場面でおおいに役立っている。

そして今日も私は、富士に住む人びととのあらたな交流に期待しながら、博物館へと向かうのである。

井上卓哉

フィールドワークの〈終わり〉に

第IV部

他者と通いあう

第10章

私とフィールド、そして文化人類学

三田　牧

✳フィールドにゆきつくまで

私のフィールドは沖縄とパラオである。ともにサンゴ礁を抱く海に囲まれた美しい島であり、ともに日本による支配や統治を経験した土地である。*1

これらの土地になぜ私が関心をもったかをつきつめて考えると、私が日本人であることに根ざしているように思われる。高校生のころ、在日韓国人の同級生が悩み、戦う姿を見るなかで、日本による植民地支配は現在も終わっていないことを知った。そして、自分が「支配者・日本人」であることを強く意識しはじめた。「同情してほしいのではない、理解してほしいのだ」という彼女の言葉が深く心に残った。しかし私がこの問題意識を本格的に育ててゆくのはもう少し後のことになる。

大学生になって私は臨床心理学科に入ったが、あまりまじめに心理学を勉強したとはいえない。ただ、当時最も親しかった友人を理解しようとすることに関しては真剣だった。大きな苦悩を背負っ

*1 沖縄は一八七二年、明治政府によって琉球藩とされ、一八七九年に「琉球処分」を受け沖縄県となった。パラオは一九一四年から一九四五年まで日本による統治を受けた。

たその人とのつきあいは消耗するような大喧嘩と和解の連続で、その結果私が学んだのは、「他者を理解することはかぎりなく不可能に近い。でも理解しようと努力することには意味がある」ということだったと思う。二一歳の時、一人ではじめて海外に出た。たった二週間の語学研修を主目的とした旅だったが、語学学校に集まるさまざまな国の人たちとの出会いは刺激的だった。臨床心理学では個々人の心のなかに分け入って他者を理解しようとする。しかし文化を単位とした他者理解もよいではないか。そう思った私は大学院では文化人類学を専攻することにした。

さて、大学院に入ったものの、私はいきなりつまずいてしまった。文化人類学的な「問い」の立て方がまるでわからないのである。研究計画を何度もつき返され、論文や本を読んでもその内容は頭を素通りしてしまう。私生活も混乱し、私は何のために文化人類学を学ぼうとしているのかよくわからなくなってきていた。すでにフィールドワークを何度も経験したり、文献研究でよい成果をあげはじめたりしている同期生たちのなかで、私一人飛び方を知らない小鳥のようにとまどっていた。

とにかく調査地は沖縄に決めた。それは高校生の時以来の問題意識にもとづいての選択である。はじめて沖縄を訪れたのは一九九五年の夏。新聞に「五〇年目の終戦記念日」について記事が掲載されていたのをおぼえている。この沖縄訪問は、具体的な研究テーマを立てるための予備調査であり、私は沖縄のさまざまな側面を足早に見てまわることにした。基地の町コザや、有名な御嶽（ウタキ：聖地）のある知念村、那覇の市場街、焼き物で有名な壷谷、漁師町糸満などあちこちを歩き、スケッチブックに絵を描いた。

具志川の基地のそばでは、騒々しく車で走り抜けていった米兵たちのまなざしに恐怖を感じた。それは占領軍のまなざし、つまり地元の人間を見下す視線と直感したからである。その一方で、向こうから歩いてきたおばあさんと孫が、「ネーネー（お姉さん）だねえ」と言って私とすれちがっていったことに安堵し、この人たちはあの米兵のまなざしと隣りあわせで暮らしてきたのだと思った。しかしこのような問題を正面から研究テーマにすることには抵抗があった。早い話、私は怖かったのだ。

一方で、私が強く惹かれたのは那覇や糸満の市小（マチグワー：市場）だった。那覇には戦後闇市から立ち上げられたという広大な市場街があった。また漁師町糸満の市小は、規模は小さいが港と直結しており、生産から販売のつながりが見えやすかった。いずれの市小でも主たる売り手は女性たちで、狭い場所に身を寄せ合い、めいめいの商品を並べていた。そこにはスーパーマーケットにはない「沖縄らしさ」が満ちていた。なんでもいい、市小の品物を手がかりにして沖縄の生活文化を調査したい。そんな思いから、私は糸満の魚市（イユマチ）をフィールドにすることに決めた。

糸満に飛び込む

なんとか研究計画を立て、糸満に旅立ったのは一九九六年二月末のことである。調査のやり方など知りもしなかったが、それははじめて手にしたフィールド調査の機会であり、うまくできなければこれっきり最後になってしまうかもしれない調査だった。

朝六時、まだ暗い糸満の路地を歩いてセリ市場に向かった。セリ市場は黄色い光にてらされ、ぬれたコンクリートの床には色とりどりの魚が並べられていた。魚を見て歩く魚売りのアンマー[*2]（女性）たち、そしてそれを遠巻きに眺める海人[*3]（ウミンチュー：漁師）たち。聞きなれない方言がとびかうなか、私は強い緊張を感じていた。とりあえず魚の写真をとってみたり、そばを歩く人に「この魚、なんて名前ですか」と聞いてみたり、おずおずと調査らしきものをはじめた。そんな私を糸満の人のなかに引っ張り込んでくれたのは、たまたま酔っ払って機嫌がよかった海人だった。

＊2
沖縄方言で「お母さん」のことを「アンマー」と呼ぶ。大まかにいうと子どもをもつ年齢以上の女性一般を指す言葉でもある。

＊3
沖縄方言で漁師のことを海人（ウミンチュー）と呼ぶ。ウミンチュと短くいうこともあれば、ウミンチューと語尾を伸ばす場合もある。糸満では両方の発音が見られた。

すめられた。

「ネーネー（お姉さん）、ちょっと、ちょっと」こう呼ばれて近づいていくと、マグロの刺身をすすめられた。

「食べて」

見ると、酔って赤い顔をした海人たちがにこにこしている。

「食べて、食べて」

みんなで勧めてくれる。私は自然にこの海人たちの輪に入っていた。

なんだかよくわからないが、このちょっとした出来事がきっかけで、私はすっかりうれしくなってしまった。躊躇やとまどいはあっさりと吹き飛び、ぞくぞくと興奮が体内をかけめぐった。これならやれそうだ、そんな気がした。

糸満は琉球王朝の時代から漁撈集落として有名である。[*4] 糸満では漁は男の仕事、男がとった魚を売るのは女の仕事であった。もともとはカミアキネーと呼ばれる行商が主体であったが、調査時には店を構えての商売が多くなっていた。魚屋を沖縄では「魚屋（イユヤー）」と呼ぶが、港に程近い糸満公設市場には四軒の魚屋があった。隣接した「あんまー魚市」は魚専門の市場で、もともと路地販売をしていたアンマーたちがそこで商売をしていた。この市場には魚屋が六店舗あり、その他に朝だけ魚をそこに運びこんで売るアンマーが六人いた。また、市小でなくとも糸満の町にはそこかしこに魚屋があり、アンマーが商売をしていた。さて、そもそも私が関心を持ったのは市小だったので、私は市小の魚屋を見てまわり、アンマーと話をするきっかけを探した。しかしいきなり見知らぬ人に声をかけるのは難しいものだ。何度か魚市を素通りした後、チャンスがやってきた。公設市場のアンマー、としこおばさんが、声をかけてくれたのである。もちろんおばさんは私が魚を買いたいのだと思って声をかけているのだから、魚を買うのが礼儀だろう。私は夕食に食べる刺身をひと盛り買った。刺身といってもスーパーのようにあらかじめ盛られてパックされているとは限

図10-1　糸満の市小（マチグワー）。小さな店が肩を寄せ合っている。

*4　野口（一九八七）、上田（一九九一）、加藤（一九九〇）などを参照のこと。

らない。私と話をしながら、おばさんは私に見合った量と値段の刺身を盛り付けて、わさびとビニールの小袋に入れたしょうゆをつけてくれた。その魚を受け取るまでの会話のなかで、私は自分が京都の大学院生であることや、糸満の市小の魚屋で魚食文化について勉強したいと思っていること、近くの素泊まりの宿で自炊生活をしていることなどを話した。としこおばさんは「また明日もおいでよ」と言ってくれた。調査をさせてほしいとまではいえなかったが、とにかく魚売りのアンマーと話ができた。調査の滑り出しは上々だった。

次の日も、セリから一日が始まった。ずらりと並んだ魚をいちいち写真にとり、片っ端から方言名を聞いていく。初日のようにもじもじしてはいない。近くにいる人をつかまえては、「この魚、なんて名前ですか」と聞いていく。こんなことを毎日続けていけば自然に多くの人と顔見知りになるし、奇想天外な色形をした魚の名前を覚えていくのも楽しかった。魚の名前というのは誰にとっても秘密ではないから、誰もが気楽に答えてくれたし、楽しい調査になった。あるおばあ[*5]は私のことを「イユンナー、留めて歩くネーネー（魚の名前を記録して歩くお姉ちゃん）」と呼んで笑っていた。こんな調子で海人にもアンマーにも知り合いが増えてゆき、約一週間後には私は公設市場のとしこおばさんの店と和枝おばさんの店で手伝いをしながら調査をしていた。

市小に顔見知りが増えると、あちこちから食べ物をもらうようになる。バナナを一本食べてセリに行き、セリが終わると魚を追いかけるように市小へ行く。市小では魚売りだけでなく、肉屋も野菜屋も品物の搬入に忙しくしている。みんな朝ごはんを食べながら仕事をしているから、「あんたも食べるか？」と、サーターアンダーギー（油菓子）やらおにぎりやら缶コーヒーやらをくれる。ありがたく受け取ると、「この子は何でも食べるから」と言って、また次の機会にも何か食べさせようとしてくれる。「あんたはヨーガラー（やせっぽっち）だから」と心配してくれている向きもあったが、どうも親切にすること自体が楽しみであるようだった。

＊5
「おばあ」とは「おばあさん」、「おじい」とは「おじいさん」のこと。沖縄では愛情を込めて「おばあ」「おじい」と呼ぶ。

図10－2
セリの光景。色とりどりの魚を吟味する。

市小での魚屋の手伝いは、おばさんの後ろで待ちかまえ、さばかれた魚やきれいに盛り付けられた刺身を包んでお客に手渡すというものだった。はじめは何もかもが珍しく、粗相のないように手伝いをするのに精一杯だったが、そのうち調査の焦点が見えてきた。私はアンマーの魚についての知識と、買い手とのやりとりに注目しはじめた。

✳「糸満の魚」を売るアンマーたち

アンマーたちは魚についてじつに多くを知っている。新鮮な魚の見分け方や毒の有無の判断の仕方、それぞれの旬や味、肉質、なかには薬効があるとされる魚もある。これらの知識をもとにアンマーたちはセリで魚を吟味し、いざ魚を売る時には買い手を前にこれらの知識を織り込んだ「語り」をする。ではアンマーたちは、魚についてどんなことを買い手に伝えているのだろう。いくつかの事例から、糸満に生きる魚の価値観の一端を紹介しよう。

〈薬になる魚〉

糸満では特定の魚や海洋生物に薬効があると考えられている。たとえばイカのスミもそうである。

事例一　買い手：高齢の女性

買い手「イカ、グナーグワ（小さいの）ねーらんなあ（ないかね）?」

アンマー「これ、〇〇円」

買い手「まぎさん（大きい）よ」

アンマー「グナーグワ（小さいの）になると値が上がるから、これがいいよ。クリ（すみ）、あっちのほうが多いから交換しようね」

他のイカのスミをつけてアカイカ〔アオリイカ〕[*6]が売れた。

このやりとりで問題とされたのは、イカの大きさと値段、スミの量である。買い手は小さいイカを求めたが、そのイカはたまたまセリ値が高かったので、大きくて安いイカが薦められた。また、このやりとりからは、イカのスミが重視されていることがわかる。沖縄ではイカをスミ汁にして食べることが多い。また、イカのスミは「クスイムン（薬になるもの）」と考えられている。その代表的な効能としては、「スミが沸騰する前に火を止めればサギグスイ（下げる薬）になり、よく煮るとトメグスイ（止める薬）になる」というものである。サギグスイには何でも下げる効能があり、「便秘が治る」とか「産後の内臓をすっきりさせる」などと言われる。「トメグスイ」はその逆で、何でも止めて下痢などが治るとされる。

イカスミだけではない。たとえばカマンタ【エイ】もサギグスイ（何でも下げる薬）で、「食べたらすぐにトイレに駆け込んだ」という話や、「予定日を過ぎても子どもが生まれてこない妊婦に食べさせたらすぐに子どもが生まれる」という話を聞いた。また、透析をしている人から注文があったといって、アンマーがセリでカマンタを探していたこともある。

〈旬の魚〉

アンマーと買い手との間では、魚の味や旬が当然話題にのぼる。

事例二　買い手：中年の女性

買い手がヤキー〔アマミフエフキ〕を買うことにする。

＊6
魚介類の名称は基本的に方名で記し、〔　〕内に標準和名を記す。また、いくつもの種を包括する方名に関しては【　】内に和名を記す（たとえばカマンタ【エイ】など）。また和名が糸満でも定着している場合は和名を用いる。たとえばマグロにはスビという方名があるが、現在ではマグロと呼ぶのが糸満でも一般的であるため、マグロと表記する。

買い手「半身は刺身、半身はおつゆ用に（さばいて）ね」
アンマー「今はミーバイ【ハタ】よりこれがおいしいんだよ。ヒンガンタマン（彼岸のタマン）っていって」

ここにみられる「ミーバイよりおいしい」という発言は、ミーバイが糸満ではもっとも値が高く、美味とされていることに基づいている。ヤキーという魚は「ヤキータマン」とも呼ばれ、「タマン」の仲間と分類される。春の彼岸の頃、タマン（ハマフエフキ）やヤキー（アマミフエフキ）が産卵のために群れを成す。このアンマーはこの時期のタマンやヤキーを美味と認識しているようである。

〈漁法による違い〉

アンマーの魚販売では同じ魚種であってもその漁法によって魚を区別することがある。たとえば同じマグロでも、沖縄近海に浮かべた人工の魚礁（パヤオ）周辺でとれたマグロと遠方の海でマグロ船によってとられたマグロは区別される。前者は「パヤオマグロ」後者は「本船マグロ」と呼ばれる。

事例三　買い手：料理屋の男性
料理屋の男性がマグロを塊で買いに来る。
アンマー「これさ、本船もの。仲買業者が持ってきたけど、あんまり上等でないよ」
そう言ってマグロを見せながら、アンマーは次のように言い添える。
「でもパヤオは変色するけど、これ（本船マグロ）、色はきれいだよ」

このアンマーによると、「パヤオマグロ」は船の冷蔵設備が簡便であるので変色しやすいが、操業期間が短いので新鮮である。それに対し、「本船マグロ」は冷蔵施設がよいので色は美しいが、漁が長期にわたるので鮮度は劣る。この事例においてアンマーは、マグロが本船マグロであることと、仲買業者が持ってきたものであって自分で選んだものではないこと、「あまり上等でない」こと、そして「色はきれいである」ことに言及している。このように、アンマーが自分から進んで魚の欠点に言及することはしばしばみられた。この事例ではとくに買い手が料理人であったことから、信用を落とさないためにも魚のマイナスの評価をあえて伝えたと考えられる。

このように、アンマーの魚販売では魚についてさまざまな語りがなされる。アンマーとのやりとりを通して魚は糸満の魚食文化に位置づけられ、「自然物としての魚」から「糸満の魚」に変換されるのである。

糸満アンマーの魚売りの調査を通し、市小に生きる糸満独自の魚の価値世界を抽出・記録することが私の修士課程での仕事となった。[＊7] 沖縄の人は沖縄以外の日本を大和（ヤマト）、そこに住む人を大和人（ヤマトゥンチュ）と呼ぶが、この研究は市小に生きる「沖縄らしさ」、すなわち沖縄の頑として大和化しない部分を具体的に詳らかにしたと言える。しかし研究を始める前段階での関心と比較すれば、「大和（日本）−沖縄」関係への問いかけが十分なされたとは言いがたい。

大和人である私

この修士課程での研究をきっかけに、私は文化人類学の研究者として沖縄に関わっていくことを心に決めた。博士課程の研究では、アンマーの魚の知識と対をなす海人の海をめぐる知識を追いか

＊7 川端（三田）（一九九八）にこの成果の一部を発表した。

図10－3 おばあたちは長年魚を売り続けてきた。

けた。糸満の海人たちは魚の行動や潮の流れ、風、海底地質などを読みながら漁をおこなってきた。この「海を読む」漁に漁撈技術の進歩がどのような影響を及ぼしたのか。[*8] また、開発などにともなう海洋環境の変化に海人がどのように向き合ってきたのか、[*9] という問題に取り組んだ。「飛び方を知らない小鳥」は今や自由にフィールドを飛んでいたのである。糸満（沖縄）について何でも知りたい。そんな気持ちから、いくども糸満に足を運び、いつしか一〇年がたった。忘れられない出会いや別れをいくつも経験し、糸満、ひいては沖縄はかけがえのない場所となった。しかしその一方で、私は少し距離をおいて沖縄を見つめる視線も身につけていった。沖縄との距離感は最初、「息苦しさ」として感じられた。海人や魚売りのアンマーたちと話しているなかでそれを感じたのではない。むしろ「沖縄で暮らす」というより大きな文脈のなかで、沖縄を覆う透明な繭の存在を感じはじめたのである。

沖縄で暮らすうちに、同世代の沖縄の人たちと話したりつきあったりする機会も増えた。彼らの多くは自分が日本人であるということに疑いを抱いていなかった。そして沖縄の置かれた不平等な境遇に意識的な若者は驚くほど少なく、「基地は生まれた時からそこにあったから…（とくに問題だとは思わなかった）」という意見も聞いた。もしその人が一歩沖縄を離れてみれば、沖縄に強いられた理不尽な犠牲はいくらも目に付いたことだろう。こういったことは沖縄のなかにいてはかえって見えにくいのかもしれないと思いつつ、物足りなさを感じたことは否定できない。もちろん自分が犠牲を強いている大和の人間であることは百も承知の上で感じたことである。それは戦争や戦争につながる軍事基地に魂をかけて反対する沖縄戦体験者の意識とはかけ離れたものに思えた。

また、これは男性に多かった気がするが、沖縄から外に出ない若者が多いことも目に付いた。地元志向といえば聞こえはいいが、まだまだ差別や不平等うずまく大和に行くよりは、地元にいるほうが心地よい、そのような弱さにも映った。その一方で、たくましく県外や海外で暮らす若い人も

＊8　三田（二〇〇四：二〇〇七）にこの成果の一部をまとめた。

＊9　三田（二〇〇六）にこの成果の一部をまとめた。

図10-4　糸満アンマーたちと私（前列中央）（撮影：上原政幸氏）

あったが、そのような人のなかには「沖縄にいては潰されてしまう」という意味のことを漏らす女性もあった。沖縄では兄弟姉妹の関係において男が甘やかされるという構図が根強い。女性は「オナリ神」としてその兄弟を守護する役割を担っている。沖縄にいると潰されてしまうと言った友人は、「男性のサポートをする女性」という役割を振り切るために大和に逃げてきているように見えた。

こんな些細なことの積み重ねであるが、私は沖縄という社会の閉塞性を実感するようになり、それを「息苦しい」と感じるようになっていったのである。反面、社会の小ささは密接な親族や地元の紐帯の証でもあり、大和には見られないあたたかさが沖縄にはある。道を行く老人が荷物を重そうに持っていれば、若者が代わりに持ってあげたり、車に乗せてあげたりする。そういうことがあたり前になされる。また、どこにも人の目がゆきわたっており、孤独な生活を余儀なくされるということがめったにない。年寄りや子どもが生き生きとしている、それが沖縄の何よりもいいところだと私は思う。

沖縄への憧れも息苦しさも、すべて私が外部の人間だからこそ感じたことだろう。沖縄で調査を始める前はただ観念として抱いていた「日本人（大和人）としての私」が、経験を通して体得されていったことになる。調査をしていた時、あるおばさんに言われたことがある。

「牧ちゃん、あんた糸満のことをこんなに勉強してえらいさ。でもさ、本当は沖縄の人にこういうことをやってほしかった」

この言葉は、私にとってはショックだった。もちろん話した人の気持ちはわかる。文化を担う当事者が自己の文化について学ぶことが意義深いのは当然のことだ。しかしその一方で、思うのである。他者が学んでこそ開ける道もあると。

大和人は沖縄人にとって他者ではあるが、深く関わりあう他者である。私にとって沖縄を知ることは大和を知ることでもある。大和人である私だからこそできることがきっとあるはずだ。この思いは、文化人類学の研究者としてフィールドに対して何ができるかを問うことにつながっていった。

✳研究者である私

沖縄での研究をはじめて一年後、私はパラオでも調査をするようになった。パラオは戦前に沖縄の人たちが多く移民した場所であり、漁業移民も多かった。私は糸満での研究を展開する意味でパラオをもう一つの調査地として選んだのである。

パラオに行って驚いたのは、日本統治時代の影響の強さである。私がホームステイさせてもらった家のお母さんは、戦争が始まるまでの一年間公学校[*10]に通い、日本語での教育を受けた。私は彼女から日本語でパラオ語を習い、思い出話やよもやま話を日本語で聞いた。ラジオからは日本の演歌が流れている。米を食べる習慣も、しょうゆを使う習慣も、日本から入ったものだ。また、「スイドウ」「センセイ」「デンキ」など日本人が持ち込んだものの名称はそのまま日本語がパラオ語になっている。このようにパラオにとって日本は現在もとても近しい存在であるが、多くの日本人はパラオがどこにあるかも知らない。このアンバランスは何なのか。

しかし糸満での研究もそうだったが、パラオで最初におこなった漁撈に関する研究も、私がフィールドで強く感じたパラオと日本の関係性をめぐる問題意識を直接的に反映したものではなかった。また、学術論文を書く際には、先行研究をふまえて調査から得たデータの分析を通してその学問に寄与することが求められる。しかし、そうあろうと努力すればするほどフィールドで素直に感じとった問題意識から離れていく気がしてならなかった。学会で発表することも、フィールドの人びとの営みとは無関係な自己満足であるように思えた。

そのようなジレンマに突破口が開けたのは、大学院を出てパラオの博物館で仕事をするように

＊10
日本統治時代、日本人のための小学校とは別に、日本語を母語としない子どもたちのために公学校が設けられた。

なってからのことである。二〇〇五年、パラオの国立博物館は設立五〇周年を機に展示の全面的更新をおこなった。新しい展示のテーマは「パラオの歩んできた年月」というもので、パラオのたどってきた歴史を振り返る企画だった。客員研究員として博物館に所属していた私は日本統治時代の展示の製作を任された。

ゼロから展示を立ち上げるにはそれなりの調査が必要だ。私はやはり博物館に配属されていた青年海外協力隊の山口君とともに、日本統治時代を経験したお年寄りにインタビューをしてまわった。また、当時の写真や物質資料を集めた。パラオの日本統治時代は三〇年に及ぶ。その時代を教育、行政、経済、芸術、信仰、スポーツ、戦争という側面から写真、物質資料、証言をもとに再構成することを試みた。この企画には日本大使館の協力も得、当時大使館に勤めていた政治学の研究者である夫も手伝ってくれた。解説のパネルは英語だけではなく、パラオ人スタッフの協力を得てパラオ語でも作り、後に日本語訳もつけた。

この仕事は大変な努力を要したが、とても実りあるものになった。なによりパラオの人たちが喜んでくれたし、博物館を訪れるパラオの生徒たちや日本人観光客にパラオの歴史を伝えるのに役立った。文化人類学の研究者として培ってきた調査力や伝達力が実践に生かされたのである。

この展示をきっかけに、私はパラオの日本統治時代の研究に本格的に取り組みはじめた。当時を経験したお年寄りに会い、一人一人の個人史を聞いて歩いた。その成果は、パラオの歴史記録としてパラオに還元するだけでなく、パラオ人の視点から見た日本統治時代がいかなるものかを日本人に知らせるものとして、今後まとめていきたい。その成果をより説得的に、そして力強いものにするために、私は文化人類学をもっともっと学び、その力を借りようと思うに至った。

博物館の展示がパラオのたどった歴史を後世に伝えてくれるように、小さな発言から世の中は動かしていくことができる。「文化人類学は役に立つ学問だ」、などと薄っぺらなことを言うつもりは

図10-5
パラオの小学生が博物館の日本展示を見学している。

ない。文化人類学には即効性はなくとも人びとのものの見方や考えを根底からゆさぶる力があると私は思う。

研究者として歩み始めたばかりの私だが、地道な調査を遂行する「調査力」と、調べたことをきちんと相手に伝える「書く力」は少なくとも鍛えてきた。この二つの武器があればできることはきっとある。

これからも大和人、あるいは日本人として沖縄やパラオに向き合うなかで、自分にできることを模索していこうと思う。それが私に向き合ってくれたフィールドの人たちの恩に報いることでもあると信じて。

参考文献

上田不二夫　一九九一『沖縄の海人——糸満漁民の歴史と生活』沖縄タイムス社。
加藤久子　一九九〇『糸満アンマー——海人の妻たちの労働と生活』ひるぎ社。
川端牧（三田牧）一九九八「民俗知識で彩られる魚——沖縄県糸満の女性による魚販売の事例から」『エコソフィア』二：八七—一〇一。
野口武徳　一九八七『漂海民の人類学』弘文堂。
三田牧　二〇〇四「糸満漁師、海を読む——生活の文脈における「人々の知識」」『民族學研究』六八（四）：四六五—四八六。
——　二〇〇六「漁師はいかに海を読み、漁場を拓くか——沖縄県糸満における海の埋め立てと漁場利用の変遷」『エコソフィア』一八：八一—九四。
——　二〇〇七「糸満漁師たちの「天気を読む」知識——体験に裏付けられたものとして知識を記述する試み」『日本民俗学』二五〇：八六—一〇四。

第11章 フィールドが被災地になる時

金谷美和

フィールドの被災

私の調査地であるインド西部に位置するグジャラート州カッチ県は、二〇〇一年一月二六日の朝八時四六分に大規模な地震の震源地となった。地震はマグニチュード六・九で、カッチの県庁所在地ブジは、八割の建造物が全壊もしくは半壊し、死者は二三七〇人、重傷者は三一八七人という被害を被った。それは、私が博士論文のための長期調査を終了して帰国して一年後のことであった。

人類学者にとって自分のフィールドは特別である。人類学の調査は、参与観察であると言われる。調査者は単に、観察者として現地社会を記録するのではなく、社会の慣習に従って社会の一員として適切に振る舞うことを学び、現地社会のなかで、しばしば親族関係に擬せられることもある具体的な人間関係を持ち、日常生活に参加しながら、調査をおこなう。日本に家族もいて、大学という所属もあり、また将来の展望も日本に持ちつつ、同時に異なる場所において、住み、言葉を修得し、

図11-1 震災前のブジの街を王宮の時計台からみた景色。時計台は震災で損壊し、現在は登ることができない。

（ブジ、一九九九年）

慣習に従い、現地の社会において「生きる」ことをおこなう。これは、あたかも人生を二重に生きている感覚である。

私はブジにおいて、ムスリムの染色職人たちの調査をおこなっていた。絞り染め工房の親方であるハルーンは、私にとって「父」であり、ハルーンの妻ハキマは、私にとっては「母」であった。そして彼らの被災は、私にとっては自身の被災と感じられたのである。ラファエルは、『災害の襲うとき』という本のなかで、直接災害の被害に遭った人だけでなく、災害被害に遭った人の家族や友人なども被災者として認識するべきであると書いている。[*1] 私は、フィールドから遠く離れながら、ハルーンたちと一緒に被災したのである。

本稿は、フィールドの被災をきっかけとして、人類学者がフィールドの被災の後、人類学的な知を用いて何ができるのかを問うたものである。

＊1
ラファエル　一九八九：三四〇－三四四。

実践に踏み込む？

ボランティア活動

私は、自分に何ができるかを考えた。それまで、単に調査者であった私は、初めて実践について考えた。つまり、私はフィールドの人びとにとって実際的に役に立つことをしなければならないという使命感に駆られたのである。当時次男を妊娠中だった私は、現地に救援活動に出かけることはできなかった。そこで日本でできることを探した。そうやって私は、はじめてボランティア活動なるものに足を踏み入れた。

カッチの震災後、インターネットで情報収集していて気づいたのだが、募金から現地での援助活

図11－2
絞り染めの生産。括った布の一部に手作業で色をつけているハキマ。

（ブジ、一九九八年）

動まで、災害ボランティアを希望する人のための情報提供が活発になされていた。このことは、一九九五年の阪神・淡路大震災後、ボランティアが救援に力を発揮し、認知度を高めたことと関連している。*2 私は、メールを通じて知り合った、それぞれに被災地との関わりをもつ人びとに誘われて、講演会や募金活動をおこなうようになった。最初は、東京外国語大学のヒンディー語科とウルドゥー語科の学生たちの主催した震災バザールに参加した。震災当時インドに滞在していた人が、現地の手工芸品を買ってきて、それを販売した収益を震災復興に役立ててもらうというのが学生たちの目的であった。その後、私はいくつかのＮＧＯやグループの人たちと一緒にバザールや講演会をおこなった。私は被災地の社会や文化の専門家として、スライドを交えての講演を担当した。そして、そのような活動を一緒におこなった人たちとサラの会という会を立ち上げて、その会を通して震災前から手工芸の調査を通じて交友のあった現地ＮＧＯに募金を送り、その募金が適切に活用されたかどうかを確認するためのモニタリングもおこなった。この募金は、アジュラクプール村という新しい村を建設して移住した染色職人たちのために用いられた。この職人たちは、ダマルカー村やその近隣村で染色業に従事していたムスリムのカトリーたちである。

しかし、このような活動は、人類学者でなくてはできない実践ではなく、一市民としてもなされる働きかけであると私は思う。

開発と人類学

筆者と同じように、フィールドが被災地となった人類学者たちは、フィールドとの関わりをどのように持とうと試みたのだろうか。

アメリカ人の人類学者オリバー＝スミスは、アンデスのユンガイ市で現地調査を始めたまさに最初の段階で、火山噴火が起こり、ほとんどが土砂崩れの下敷きになった街とその住民の被災と復興

*2
阪神・淡路大震災についての社会学的研究は多く出版されている。たとえば、神戸大学震災研究会編（一九九六―二〇〇二）、岩崎他編（一九九九）など。

図11―3
アジュラクプール村の建設予定地を見せてくれる染色工房の親方、イスマーイール。
（二〇〇一年五月）

を調査した。彼は住民たちの被災後一〇年の経緯を示しながら、街の政治経済的変容を民族誌として記述した。[*3] また外部からもたらされる救援、復興プロジェクトがしばしば現地状況にそぐわず、災害以上に現地社会を破壊することを指摘し、現地の社会状況に詳しい人類学者が、よりよい復興をもたらすために実践することができると説いている。[*4]

日本人の人類学者清水展も、自身のフィールドがフィリピンのピナトゥボ火山噴火による地滑りの被災地となった。被災者となった少数民族アエタの復興の過程を、筆者と被災者との関わりの変化を交えて記述した民族誌のなかで、人類学者のなすべきこととして次のように書いている。

> 人類学者は、ホームとフィールドとの往還を繰り返すなかでの双方の拘束に引き裂かれながらも、現地の人々とのさまざまな関わり合いから逃げ出さず、今そこにある現実の問題の解決や改善のために積極的に介入し関与すべきであること、その上で、さまざまな矛盾や葛藤や利害対立をはらんでダイナミックに変動する現代世界の断片の民族誌の作成を模索すべきである。[*5]

このように、災害を契機として、フィールドとどのような関わりを持つか誠実にとりくんだ人類学者たちがいる。このような人類学者たちは、単に調査をし、民族誌や論文を書くだけでなく、より実践に踏み込もうとする。そして、この実践への踏み込みは、近年人類学のなかでさかんに論じられている開発の実践、開発人類学と問題認識が重なってくる。

一般に、人類学、なかでも日本の人類学では、開発は否定的に捉えられてきた。人類学という学問領域がその生成期において、ローカル社会に対して西欧近代社会が一方的な力関係のもとに支配する植民地統治の片棒を担いできたという批判がなされ、また開発は植民地統治と同質のものとみなされているからである。[*6] フィールドでは、開発にはできるだけ近寄らないというのが、日本の人

＊3　Oliver-Smith 1992.
＊4　Oliver-Smith 1996 303-28.
＊5　清水　二〇〇三：一六。
＊6　玉置　一九九七：八八。青柳　二〇〇〇：五九。

類学者の多くがとってきた態度であると思う。しかし、最近では、日本の人類学者の間でも開発人類学の可能性を探る試みがなされている。[*7] 現在は、開発という現象そのものを研究対象にする「開発の人類学」[*8]、開発の実践としての「開発人類学」に分けられている。

開発に直接携わらなくても、フィールドと長期間関わりを持っているうちに、いつの間にか現地社会の変革に人類学者が一端を担っている、ということが起こってくることがある。[*9] 調査をすること自体が、すでに変化の一端であるし、人類学者の書いたものが現地社会の文化や儀礼のテキストとして、現地の人びと自身によっても活用されるという事例もある。

インドの手工芸開発

私自身は、手工芸の調査をおこなっていたことから、フィールドにおいて手工芸開発に携わる行政官やNGOスタッフと接する機会が多かった。インドにおける手工芸開発が果たした歴史的役割については、論文などで評価してきたが、特定の開発従事機関を支持したり、評価したりするということはこれまで避けてきた。

震災後、特定のNGOに募金を送るという私の活動は、それまでの開発に対して距離をおいたスタンスから、一歩踏み込んだものになった。募金を送るということは、そのNGOのおこなっている開発活動を評価するという立場表明であると私は考えた。震災後の現地調査では、ある程度、実践的な役割も引き受けようと心に決めていた。しかし、現場は想像していたものとまったく異なっており、開発人類学者などまったく必要としていなかった。

じつは、インドの手工芸は、一九四七年のイギリス植民地からの独立以降、国家による開発の主たる対象とみなされ続けてきた。インドの手工芸、なかでも染織品は独立運動の過程で民族独立の象徴となり、独立後はインドの国民文化として価値づけられ、また経済発展、農村開発において、

＊7
玉置　二〇〇三：九五。『民族学研究』六四（三）、一九九九。『民博通信』一一二、二〇〇六。

＊8
足立　一九九五：二〇〇一。

＊9
『文化人類学』七〇（四）、二〇〇六。

図11-4
移住村アジュラクプール村の染色工房に、花嫁が来た。
（二〇〇四年五月）

農村の人材や資源の有効活用とみなされた。現在のインド手工芸は、五〇年にもわたる開発のプロセスのなかから生み出されてきたものである。インドの手工芸は、もともとは生活や儀礼、カーストという社会制度と結びついたものである。ローカルな用途や意味を存続させながら、新しい商品の開発もおこなわれてきた。私の調査してきたカッチの絞り染め布（バーンダニー）は、女性の被り布として用いられ、既婚女性の吉祥性と結びつき、地元社会のジェンダーやカーストの指標であったが、手工芸開発以降は、それと同時に、サリーやスカーフとして商品開発されている。ブジの絞り染め工房は、インド独立当時の二軒から四〇軒にまで増加している。[*10]

　三〇年以上にわたってインド手工芸開発に携わり、私をカッチというフィールドに誘ってくれた恩人でもあるB・B・バシンは、インド中央家内工業公社（CCIC）総裁やインド手工芸品輸出公社（HHEC）総裁を歴任した人であるが、手工芸の開発にとって重要なのは、物の開発ではなく、職人の開発であることを強調する。手工芸の技術は人間に内在しているために、職人が手工芸を作ることをやめてしまうと、技術自体が存続しない。仕事がないと職人は食べていけなくなり、廃業せざるをえない。だから、手工芸の販売先を確保して、仕事の状況を整えること、その仕事で職人が十分に食べていけること、手工芸生産を魅力的な職業にすることが、手工芸開発の最重要課題であるというのが彼の認識であった。[*11]カッチの染色職人や手工芸の現地調査を通して、そのことを十分に認識した私は、開発が手工芸の質を低下させている、という安易な批判は受け入れがたかった。

　このように、私は開発に対してつねに批判的であったわけではなかったが、私と現地での手工芸開発従事者たちとの関わりは、あくまでも調査の一環としてであって、手工芸開発のなかで人類学者としてアドヴァイスを求められることもなかったし、私のほうから積極的に提言をするということもなかった。インドのNGO活動は歴史も長く、成熟しているために、すぐれたフィールド・スタッフも多く、外国人人類学者の介在の必要がなかったのである。[*12]現地NGOは、手工芸開発を通

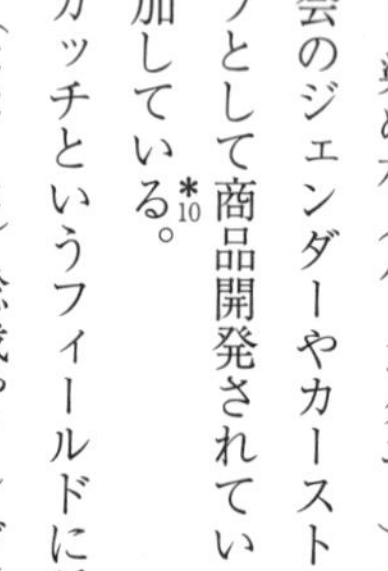

図11-5　絞り染めの被り布を着用する花嫁。絞り染めの被り布やサリーは、カッチ地方の婚礼には欠かせない衣装。（ブジ、一九九九年一一月）

＊10　インドの手工芸開発の歴史と、カッチの染色職人と布の民族誌については、金谷（二〇〇七）を参照。

＊11　バシン（一九九七）も参照。

＊12　インドのNGOについては、斉藤編著（一九九七、一九九八）がある。

して、女性の開発や子どもの保健、教育などの開発にも取り組んでおり、震災後の復興は、地元で開発に従事していたNGOが、それまでに培った現地社会との関係において引き続き震災復興にもとりくむということもみられたのである。

再訪、そして震災復興調査のはじまり

フィールドの変化

震災から二年半後の二〇〇三年一〇月に、復興の調査のためにフィールドにはいると、そこで待っていたのは、これまでの調査とはまったく異なる状況であった。ブジの街はまだ瓦礫が残り、殺伐とした雰囲気が漂っていたが、テントで暮らす人はほぼいなくなっていた。それよりも私にとって驚きだったのは、インドの最も西に位置する「辺境」だと思っていたフィールドが、震災を契機に、世界銀行やアジア開発銀行の融資が大量に投入され、国内外のNGOが大挙して押し寄せる「国際的な」場所になっていたことであった。援助団体が援助のための調査をおこない、人びとは調査というものに倦むようになっていた。調査をしても援助をくれない、調査の成果がどのように復興に反映されているのか、被調査者には分からないという苦情を聞いたが、それはそのまま人類学者の私に投げかけられた問いでもあった。私は調査中に何度も「あなたの調査で私は何が得られるのか」と聞かれた。私の調査は、援助団体がおこなっている調査とどこが違うのだろうか、援助団体によっておこなわれる調査は、援助という具体的な支援に結びつく分、私の調査よりもいくぶんましかもしれないとも思った。

かといって、開発人類学が目指すような、災害復興の役に立つための調査をおこなうことには抵

図11-6 震災後、テントを張って生活した人々。

(ブジ、二〇〇一年、五月)

抗があった。そのような調査には、あるべき復興という目標と仮説が立てられ、その目的から調査対象や項目が設定される。むしろ、そのような調査項目からこぼれ落ちるような、人によって異なる災害経験や復興経験、その語りが私の関心を引いた。しかし同時に、災害というカタストロフィーを経験した被災地の人びとの、その非日常的な経験を調査の対象にしようとすることは、人の不幸につけ込んだ火事場泥棒のようにも思えて、調査に向かおうとする気持ちが萎えるのでもあった。

ハルーンとともに復興を生きる

そのように悩み、手探りで調査をしながら、私は日本で自分がハルーンたちと一緒に被災したと感じたと同様に、ハルーンたちとともに復興も経験することになっていったのである。私が二年半ぶりに訪れた時、ハルーンは、旧市街にあった自宅と工房が損壊し、かつ市街地計画のために土地の一部を供出したために、ブジ郊外に土地を購入して自宅と工房を再建したところであった。ハルーンは、妻の宝飾品（インドでは預金の代わりに金の宝飾品を長期的な蓄財の手段とする）を売り、援助金と合わせて、また銀行から借金をしてその費用を捻出した。震災前よりも、良い環境に良い家を建てたハルーンの強さを、私は感じた。

私は久しぶりの訪問に、何軒もの家庭で昼食をごちそうになっていた。その後、私は腹痛が始まり、それをハルーンの家族に訴えたところ、家族たちは即座にそれは「バキオ」に違いないと断言した。バキオとは、邪視の一種である。私の食べたものを誰かが「見た」ために、私に腹痛をもたらしたというのである。[*13] そして私が招待をうけたある家族を名指した。その家族は、以前はハルーン一家と親しかったが、震災後ハルーンの再建した家の大きさに、ハルーンが何らかの詐欺をしたのではないかとあらぬ噂を吹聴してまわり、関係が「断絶」した家であった。そして私自身はハルーンの身内とみなされ、邪視の対象となったのであった。はからずしも、私は身体の不調を通して、ハルー

＊13　邪視とは、世界各地に見られる民間信仰で、妬みなどの視線が人に災いをもたらすとされる。Malony（ed.）1972を参照。

ンの復興をともに生きていたのである。

また、この事件によって、順調に見える災害復興の裏に、援助をめぐる競争やかけひき、それによって引き起こされる人びとの嫉みと社会関係の断絶があることを知った。実際に、援助金をめぐって政府役人やNGOスタッフの収賄があること、援助金のブローカーが現れて、援助金を横領していること、そのような詐欺行為を認識しつつ、援助金を何とか得ようとする人や、逆にそれを拒絶する人もいるということも分かってきた。このようなことは、政府機関やNGOが出版している報告書からは分からないことであった。現地の社会的状況を考慮したはずの行政の復興施策が、一部の人にのみ利益をもたらしていることも分かってきた。災害と復興経験は人によって異なることから、その具体的、個別的な経験を聞かなければ、この震災について本当に理解することはできないということが分かったのである。

そこで、私は、震災後の地元新聞の記事を読むことで、復興過程の全体像の理解に努めるとともに、人びとの個別具体的な震災の経験に寄り添い、語りを聞き取ることに努めるようになったのである。

図11-7　家屋が倒壊して人気のなくなったブジの旧市街。（二〇〇一年五月）

震災の語りを聞く

ある日、私は躊躇を振り払って、ハルーン一家に震災の体験について語って欲しい、それを録音したい、しかし語ることが嫌なら無理強いはしたくないと切り出した。災害の経験を語ってもらうことで、辛い経験を思い出させることを私は恐れたのである。しかしハルーンたちは、何の問題があるだろうと言い、快くマイクの前に座ってくれた。

妻のハキマは、地震の時はカッチにいなかった。親戚の結婚式に参加するために、他州の大都市ムンバイにいたのである。結婚式の儀礼の合間に、テレビを偶然観て、地震のニュースを知ったという。結婚式が終わるのを待って、親戚と一緒に助け合いながら断絶した交通機関を乗り継いでカッチに帰ってきた。ハルーンが語る番になった。

それでは、聞かせてあげましょうか。その日、朝八時におきて、ジョギングをしました。それから戻ってきました。（次女の）リジュは塾があって外出しました。（次男の）ソヘールは共和国記念日の行進を見るために出ていました。地震の音がきて、私たちは外に出たのです。外に出たところで、表の門が倒れてきました。一分半くらいのことです。そうしているうちに、うちの広場のまわりの家が倒れはじめ、一時間も経つとすっかり倒壊してしまいました。そして、まわりに土埃が立ちこめ、一五分から二〇分くらいはまったく何もみえなくなりました。ブジの旧市街全体が倒壊したと後でわかりました。一日中、私たちはそこにいました。食べ物も飲み物もなく。娘たちは、昼はうちにいましたが、夜になってサンジョーグナガルの親戚の家にやりました。そちらのほうは、家は壊れなかったからです。夜になると、寒くなりました。寒くなったので、暖を採るために、たき火をたいて寝ました。

家内は、金曜日にはムンバイに行っていました。それが日曜日に帰ってきました。それから皆でナリヤー村に行きました。そこで私たちは、仕事もせずに、ただそこにいました。（親戚の）アリモハマドの家に。一月半、いや二ヵ月そこにいました。二ヵ月は、バイクでブジに行き、午後に戻ってくるということをしていました。二ヵ月は、家業はまったくできませんでした。それから、バクリーイード（イスラームの犠牲祭）の後に、二ヵ月後に仕事を始めたのです。

二、三日は、私たちは食べるものがもらえました。（ボランティアの）人びとが食べる物をつくって、皆に配ってくれたのです。私たちにお金はありました。だけど、食べ物がなかったのです。食べる物はもらえたけど、水はありませんでした。一日中水は手に入りませんでした。夕方になって、ラージコット県から政府の役人がやってきて、水を配ってくれました。うちの家では、水のタンクも管も壊れてしまって、一日中水がなかったのです。午後になって、うちにも水が配られました。水のパック一つが。水を配ると聞きましたが、そこに行く（バイクの）ガソリンもありませんでした。困ったことがたくさんありました。うちは、四日間も水浴びできませんでした。すべて土埃だらけになってしまいました。寝るのは外で、野良犬も一緒に寝たのです。犬もみんな寒いでしょう。だから一緒になって寝たのです。あなたがここにいたら大変だったでしょうね。あなたが二、三ヵ月前に日本に帰っていてよかった。

うちの近くは、キャンプみたいでした。この近くでは、一人の女性がいて、その夫が死にました。兄弟も息子も死にました。女性自身も、足や手をけがしました。医者もいなかったのです。その晩、女性は、「別の言葉」をしゃべっていました。別の言葉って、わかりますか。その女性は、みんな死んでしまって、一人生き残ってしまったので、頭がおかしくなってしまったのです。その一家で三、四人死んだのです。

夜になって、私たちは埋葬するために墓地に行きました。ムスリムの埋葬は、私たちがしました。一箇所に三、四人を一緒に埋めました。埋めるために私たちは墓に行きました。亡くなった人を埋めるために。よく頭で考えて仕事をしたわけじゃありません。ヒンドゥスターンがみな崩壊してしまったと思っていたのです。一〇万人、二〇万人亡くなった、などと言っていましたが、実際には一万五〇〇〇人か六〇〇〇人が亡くなったのです。

多くの店が、泥棒にあいました。薬屋、穀物屋などが、泥棒にはいられました。泥棒がたくさんあったのです。うちの工房は壊れました。染料の容器もみな壊れました。でもうちには泥棒ははいりませんでした。うちは、アンジャールの染色の商人と取引がありましたが、染料の返品はできませんでした。三〇から三五色が取り戻せませんでした。また、二〇万ルピー分の（職人に預けていた）生地が回収できませんでした。でも、うちの家族は何にも被害はありませんでした。打ち身一つありませんでした。（長男の）アリーフは、後二秒、家から出るのが遅かったら、倒れてきた門の下敷きになっていたでしょう。そのほかには、うちは、何にもありませんでした。（共同経営者の）アダバの家は、まったく壊れてしまいました。他のうちでは、頭をなくしたり、足をなくしたり、身体が二つや三つにわかれてしまった人もいました。この世界に誰もいなくなってしまったと考えて、娘たちは泣いていました。家族は誰も死んでいなかったのに、どうして泣いたのでしょうね。私たちは一緒になって、埋葬したりしました。私たちは、あまり頭で考えずに（身体だけ動かして）仕事をしていました。

お金はありました。お金は家にいっぱいありました。でもお金では買えないのです。子どもたちの服はみな、どこかに行ってしまいました。倒壊した壁や家具の下になってしまったのです。あっても、とりだす勇気がないのです。なかに入ると家が崩れてきそうだから。翌日に、宝飾品だけは何とかとりだしました。はいつくばって。戸棚も、ばらばらになってしまいました。あなたがここにいなくてよかった。

多くの人が大変なめにあいました。うちの裏の人は、詐欺をはたらいてお金を得ました。政府がくれたお金を。政府は最初は、ちゃんとお金を配ってくれました。でも、正当にお金を得なかった人もいました。うちは、三日間、ヴィンジャン村にいました。それからナリヤー村に行きました。そこで他人の服を着ていました。そこではただ時間がすぎていったのです。二、三日は怖さも感じませんでした。でも、その後恐怖が襲ってきました。心配事がでてきました。これからどうなるだろうと。

ハルーンは、一旦話し始めたら止まらなくなった。夜一一時を過ぎて、家族の人たちがみな寝支度をしてしまっても、まだ話し続けていて、とうとう私は、夜遅いことを彼に告げるとはじめて彼は気づいたように、話をやめた。このことは、私に強い印象を残した。ハルーンの饒舌は、女性たちと対照的であった。ハキマや娘たちには、震災の話はもう自分たちですでに語り尽くしたという印象をもった。その印象を問うと、娘のリジュは、震災直後一ヵ月くらい、みなでたくさん話したから、という。

ハルーンと義理の兄の家族は、倒壊した家を離れて、最初はブジのなかでも被害の少なかった家に女性たちだけが避難し、それからブジから八〇キロメートルほど離れた村の、被害のほとんどなかった親戚の家に全員で避難した。そこの家は狭かったので、家の前の空き地にビニールの天幕を張って、その下で食事を作り、寝泊まりした。そこでの親戚や近隣同士の共同生活のなかで、女性たちは恐ろしかった地震の経験について語り合い、また不安な気持ちを払うために、冗談を言い合ったりして過ごしたのである。ハキマは言う。

> 娘たちは最初、泣いてばかりいたの。余震が来たし、その度に娘たちは怖がって泣いたの。でも、それだとだめだから、私はわざと明るい話をして、皆を笑わせようとした。エビ・チャチャ（隣家の老人）も、いつも私たちの笑わせ役だったよ。

女たちが、食糧の調達や洗濯など、日常生活を取り戻すための仕事をしている時に、男たちは別の仕事をしなければならなかった。男たちは、ブジに残してきた家財の盗難を恐れて、毎日バスやバイクでブジの家に行き、夕方村に寝に帰るという生活を送った。その間、家業の染色の仕事はできず、男たちはその他にも、亡くなったムスリムのために遺体の埋葬をおこなったり、復興援助金やローンの申請のために役所に通ったりしなければならなかった。私が想像するに、男たちはきっと、泣いたり、弱音を吐いたりすることができなかったのだと思う。インドの多くの地域と等しく、カッチも男女の役割分担が明確である。とくにムスリムの家庭では、男性は外、女性は内、と行動を発揮する領域が分かれている。

ハルーンは、家や仕事の再建のために、政府やNGOなどの援助団体と交渉をおこなわなければ

図11-8 オスリーで、結婚式の食事の準備をする女性たち。カッチの伝統的な家屋にみられるオスリーは、外と内とをつなぐ空間である。（ブジ、一九九九年一一月）

ならなかったし、そのために書類や証明書を揃えなければならなかった。その上、インドの悪しき慣習として役人に仕事をしてもらうために、少なからぬ賄賂も渡さなければならなかった。小学校を二年生までしかでていないハルーンにとって、政府にしろNGOにしろ、オフィスというところは大変に苦手なところであった。そのなかで、家族の生活のために、気を張って頑張ってきたのが、私のような外国人の前ではじめて、震災の体験を言葉にして語るということをしたのだと思う。

このように、災害の経験を誰かに語ることは、「トーキング・スルー」という精神的克服の方法として知られる。*14 私は、知らず知らずハルーンにとって、災害の経験の重荷を少しだけでも下ろすための聞き役になっていたのである。

✳復興のなかで求められる人類学的な知とは

災害についての人類学的な研究はけっして多くはない。*15 しかし、このような、被災者の語りを聞き取るという手法は、きわめて人類学的な方法である。林勲男は、災害は人間の経験として理解されるべきであり、インタビュー、ライフヒストリーやライフストーリーを集めることを含めて、民族誌を書くという人類学的な研究方法は、災害の個人的な経験を理解するのに適しているという。*16

私は調査中に何度も「あなたの調査で私は何が得られるのか」と聞かれたことはすでに述べた。「なぜ、災害復興の調査をするのか」とも問われた。私は、どのように答えるか迷って、次のように答えることが最も適していると思うようになった。それは、「あなたたちの経験を教えて欲しい」というものであった。カッチと同様、日本も地震の多い国だ、私たちは、大きな地震が来た後、どのようにそれに対処し、復興していったらいいのか、他の国の経験に学びたいのだ、と説明するようになった。このような説明で示される現地調査は、それまで私が思いこんでいた被災地に役に立つ

＊14
ラファエル、既出一五二頁。また、鷲田清一は『「聴く」ことの力――臨床哲学試論』において、阪神・淡路大震災において被災者の語りを聴いたボランティアの事例を端緒に、聴くという行為のもつ力について書いている。

＊15
たとえば、Oliver-Smith and Hoffman 1999, 2002。日本では、災害人類学は端緒についたばかりである。『民博通信』一一〇、二〇〇五を参照のこと。

＊16
林　二〇〇五年：五。重川は、災害の民族誌を防災教育に役立てることを提唱している（重川　二〇〇五：八―九）。民族誌は、実践的な学問に対して開かれているべきであり、それが結果的に防災や災害研究に役立てられることには、私は賛成である。

ための調査とは、まったくベクトルを逆にする。むしろ、これまでの私の人類学的なフィールドワークは、つねに現地の人びとに教えてもらうという姿勢をもっていたが、それと同じである。私は染色職人たちや「母」であるハキマからさまざまなことを教えてもらった。調査対象が被災者になったからと言って、その立場が逆転し、私が彼らを教え導く位置に立つわけではないという当たり前のことが分かったのだ。

私の復興調査は、まだまだ続く。オリバー＝スミスも清水も、災害後一〇年間を民族誌として記述している。私は、カッチの人びとと復興をともに生きながら、その語りに寄り添い、すくいあげていく作業を続けるだろう。私と被災者との関わりは、今後変化するかも知れない。カッチの手工芸の日本での紹介、マーケティングや展覧会など、求められるなら、より積極的に実践的な活動に関わっていくことも考えている。しかしこのような実践は、開発人類学という学問として体系化されるものではなく、私とカッチの人びととの具体的、個別的な人間関係の上でなされるものなのである。

参考文献

青柳まちこ　二〇〇〇「幸福のための開発――われわれの知識を有効に」青柳まちこ編『開発の文化人類学』古今書院。
足立明　一九九五「開発現象と人類学」米山俊直編『現代人類学を学ぶ人のために』世界思想社、一一九―一三八頁。
――　二〇〇一「開発の人類学――アクター・ネットワーク論の可能性」『社会人類学年報』二七：一―三三。
岩崎信彦他編　一九九九『阪神・淡路大震災の社会学』一―三巻、昭和堂。
金谷美和　二〇〇七『布がつくる社会関係――インド絞り染め布とムスリム職人の民族誌』思文閣出版社。
神戸大学震災研究会編　一九九六―二〇〇二『阪神大震災研究』一―五巻、神戸新聞総合出版センター。
斉藤千宏編著　一九九七『NGO大国インド』明石書店。

斉藤千宏編著　一九九八『NGOが変える南アジア――経済成長から社会発展へ』コモンズ。

重川希志依　二〇〇五「災害エスノグラフィーによる知恵の共有化の試み」『民博通信』一一〇：八‐九。

清水展　二〇〇三『噴火のこだま――ピナトゥボ・アエタの被災と新生をめぐる文化・開発・NGO』九州大学出版会。

玉置泰明　一九九七「開発と民族の未来――開発人類学は可能か」合田濤、大塚和夫編『民族誌の現在――近代・開発・他者』弘文堂、八八‐一〇六頁。

――――　二〇〇三「開発人類学再考」綾部恒雄編著『文化人類学のフロンティア』ミネルヴァ書房、九三‐一一〇頁。

バシン、ブリジ・ブーシャン　一九九七「序に代えて――インドの職人」B・B・バシン&K・K・カーク監修『インド染織資料集成［ラージャスタン］』岩崎美術社、一三‐一六頁。

林勲男　二〇〇五「災害――文化人類学からのアプローチ」『民博通信』一一〇：二‐五。

『文化人類学』七〇（四）の特集〈表象・介入・実践：人類学者と現地との関わり〉二〇〇六年に所収された各論文。

『民族学研究』六四（三）の特集〈内側から見た開発援助――開発実施者の視点をさぐる〉一九九九年。

『民博通信』一一〇の特集「災害人類学を考える――災害と文化」二〇〇五年。

『民博通信』一一二の特集「フィールドとしての開発援助」二〇〇六年。

ラファエル、ビヴァリー　一九八九『災害の襲うとき――カタストロフィの精神学』みすず書房。

Malony, Clarence (ed.), 1972 *The Evil Eye*. New York: Columbia University Press.

Oliver-Smith, Anthony 1992 *The martyred city: Death and rebirth in the Andes*. Prospsct Heights. Waveland Press.

Oliver-Smith, Anthony 1996 “Anthropological Research and Hazards and Disasters.” *Annual Review of Anthropology* 25: 303-28.

Oliver-Smith, Anthony and Susanna M. Hoffman (eds.)

1999 *The Angry Earth: Disaster in Anthropological Perspective*, New York: Routledge.

2002 *Catastrophe & Culture: The Anthropology of Disaster*, Santa Fe: School of Anthropology.

第12章 調査の終わりとハードボイルド・ライティングカルチャー

川村清志

笑い男：あなたにはこの世の中の全てのことがいんちきにみえるんでしょうね。
草　薙：Ｊ・Ｄ・サリンジャーだったかしら。
笑い男：イエス。
（『攻殻機動隊スタンド・アローン・コンプレックス』26話より）

調査の終わり　1　調査から論文へ

晴れた日の午後です。遠くのほうに小さな綿雲が浮かんでいる以外は、快晴といっていいでしょう。日差しは柔らかで、海も凪いでいます。一昨日まではくだりの風が吹き、少し時化ていました。でも、今日は朝から凪となり、浜に時々、穏やかな波が寄せる程度です。

ところで、今日、フィールドワークを終えました。これから民族誌作成に取り掛かります。資料は順調に集まっているので、まずはこれを整理してデータベースを作成します。その次に先行研究をまとめた上で、問題提起にかかりたいと思います。もっとも民族誌的な記述については、随時、パソコンにデジタル写真とともに残してきたので、その部分の作成は、かなり早くかけそうに思います。おそらく、一年半後には完成させて、これで博士号を取得する予定です……。

そんなふうにできる研究者を、僕はほとんど知らない。そんな研究者もいるのだろうが、たぶん、その種の人間は、僕の側には集まらないようにできている。

僕の周りにいた研究者の卵の多くは、調査地での経験を対象化するまでに、たいてい数ヵ月、悪くすると一年以上の時間を要した。彼らはその間、強制的に書かされる報告書をのぞいては、ほとんど何も書くことができず、現地で経験したじつにさまざまな出来事を反芻し、自分のなかで咀嚼しようとしているようにみえた。それは、ようやく馴染んだかにみえた「異文化」から、暴力的に引き剝がされた心の傷を癒すための、リハビリ期間だったのかもしれない。

では、僕はどうだったのだろうか。振り返ってみてわかるのは、僕自身は、そこにはなっから「終わり」など期待していなかったということである。それはたぶん、僕が「日本」という身近な地域を対象としていたせいかもしれない。一つの調査期間を終えたとしても、僕は、家にもどった報告をおこない、次にいく時期をインフォーマントたちにつげることになる。礼状をだし、時には歳暮を送ることもあれば、むこうから電話や便りを送ってくることもある。さらに別のところで記したように、「調査地」の友人が、私の生活する空間をおとずれ、仕事や就学のために生活をともにすることさえある。

だが、今日、調査地が国内であるか、海外であるかは相対的な問題にすぎない。韓国や台湾には飛行機で数時間、東南アジアでさえ五時間前後でいける時代である。僕が能登に車で移動していたころと時間的にも経済的にも大差はない。もちろん、海外での調査には、語学習得から予防注射、ビザの申請にカウンターパートとの交渉、飼い猫の預け先から恋人との別れまでさまざまなハードルや制約があるだろう。それでも一度調査地を抜け出たからといって、二度といけないかもしれないといった可能性は、おそらくアフリカや南米など、ごく一部の地域以外には考えられない。

にもかかわらず、フィールドワークには始まりと終わりがあり、その成果として研究者たちは「民族誌」を作成するものだと考えてきたし、今も考えているようなのだ。彼らは、調査地での経験をまとめて「全体的な」民族誌を作成することを自らの研究の最優先課題にすえている。それはほとんどの場合、博士論文の執筆と同義でもある。だが、正直にいえば、僕にはそれが不思議でならない。オンとオフ、始まりと終わりを決めるのは、研究者自身である。

今日で調査は、終了。パチン。オフだ。

✳H・B・W・C 1 フィールドワーク・ダブルバインド・エートス

「完璧な調査など存在しない、完璧な絶望が存在しないのと同じようにね」。

昔、学会で一度だけ話したことのある人類学者は私にそう語った。その本当の意味を私が理解したのは、ずっと後のことだったが、少なくともそれは、一種の慰めと捉えることもできる。――完璧な調査なんて存在しない。

しかし、自分のフィールドノートを整理し、民族誌的な記述にまとめようとした途端に絶望的な気分におそわれたことも事実だった。そこに記されている生の資料を民族誌のコトバに平準化していくなかで、われわれはあまりにも多くのコトバの限界につきあたる。われわれは個別の具体的な、有体にいえば自分が見てきた範囲での人びとの生活の断片については語ることができるかもしれない。だけど、それらが、どのような担い手によるどのような意味や構造、歴史をもつ「文化」であるのかは、ほとんど語ることができない。そういうことだ。

たとえば、われわれはもはや、「未開」の「エキゾチシズム」を語ることは永遠にできない。血沸き肉躍る「探検」の醍醐味を記すことも不可能だ。相対主義を説明する前提として、「部族」たちに伝わる「奇矯」な「風習」を紹介することさえためらわれる。

人類学がやせ細っていった背後には、そのような対象が孕む「異」なるものを指示するコトバたちを奪われ続けてきた事実も否定できない。

だが、その一方、うんざりするほど多くのコトバが、われわれのなかを通り過ぎていったこともまた事実である。大学から大学院に進もうとしていたころ、「ライティングカルチャー」や「オリエンタリズム」、「伝統の創出」といったコトバが、呪文のように研究室でのコトのハにのぼっていた。少し遅れて「クレオール」や「文化の客体化」、さらには「ポストコロニアル」、「異種混淆」などのコトバたちも、瞬くまに目の前を駆けぬけていった。それらは、閉ざされた言説空間のなかでつむじ風のように旋回したかと思うと、少しばかりの木々の葉や小枝を散らしただけで――つまり、何人かの研究者とその卵たちを巻き込んだだけで――、何処へともなく消えていった。

今、私は、それらの議論を単純にむしかえすつもりはない。しかし、この時代を通過することで、われわれのなかには、ある拭いがたい背反の意識、ダブルバインドな現実が埋め込まれていった。

われわれは、異文化に接し、そこで見たもの、感じたものを記述し、論文にまとめることを目標としている。だが、その一方で、そのようなもろもろの作業は、すべて収奪であり、搾取であり、欺瞞であるといわれる。われわれは、異文化の翻訳を構想し、その文化の特質を記述し、その理論化を目指して一次資料の収集にはげむ。だが、それは偏向した解釈であり、自文化中心主義のまなざしを内包し、さまざまな権力性に裏打ちされたものであることを思い知らされる。その意味で、われわれのなかを通り抜けていったコトバたちは、それらを器用に使い分けることのできない研究者たちの卵やその無性卵には、ある程度の裂傷を負わせることには成功したといえるかもしれない。

だが、もっと現実的な矛盾が、われわれの目前では展開している。それは、文化人類学という「共同体」の表層の部分、互酬的交換制度によって開かれる「年会」という儀礼の場や、「リネージ」レベルで執行される博論や修論の発表会においてあらわとなる。

そこでは、すでにみた先鋭的なコトバたちを駆使し、人類学の危機を声高に表明する研究者たちがいる。ただその一方には、それらの理論を静観する旧来の人類学を体現する中老や長老たちが、何食わぬ顔で同席している。「保守」は、「革新」に対して沈黙を保ち、「革新」は、「保守」に距離という名のリスペクトをもって接する。それは、単なる人間関係の儀礼的な交流にとどまらない。われわれを混乱させるのは、そのような相異なる言説が、衝突することもなく、まして止揚されることもなく、奇妙な同居を決め込んでいることである。それがいったい、どうして可能であるのか。その答えは、いましばらくおこう。

だが、そのような「現場」に直面することで、われわれは、理論を応酬する場所とフィールドとが隔絶している現実にも直面させられることになるのだ。

だが、では、われわれはどうしたらよかったのだろう。

ある者は、無視を決めこみ、研究者としての通過儀礼にむかった。ある者はその問いかけを真摯に問い続け、やがて人類学という学問領域から離れていった。そして、おそらく、かなり多くの者は、それらの問題を解決することもできず、しかし、自らの歩みを止めることもなく、研究者への扉をおずおずと叩いていった。おそらく、私もまた、そのうちの一人なのだ。

しかし、このエッセイでは、民族誌の解釈学的転回などともいわれた、文化人類学についてのラディカルな批判が、まったくの不発、あるいはなし崩しの「廃案」に終わったことを糾弾すること、それだけが目的なのではない。

むしろ、ここで問いたいことは、このようなラディカルな批判を他所に、この国の人類学が孕む、より根源的な矛盾やゆがみ、偏向、搾取の構造は、矯正されるどころか、温存され、場合によっては強化され、「語りえないもの」となっていったという事実である。それは、もはや人類学者にとってあまりに身近で当然のものとなってしまい、それを自省することも不可能な領域に属するものである。あえていえば、それは、この国の文化人類学者たちの「エートス」に関わるものかもしれない。

＊調査の終わり２　祭りのなかへ

自分自身をフィールドワーカーなんだと思えるようになったのは、いったい、何時のころだろう。民俗学の世界では、密造酒と夜這いの話を聞きだせれば、一人前なんだという。人類学では、現地の人びとと一緒に公権力から逃走することで、調査地になじんだと思い込める研究者もいる。

僕の場合、そのような逸話やエピソードもしょせんは埋め込まれたものであり、リアルな感性とはほど遠いものだった。少なくとも僕にとってフィールドは、やはり、「研究」と連動したものでなければならなかった。研究者としてオリジナルなものをつかんだという予感、淡い期待。それこそが、目の前の無色透明な空間を、不意ににぎやかで意味に満ちた場所に転写してくれる媒体だった。

そして、それが、あの何年も関わり続けていた山王祭であったということは、ある意味で皮肉であるとしかいいようがない。自分にとってはじめての調査地である石川県鳳至郡門前町の皆月。その場所とつかず離れずにいた時間が、僕自身のフィールドワークそのものだったのかもしれない。

山王祭は、皆月日吉神社の夏祭りとして、毎年八月一〇日、一一日におこなわれてきた。行事の中心は、村落内をまわる曳山《ヤマ》引きと神輿の行列である。とくに一〇日の宵祭りの夜、船形の曳山に提灯を点灯した姿や、四メートル近いタカヤマ（二層になっている曳山の上段）の最前部に白装束の青年会員たちが出張り、「ヤッサーヤッサー」と声をあげながら、曳山を揺らす場面が見せ場となっている。とはいってもこの祭りは、けっして規模の大きなものではなかった。一五〇世帯ほどの村がおこなうにしては、曳山と神輿がでるやや立派な祭り、というほどのものかもしれない。

それでも僕は、この祭りと約一五年にわたってつきあってきた。

最初、僕は、祭りの傍観者だった。まだ、学部の学生で、フィールドワークのやり方など何も知らなかったころのことだ。研究室にあったＨｉ８の（性能の割にあまりに）重いビデオを背負って、ヤマの進んだ後をひたすら追いかけた。

そのころの僕にとって祭りの調査は、退屈以外のなにものでもなかった。普通に歩けば、三〇分もかからないコースを、曳山は二日間かけて移動する。それはなんともいえず、間延びした歩みに見えた。少し進んだかと思えば、あっという間にヤマは立ち往生する。細い道を曲がる時には、ヤマの方向を直すためにオオテブリという大きな木の棒を、車軸に差し込んで動かしていく。若い衆がかけ声とともに棒をまわすことでヤマをずらすのだが、動く幅は微々たるものだ。何度も何度もそれを繰り返す。最初の何回かは、ビデオカメラを回す気にもなるのだが、そういうことが飽きるほどに繰り返されると、ビデオのスイッチをオンにするのも面倒になってくる。

再びヤマが動き出したかと思えば、一〇メートルもおかずに、また止まる。今度は、休憩、お神酒の時間がやってくる。そのまた長いこと。若い衆は当たり前のようにお神酒をあおり、あげくに頭から浴びたり、浴びせたりしている。頭に白いものが目立つ男たちが、顔を真っ赤にして言い合いしたり、取っ組み合いになったりすることもある。ぼくは海からの湿った潮風にうんざりしながら、いい大人たちが白いワイシャツを汗だくにして騒いでいる光景を見守っていた。

その退屈で、間延びして、うんざりする祭りにはじめて参加したのは、一九九四年のことだった。祭りで顔見知りになった方が、祭りの白装束を貸してくれたのだ。

予定調和的に僕は、祭りにはまってしまった。

はじめての草鞋とゲートルのタイトさは、祭りに臨む緊張感を教えてくれた。祭りがはじまり、ヤマが動き出せば、間延びした時間も一変する。それは、その時々の場所と仲間と時間とが、つねに自分のなかに流れ込んでくる充実した瞬間の連続にほかならなかった。あの緩慢にみえたオオテブリによる方向転換は、自分自身が、渾身の力をヤマにぶつける得がたい機会であることがわかった。そして、汗を滴らせ、真夏の太陽に焼かれながら飲むお神酒は、たしかにうまかった。ぬるくて甘ったるいその味が喉から胃へなだれ落ちていき、体中にしみわたっていく。僕はその時の経験をエッセイとして記したことがある。ヤマが神社に戻る直前の急な坂道をのぼる様子を、少し抜粋してみよう。

再びヤマの後ろについた。二本あるオオテブリを後輪の車軸にあてて押し出そうとする。いつのまにかヤマの真後ろで、二本のオオテブリの間に位置していた。腰を下げて一歩前に出る。両肩にオオテブリがのしかかった。エイヤアア～、エイヤアア～。僕が叫ぶと、ヤマ全体がエイヤアア～、エイヤアア～と返す。ありったけの力を込める。足が一歩、前に進む。もう一歩。さらにもう一歩。目の前がかすんでいたがかまわない。さらにオオテブリを押しだす。もう一押しで押しあがる。その感触が伝わった。エイヤッ、ほとんど無意識にかけ声のテンポをかえる。エイヤッ、間髪いれずにヤマが答えた。

さまざまな声と音が響きあうなか、ヤマは坂道をのぼりきった。そのまま、神社の境内へ入っていく。僕は鳥居の横にしりもちをついて座りこんだ。まだ、視界が定まらない。まず、呼吸を整えようとした。これだろう。肩で息をしながら僕は思った。この感覚なのだ。祭りというやつは。

ただ、今となっては、この感覚はやや「違う」ものであると思ってもいる。もっともそれがたんなる勘違いという訳でもないところがややこしい。この時の僕はまだ、祭りのなかで若い衆が、「盛り上がる場所」をちゃんとわかっていなかった。ほかの連中はもちろん、そのことを知っていて、適当に力を抜いていたし、声を張り上げることもなかった。

だけど、この場所で力を入れないとヤマが坂道を上がらないこともまた事実である。どうやら僕は、馬鹿正直に役員のかけ声に答えて踏ん張っていただけなのだ。ここで僕が感じたやや独りよがりな達成感は、その意味ではそれほど間違ったものではない。実際、僕はこの坂を上りきるとへとへとになって、ヤマが境内を移動するのを見送るしかなかった。若い衆たちは、最後の見せ場、エビス坂を下るところで、再びタカヤマに乗り込んで暴れる段取りを着々と進めていたはずだ。

ともあれ、僕は、祭りに参加し、祭りを実感した。あるいはその時、僕は祭りについてのモノグラフをまとめておくべきだったのかもしれない。「僕には、まだ、はまれるものがあるんだ。こんなうれしいことはない」。そんな感じで祭りについての思い出と詳細な祭りの様子を記述すれば、僕は、祭り研究にもっとはやく参入できていたのかもしれない。

✳H・B・W・C 2　民族誌・調査論・一期一会・イデオロギー

文化人類学者はその調査方法について批判をうけ、民族誌記述の権威は失墜した。じつは、そのような語り口自体が、日本の人類学者にとっての論文の生産に寄与してきた側面も否定できない。[*1]

だが、当面の問題はそこにはない。もっと、根源的な詐術、この国の人類学が死産され続けてきた欠落について、まず、確認しておかないといけない。

その欠落とはなにか。端的にいってそれは、「調査論」の不在そのものである。人類学者の再生

*1
たしかにそこでは、フィールドワークの権力性、非対称性、解離性といった問題が提起される。その内閉的で婉曲な論理による議論は、研究者たちの論文生産の動因となってきた。つまり、フィールドワークについて論じることは、フィールドに行かずとも論文を生成する作法を研究者に提供しているわけである。それゆえ、これらの視点は、フィールドワークという営みに疑義をはさみながら、それを温存する戦術であるともいえる。

産に関わるOSであり、もっとも基礎的なマニュアルが、この国にはほとんど皆無だと断言できる。つまり、文化人類学者は、そもそもフィールドワークとは何なのか。なぜ、フィールドワークをするのか、どのようにフィールドワークをおこなうのか、どうしたらフィールドワークが成功したといえるのか、といったことに関する公準を何一つもっていないといえる。ディシプリンの内外でもその重要性が叫ばれ続け、人類学者の研究の根幹、自らの存在理由を保証するはずのものが、人類学者自身の間では、実際にはその意味さえ共有されていなかったわけである。

これは、しかし、おおよそ信じられないことでは、ある。

野球というゲームを知らない子どもたちにバットとボールを手渡しただけで、グランドへ連れていき、これから野球をしろと教える監督がいるだろうか。*2 碁盤の前に座らせて、碁石を差し出し、ルールも教えずに囲碁の対戦を命じる師匠がいるだろうか。もしくは、スキー板とストックだけを与え、三〇度をこえる斜面に連れていき、このスロープをパラレルで降りてみろというコーチがいるだろうか。はたまた、トンコツラーメンを一杯食べさせておいて、素材はすべて冷蔵庫だと言い捨て、同じラーメンを作ることを強要する料理人がいるだろうか。

だが、これらの比喩はけっして乱暴なものではない。

たとえば、われわれはフィールドワークの成果物は読むだろう。データを考察する際の理論を学ぶこともあるだろう。だが、ここには大きな落とし穴がある。ほとんどすべての民族誌や数ある概説書には、調査の成功事例しか掲載されていない。それらには、たとえどれほどの困難があろうとも、最終的には調査者がうまく現地になじみ、調査を全うしたことが、書かれているだけである。

だが、そんなことは本当にありえるのだろうか。人類学者たちは、生まれながらにコミュニケーションに卓越しており、彼らはすべて調査地で受け入れられ、みごとにフィールドワークを成し遂げてきたのだろうか。もちろん、それらが真っ赤な嘘であることをいまのわれわれは、自明のもの

*2
あるいはもう少し親切な大学教員もいたかもしれない。彼らはいきなり、子どもたちをグラウンドに連れていき、眩いばかりのボールを手渡し、そして、笑顔で去っていく。一年後にはプロレベルになれ、と言い残して。

として知っている。われわれの先輩や同期、後輩の多くが、おもには調査の失敗――ただし、それが直接には言及されない――によって、この世界から身を引いていった。もちろん、彼らの声を聞いたり、その「失敗」の要因を詳らかにすることは、「サバルタン」の声を聞くよりも困難なことかもしれない。しかし、われわれは多くの失敗や挫折からこそ、さらに多くのことを学ぶ生き物ではないのだろうか。

先の例でいえば、スキーのコーチは、最初に山の斜面に向かって倒れることを初心者に教える。それが失敗に際しての最低限の対応策だからである。囲碁や将棋を自由にさせたとしても、ありえない打ち方をすれば、それを随時訂正してくことで、ルールが教授されていくものだ。料理人だって、はじめに火や包丁といったもっとも重要でかつ危険な道具の扱いを、初心者に叩き込むものではないだろうか。

少なくとも、これから調査をおこなう者にとって一番大事なことは、エスタブリッシュした研究者たちの成功譚だけでないことは確かである。われわれは、もっと具体的にどのように調査地にはいり、どのように現地になじみ、自らの調査をおこなっていけばよいのかを知りたかったはずだ。そこで調査の成功と挫折を隔てる岐路とは何なのか。そして、その成否を自らが確認するための指針とは何か。そういったことが、自らの人生にとって調査地とは何かを問うのとは別の次元で、間違いなく反芻されねばならなかったのである。

なぜ、調査論は存在しないのか。ハウ・ツー・フィールドワークは、書かれなかったのか。この問いかけについて直接答えることはできないし、また、答える立場にもない。おそらく確かな点は、その問題を先行する研究者たちの能力や資質、あるいは教育上の責任感の欠如に帰することは、ほとんど意味がないということである。*3

むしろ、そこで気づかされることがある。どうやら、世代をこえた文化人類学者の多くには、マ

*3 正当な批判として、本章で述べなかった二つのバージョンがありえることは筆者も理解している。一つは調査についてのインフォーマルな知識・技法は、院生と教官との個人的な指導の中で伝授される可能性である。そして、もう一つは、たとえば海外の調査の前に日本の国内や沖縄（それはある時期までは日本の「外」だった）において調査実習をおこない、本番の「予行練習」をおこなっていたというものである。だが、ここにも暗黙の権力作用が働いていることを疑う余地はない。もっとも、これらがはたして、調査論の不在を代替するものかどうかについては、ここで述べるだけの十分な資料をもちあわせていない。

ニュアル化された調査の期間として「フィールドワーク」を位置づけることから距離をおく傾向があるということだ。いや、もっとはっきりとそのような「調査」を否定する者もいるだろう。彼らは考える。フィールドワークとは、「そのようなものではない」、と。

それは、全人格的な融即の場であり、一人の独特の自我をもった個人が、一回きりの経験として他者の集団に入るものである。そのような特異な経験を安易に一般化できるものではないし、してはならない。小賢しい調査項目を作って、質問リストを持っていったところで、圧倒的な異文化の前ではとても太刀打ちできるものではない、むしろ、そのような違いを肌身で感じて、自分の存在や自文化のオリジンそのものを疑わずにはいられなくなるものだ。そういう経験こそが、フィールドワークなのだし、そもそもそんな経験をもたない調査など「嘘だ」。だから、これから調査に行くケツの青い院生には、「すべての答えはお前のなかにある」とでもいっておけばいい。

また、文化の多様性から弁明しようとする研究者もいるだろう。今日、人類学者が向かう現場は全世界に広がっている。それはアフリカの牧畜民であることもあれば、インドのアウトカーストかもしれない。シカゴの下層民であることもあれば、南米のインディオの村かもしれない。牧畜民で生業の調査をする者もいれば、農耕儀礼の象徴的意味を知ろうとする者もいる。開発に関わる現地人の抵抗の軌跡を取り上げるものもいれば、近代医療制度に疑問を抱く者までいる始末だ。そのような多様な地域と民族集団、さらには関心領域を対象とする際に特定の調査手順や方法を伝授することなどできるものではない。

ひらたくいおう。フィールドワークとは一期一会、ということだ。

それは、人類学が暗黙のうちに共有してきた性向の一つにほかならない。だが、そのような視点は言葉の正しい意味でイデオロギーと呼べる。なぜなら、それは、結果的に先行する世代が後続する世代に優位を保てるような権力作用を助長するものだからである。だが、その問題にここで触れることはしない。まず、明らかにするべきは、フィールドワークとは質的な経験であり、地域的多様性もあるゆえに一般化できないという言明が、端的にいって虚偽であるという事実についてである。

理由の第一として、逆説的だが、無視しえない事実がある。それは、欧米のソシオ／カルチュラルアンソロポロジーには、この種のフィールドワークに関する入門書がいくつも出版されているということである。そのなかには、その可否はさておき、実際のフィールドに必要な機材から、調査の手順、さらに具体的な話者の選出基準からインタヴューの仕方までが掲載されている。また、この本と同じように――あるいはこの本よりはるかに詳細で具体的に――自らの調査経験を踏まえながら、各々の地域や民族集団の差異と特質をふまえた上での調査方法が列挙されている論集もある。また、日本国内でも、その近接領域である社会学や社会心理学などでは、欧米の調査方法の紹介や、それらを規範とした調査入門書が数多く出版されている。それらは、けっして、統計などの数量に頼った研究に限らず、人類学と同じく質的な調査を重視した調査法の内実についても言及されているのである。

第二の理由は、経験の特異性を強調することは、自らの学問領域の自壊につながるということである。それは、あまりに簡単な論理、呆れるほどに明快な事実である。つまり、現実に起きる出来事、人と人との出会い、会話、交渉、軋轢、その他、すべての経験は、一回切りのものであり、その意味で特異なものである。そのような経験の特異性を強調する時、その果てには、いかなる理解も認識もえられない。文化人類学者が全員、懐疑論者の傘連判に加わった事実がないのなら、このようなユニークネスを強調することに意味がないことは容易に理解できるだろう。

また、多様な地域であることを認めるなら、それらの社会ごとに分節化をおこない、よりこまやかで柔軟な調査モデルを作るのが、研究者の務めではないだろうか。多様性を弁明の根拠にすることに何の意味もないし、また、してはならない。そのような地域性を強調するなら、人類学は最早、エリア・スタディーズに回収されてしまうがいい。

✳調査の終わり３　祭りの後

祭りに参加するよりも大きな経験が僕をまっていた。

それが祭りの準備期間から携わるということだった。山王祭では、祭りの一週間前、八月四日から準備が始まる。昼間は中学生が準備をおこない、夜は青年会の役員たちが準備をする。僕は、一日中、祭りの準備の現場に張りついた。

こうして、僕は、ミツナワの結い方からワラナワとナットウの巻き方、幕を通すのに使う笹の生えている場所と用意する本数、ヤマの木組みの組み立ての順序、ハタダケ、ダシタケの選別と竹の切り方などを昼の子どもたちの準備に覚えた。夜の準備では、奉灯や鳥居に和紙を張っていく作業やボンボリに書き込む文字や色の種類を学んだ。早朝の五時に集合し、ヤマを飾る竹とアテの葉を取りにいく場所も知った。それがかつては子どもたちの仕事であり、隣村の百成に子どもたちが切り出しにいったというエピソードは聞いていた。しかし、今では二トントラックに乗り込み、三キロメートルほど離れた中谷内という村までとりに行くことになっていた。

改めて僕は、これまで漫然と見てきた曳山には、役員や子どもたちのさまざまな工夫と知恵が込められていることを知った。たとえば、ヒキコダシというヤマの外部に取り付ける飾りの器具がある。これをヤマと結びつけるミツナワは、市販の紐をねじって太くしたものをさらに三つ編みしてできあがる手間のかかるものだった。ヒキコダシは、若衆が暴れる時に最後の足場になる場所でもある。ミツナワは丈夫なものでなければならないからだ。

ヤマの上を飾る竹は、実際に五種類の用途にしたがって、葉や節の切り方、長さなどが調節されていた。それをタイショウと呼ばれる中学三年生が中心になって作業をこなしていく。竹は、大きく分けるとダシタケとハタダケ、一本しかないゼニガタにわけられる。葉振りが良く幹の太い竹はダシタケに使われ、その他の竹はハタダケに使われる。また、適度な太さを持つまっすぐな竹は、ゼニガタに用いられる。

祭りについての知識が増し、青年会員たちと過ごす時間が多くなると、祭りのなかでの役割も、また、違ったものになってくる。二〇〇〇年ごろからだっただろうか。祭りの当日には役員の仕事を手伝うようになった。僕の仕事はおもにお神酒係だった。これが、じつはかなりの重労働だった。祭りの時には、取手のついた小型の樽にお神酒をつめて配る。休憩のたびごとにこれを繰り返すのだが、酔っ払って樽を放さない会員も多い。ようやく樽を回収すると、ヤマを見る暇もなく次の休憩場所までいき、新たにお神酒を補給しておかないといけない。それぞれのお神酒を保管してくれている家や場所も覚える必要があった。場所によっては、お神酒を樽につめている最中にヤマが到着するようなところもある。

残念ながら自分がお神酒を飲んでいる場合ではなくなった。

二〇〇五年の夏も、僕はお神酒を運び、夜は提灯をもってヤマとともに歩んだ。ヤマは、なんとか宮の坂をのぼり、境内をまわったところで落ちついた。僕は久しぶりに宮前で神輿を担ぎ、無事に拝殿に収めた。祝詞と太鼓が鳴り響く。拝殿の前に集った氏子たちに神主が挨拶をして、祭りは幕を閉じた。見物に来ていたカアちゃんや子どもたちとともに、あるいは町から来た友達や彼女と一緒に、多くの者は境内を後にする。

もちろん、僕たちは帰るわけにはいかない。役員と祭り好きの有志が集まり、後片付けをしておく必要がある。祭りが終わるころから、雲行きがおかしくなってきた。祭りのキリコ御幣をトラックに載せて運び出すころには土砂降りになっていた。浜の近くのオカリヤの道具を倒して、パーツごとに運んでいく。雨で和紙を貼っていた糊がとけて指にまとわりつく。パーツの大半は、トラックの荷台に載せて運び出してもらった。一度、宮に持っていくというので、僕と何人かはオカリヤの側で雨宿りをして待つことにした。

「あと二年くらいかね」。

不意にコウキがいった。

「何が」。

「ヤマ出して、祭りできるのもあと二年くらいかね」。

僕は黙ってうなずいた。来年、コウキも就職する年だ。そうなれば、祭りの準備期間に戻ってくることなど論外となる。いま、皆月にはヤマを組み立てる中学生もいない。奉灯を張り、竹出しにでる青年会員もほとんどいない。それどころか、役員を務める三七歳までの「青年」は、村のなかには皆無である。いつ、村方から、ヤマを出すのはやめようという意見がでてもおかしくない状況だった。

「行こうか、これ以上いくら濡れても一緒だろう」。

僕は、コウキと宮に向かって歩き出した。ほどなく、宮からトラックが明々とライトを照らしながら坂を下ってきた。激しく降りつける大粒の雨が、ライトに反射して輝いた。雨音に紛れ込んで、僕の耳の奥には、祭りの太鼓とかけ声が、まだ、どこかで反響していた。その余韻を打ち消すように、雨はさらに激しく、降り続いていた。

「祭りは終わった。だけど、メロディは、まだ流れている」。

僕はそっと呟いていた。

奇妙な倒錯が生じる。調査論の不在は、文化人類学という学問のヒエラルキーを温存する方向に向かう。私は、先に問いかけた。なぜ、人類学者の共同体は、あのラディカルな批判（とわれわれの一部にはみえた）のなかでも、平気で共存が可能だったのか。

そこには一つの距離があり、その距離を可能にするショックアブソーバー、ないしは自／他を分節化するフィルターが設定されていた。

✳H・B・W・C 3　一次資料・神話・調査期間・主体化

すでに記したように人類学者は、調査の方法、手順、ありうべき範型を教授してこなかった。その結果として、フィールドワークの内実を問う機会も義務も永遠に放棄される。そこで問われるのはどこかの官僚の出張内容と同程度の外面的なもの――調査期間、地域、対象となる民族集団名――、といったところにすぎない。

そのかわりに人類学者の共同体は、「一次資料」を提示することをもってフィールドワークのエキスパートであることを暗黙の前提としてきた。彼らが現地で直面し、個人的なラポールを現地人と結び、さまざまな生活の局面に参与することで得た資料を活用し、それを整理し、理論化することが、人類学者の作業であると考えられた。だが、そのことを裏返せば、われわれは、現地での調査の経験のすべてをブラックボックスに入れて鍵をかけ、調査の「成果」としてアウトプットされたものだけを評価するというスタイルを確立させたことを意味している。*4 ラーメン屋で出されたトンコツスープは、どこから購入したものなのか、はたして純正のトンコツなのか、ひょっとして化学調味料が入っているのではないか、そういった疑問をわれわれは、すべて封印してきたということだ。

＊4
まるで、そのような言説の不在を補完するかのように、人類学者たちはゴシップにとびつく。誰某は妻に調査をほとんど任せていただの、誰某は現地の役人に幾ら払っていただの、この隊では何人の現地妻と現地の子がいるだの、われわれはあきもせず、そういった話に耳をそばだてる。おそらく、それは、人類学者たちが、もはやフィールドではおいそれとはできなくなり、聞くこともできなくなった類の話だからかもしれない。

こうして、人類学者たちの共同体には、「一次資料についての神話」が構築される。それは、経験主義に対する優位さの言説と暗黙の共犯関係にある。だが、その内容についての評価をあらかじめ放棄しているにもかかわらず、われわれは、どのようにして調査の経験を評価できるというのだろうか。

じつは、調査においての暗黙の（時には明示的な）基準は存在する。人類学者以外の人びとは笑ってはいけない。それは、調査「期間」の長さである。正当な審査機能の不全は、このような歪んだポリティックスさえ平気で生じさせる。いったい何をしていたのかわからない調査地にとりあえず「いた」こと、しかもできるだけ長期にわたって「いた」ことが暗黙の評価の対象となり、そこで体調を崩したり、早期に帰国したものに対してはフィールドワーカー失格の烙印をおす。それが、この国の人類学における隠微な政治学の一つの側面である。われわれはソユーズの乗組員ではない。そういう理屈が通らないエスニック・グループがここにある。いったい、どうして、誰も、こんなふうに叫べないのか。

「フィールドワークの期間の違いが、論文の決定的な差でないことを教えてやる！」

しかも、この政治学は、そのような「調査不足者」を外部へと排除する一方で、共同体の内部には、均衡と安定をもたらしてくれる。まず、このような状況を受け入れた者が、つまり、フィールドワークに長期間従事し、一つの文化やエスニック・グループに精通した者が人類学者であると信仰する者が、この共同体への編入の一歩を許されることになる。フィールドワークこそが登龍門であり、通過儀礼である。われわれはそう信じ、実践することで「内部」へと入っていくのだ。同時にそのような基準は、先行する世代にも適用される。

「いや、そういってもあの人は調査地のことをよく知っているしなあ」。

「まあ、彼の場合は、都合四四ヵ月もいったわけで、なかなか真似のできるものじゃないだろう」。

そう、まさにこの「期間」こそが、先に記した世代と立場を超越した奇矯な同居を可能にしている重要な指標となっている。[*5] われわれはお互いの調査経験を、ブラックボックスに入れた上で、その「期間」によって内／外を分節化する。「専門」や「地域」といった問題、より具体的なフィールド経験など、すべて、その「後」に生じてくる話題にすぎない。

だが、この国においては、さらなる偏向した傾向が生じることになる。それは、そのようにして得られた「一次資料」を特権化する作業である。すでに記したように、われわれは「全体的」な調査の事例を民族誌へと変換することが人類学者であると主体化されている。それが構造＝機能主義以後の人類学者が目指してきた暗黙の方向性であるとして。そのため、日本の人類学者たちの圧倒的多数は、自らの論文に他人の民族誌資料をもちこまない。あたかも、うちはトンコツ一本でいくと宣言したラーメン屋のような頑固さで。そのかたくなな態度を背後で支えるものが何だったのか。われわれは、もう一度問い直してみる必要がある。そして、もう一つ問い直すべきことがある。そのような民族誌や論文のユニークさを主張する際にわれわれが依存してきたものとは、いったい、何だったのか、という点である。

✳調査の終わり4　老人の海

山王祭りが終わり、その翌日のアト祭りも終わると、皆月は途端に静かになる。

僕らはその時、夏が終わったことに、ぼんやりと気づかされる。そんな日、僕は、必ず、皆月の対岸にある五十洲に墓参りにいくことに決めている。それは、この日から盂蘭盆に入るため、というだけではない。すでにローテーションができるほどに参らなければならない墓前の数は増えてしまった。その日、僕が、最初に五十洲にむかうのは、以前、お世話になった一人の老漁師の命日で

＊5
本文では控えたが、その「期間」にも、もちろん、一定の留保がつく。ただ、長くいただけではいけない。調査者たるもの、科研であれ、野間財団であれ、アジア派遣であれ、とにかくファンドをとり、カウンターパートをしっかりした上でいかないといけない。でないとこのご時勢、初心な大学院生よりよっぽど「現地」に慣れ親しんでいるバックパッカーがウヨウヨいるかもしれないからだ。だが、そんなカンムリ付でいくような調査者が、なかんずく国家のお墨付きで行くような調査者が、ナショナリズム批判などといった姿勢をどうどうと示していること自体に、何か根本的なズレを感じるのは私だけだろうか。それとも、スポンサーからの背反やサボタージュこそが、研究者自身の「柔らかな抵抗」だとでもいうのだろうか。

あるからだった。

その漁師は三浦さんといって、僕はよく彼の船にのせてもらって漁の手伝いをしていた。

三浦のじっちゃんは、脳卒中で倒れた後遺症で、左腕が不自由だった。不自由な手で舟を出し、網を上げ、とれた魚をはずしていた。他の人たちより港にいる時間も長くなる。港で漁の様子を見ていた僕は、ごく自然に彼の漁を手伝うようになった。

最初は舟から網を上げたり、網についた藻をはずしたりする作業を手伝った。単純で力のいる作業だったから、別段教えられることもなく、見様見真似で何とかできるようになる。とくに藻をはずすのは、純粋に根気と体力勝負である。何百メートルもある網にびっしりと藻がついている時には、そのかさだけで三浦さんの舟は少し沈んで見えたものだ。余裕のある時には二、三日干しておくと、藻が乾いて小さくなるのだが、じっちゃんはできるだけ網を入れるために、その日のうちに藻をはずすことが多かった。

やがて、僕は取ってきた魚をはずすのも手伝うようになった。サザエ網をはずすのは慣れるまでは大変だった。サザエの殻の凹凸に絡まった網を順番にはずしていくのが手間で仕方ない。サザエのなかには、網の一部を身のなかに食い込ませてしまったものもある。無理やり引っ張るとサザエの身がちぎれてしまうこともあった。僕が閉口していると、じっちゃんはおもむろにからまった網の方を引きちぎった。なるほどと僕は納得し、次からは彼にならった。

網にかかった魚はもっとはずしにくい。今でもうまくなったとはとても言えない。とくにハチメ（メバル）の仲間はえらの所に突起があり、必ず網が引っかかる。アゴ（トビウオ）は頭から尾にむけて網を取っていくのだが、こちらは大きなヒレに網が引っかかる。魚の身も柔らかいので、うまく力が入らない。はずすにつれて、どんどんうろこが取れて手に付着する。あまり気持ちのいい作業ではなかった。

同じころ、舟に乗せてもらうようになった。別段、頼んだわけでもなく、ごく自然に網をさしにいくのについていくようになった。一九九七年の一〇月から一二月にかけての調査でも、何回か舟に乗ることがあったが、回数は限られていた。冬の海はうねりが強く、私は毎回酔って気分を悪くした。それでも、季節が変わり、初夏のアゴ漁やハチメ網をおろすころには、僕自身がじっちゃんに教えてもらったヤマアテを用いて、網をおろすことができるようになった。

彼が事故に遭ったのは一九九八年の八月のことだった。その日、彼は一人で網をあげにいき、岩場の波にのまれた。僕が山王祭りの準備にかかりきりだった、一〇日の早朝のことである。

最初に裏返った伝馬舟を見つけたのは、小崎の岩場にいた釣り人だった。その釣り人からの通報は、五十洲《いぎす》[*6]の漁港にいた区長の米澤さんに届いた。すでに港では、三浦さんの舟が戻ってこないことを心配する声が出始めていた。米澤さんは、現場に向かい、海岸道路の上から岩場の間をゆれる舟を確認した。最初、舟の側には、人の頭が浮いているようにみえたという。米澤さんは警察への連絡を釣り人にまかせ、自分の舟で現場に向かった。だが、人の頭のように見えたのは、網の先につける浮だった。岩場が近く、波は高い。周囲に三浦さんの姿はなかった。

彼の遺骸は二日後に発見され、親族によって葬儀が執りおこなわれた。三浦さんは、船が見つかった地点からそれほど離れていない場所で発見されたという。皆は潮の流れを考えてもう少し外海を中心に探していたために見つかるのが遅れたのだそうだ。

式の間、僕は家の外で村の人たちとともに待っていた。読経が終わり、縁側からお棺が出される。僕は、そのお棺の端を担がせてもらい、霊柩車までのわずかな距離を運んだ。霊柩車は、ひとしきり弔辞のクラクションをならすと、細く入り組んだ通りを器用に曲がってみえなくなった。あっけなく葬儀は終わり、村の人たちもそれぞれの家に帰っていった。僕はそのまま五十洲を離れた。ひどくうつろで漠然とした思いで、海岸道路沿いに咲くハマヒルガオをみていた記憶だけが残ってい

＊6
五十洲は、七浦地区で二番目に大きな村落で、湾を挟んで皆月の対岸に位置している。約四〇軒の世帯が生活しているが、高齢化が著しく、老人の一人暮しも増えている。

る。

葬式が終わった夜、僕が世話になっているロッジに米澤さんがやってきた。ロッジは皆月のはずれの丘の上にある。そもそも、ここの管理人である中尾さんは、米澤さんの実の弟にあたる。その縁もあって米澤さんとも一〇年近くの付き合いだった。別の用事もあったのだろう、米澤さんはご夫妻で来られていた。中尾さんが出してくれたビールを僕たちは何杯か飲んだ。よく冷えたビールが喉を通り過ぎていく。

「ほんに、川村さんはよく三浦さんの船にのったねえ」。

僕はだまって頷いた。

「あの人は、ほんにこまめに船をだしては網さしてたね」。

「あのじいちゃんちゃ、サンザエ三つでもありゃ売りにいっとったもんね」。

感心したように、あるいは呆れたように米澤のおばあちゃんも続けた。

米澤さんは五十洲《いぎす》で漁業組合長を務めるだけあって、もっとも盛んに漁をおこなっている。彼はこれまで四艘の船を所有しており、その四艘すべてに孫の名前をつけたエピソードを伺ったこともある。その米澤さんでさえ船をだすのをためらうような日でも、三浦さんは小さな伝馬船で五十洲《いぎす》の船溜まりをでていくことが多かったという。

「最初は誰かわからんかったな。三浦さんの船の前にちょこんとのっとるもんで、うちのカカが、ありゃ、川村さんやわいねっていうがで、はじめて気がついた」。

それから、米澤さんは、三浦さんのエピソードをいくつか語ってくれた。米澤さんが外国航路の船員として五十洲にいない間、彼が五十洲の漁業組合の組合長をしていたころのことだという。三浦さんが脳卒中で倒れた経緯についてもはじめてきくことになった。

「また、一人、五十洲に名物漁師がおらんようになった」。

自分でビールを注ぎながら、米澤さんは寂しそうに笑った。酔いがまわってきたのだろう。米澤さんのよく焼けたしわだらけの顔が少し赤くなっていた。僕には、彼の目の奥が、かすかに光ったように感じられた。

たしかに「調査」が突然の終わりを迎えることもある。三浦のじっちゃんとの出会いと別れは、たしかにそういうものだったのかもしれない。

❋H・B・W・C 4　虎の威・個別化・論争の不在・素朴実証主義

調査の方法論の欠落は、フィールドワークのユニークネスへの信仰と不可分のものであった。そのような調査経験の特権化は、「一次資料」を特権視する論文やエスノグラフィーの構成へといたる。研究者たちは、自らの資料にさまざまな意匠をこらし、そのユニークさを強調する。だが、そこで生じる修辞や意匠は、けっして「一次資料」そのものから構築されたものではない。トンコツ一本のスープのはずなのに、その味付けを決定しているもの、調査地の外からもたらされるものとは、いったい何だろうか。

いうまでもなく、それは、欧米の研究者による研究史と理論的な枠組みである。*7

欧米の研究とそこで提示された「理論」は、日本の人類学者たちにとってのゆりかごであり、墓場でもある。ここで学会誌を中心とした人類学者たちの論文を思い起こしてみればいい。それらの論文では、あまりに相同的な構造をみてとることができる。われわれは問題意識に続けて、必ず、欧米の研究者による研究史をまとめあげる。

親族や社会構造、儀礼や神話、あるいは医療や開発、観光などについての先行研究の理論的な視座が要領よく物語り化され、倒すべきボスキャラの位置が確定される。そして、そのボスキャラを

*7
もちろん、文化人類学に限らず、この国の社会科学は、欧米の寄生学問《パラサイトディシプリン》として成立してきた。構造主義であれ、文化記号論であれ、はたまた「オリエンタリズム」や「伝統の創出」であっても、それらは押しなべて海外からの思想の輸入によってのみ成立していた砂上の楼閣だった。だが、文芸批評などと異なり、文化人類学では、それら欧米の思想に自らのフィールド経験——それは多くの場合、日本以外の途上国の事例である——を接木するというアクロバットを半世紀にわたり続けてきたのだ。もっとも、その問題の背景を真摯に考察することはこのゲル状に垂れ流されたエッセイには荷が重過ぎる。

打ち倒すための伝家の宝刀として、自らの「一次資料」が開陳される。それら現地の事例は、あくまで既存の欧米の理論を乗り越えるために提示されることになる。これが、今日の文化人類学におけるもっとも一般的に成功したと捉えられる論文の構成である。

もう一度、確認しておこう。彼らは、自らの論文に他の研究者のデータが紛れ込むことを忌避する。同じ地域や民族の事例、同じような儀礼や社会構造の事例が、並行的に論じられることはめったにない。だが、その唯一無二のデータを味付けしたり、トッピングを加えたりしているのは、すべて、欧米の研究者の理論なのである。きっとこういうことだ。トンコツスープもチャーシューも工場から発注しているけど、温めたのはうちの店なんです!!

だが、問題は、もっと根深く、深刻である。このような作業をへて、われわれが描き出す論文は、海流の中の島々のように相互に隔てられ、交わることはない。それぞれの「一次資料」は、個々の論文のなかでだけ、有機的な意味をもち、解釈が可能な存在となる。他の研究者が参照することが困難なほどにデータとしては断片化され、一方向的なコトバによって染め上げられてしまう。*8「全体的」であるというのは、その論文や民族誌のなかにおいて、ということと同義であるようだ。

こうして、誰かの「一次資料」と他の研究者の「一次資料」との了解不可能性だけが、なし崩し的に拡大してきた。ちょうどそれは、残酷なE-Pのテーゼを後追いするかのように。

人類学における唯一の方法は、比較法である。そして《フィッチ》、それは《イズ》、不可能《インポッシブル》だ。

人類学者の間には、さらなる距離が、底知れない溝が生まれる。それは人類学の衰退の徴候であり症例でありながら、誰もその問題に触れたがらない。たとえば、研究分野における「論争」の不在について改めて問い直してみてもいいかもしれない。かつて、この国の文化人類学において、真の意味での「論争」なり理論的、思想的主張なりがなされたことがあっただろうか。

本来、社会科学であれ、自然科学であれ、旧来の理論や方法論は新たな理論や方法論の登場によっ

*8 その例外であり、反動でもあるのが、まさにこの論集のような形式だ。そこでは、まさにユニークな経験のみが特権化される。あたかも、「民族誌」はその経験の中から生まれでたかのように。もちろん、それは、「本来」の論文とは表裏の関係にあり、エスタブリッシュした研究者（とそれに集う従順な羊たち）の余技としてのみ流通する。

て、乗り越えられていくものである。そのような新たな理論や方法論とは、地道な調査と観察の積み重ねのなかではじめて、その輪郭を詳らかにしていく。俗流パラダイム論を援用するならいざ知らず、いわゆる経験主義、実証主義的な立場において一般に求められる手順とは、次のようなものではなかっただろうか。

観察者は任意の事象の観察ないしは、資料の収集をおこなう。彼または彼女は、それらの資料を通してそこに何らかの規則性ないしは法則性を見出し、自らの知識を踏まえた上で、推論をおこなっていく。そのような推論から導きだされたものとして、仮説ないしは、暫定的なモデルが提示される。このような仮説に対して、別の観察者は、今度は、同等のあるいは類似した状況についての観察、ないしは資料の収集を通じて、異義を申し立て、その仮説に修正を加えていく。すなわち、観察されるべき「現場」あるいは「対象」は、つねに「反証可能性」を有しているものとして、多くの観察者に開かれており、また、そこから構築される仮説やモデルは、「現場」についての議論と結びついている必要がある。

そう、だからこその「現地」であり、だからこその「一次資料」ではなかったのか。

ところが、この国の「実証主義」や「経験主義」とは、そのような弁証法的な思惟とは、おおよそかけ離れたところで推移してきたのだ。むしろ、それらは個々の論文のかりそめのオリジナリティを保証するものとして作用し、さらにそのオリジナリティを保証するものとして、新たなコトバが招来され続けることになる。

✳調査の終わり 5　ある家族

「川村君のこう、態度みてると、なんかこう、遠慮しとるところがみえるんよ、これは、そうそう、子どもの時のトラウマやね、心的外傷がそうさせとるんよ」と小谷さんは語る。幼少期に父親からの精神的な圧迫があると、他人に対して自分を素直に表現できなくなる。そのため、人の顔色を窺って、周囲に合わせようとする性格が形成されてしまうのだという。もっとも、と小谷さんは続ける。

僕もそやったからね、うちの父親といえば、厳しい人で、始終《しじゅう》、叱られてばかりいた。父親の顔をまっすぐに見ることもできなかった。夕食を食べる時でもびくびくして食べていたんよ。楽しいはずの一家の団らんが僕には苦痛やった。ところが、そういう部分を、僕自身も自分の子どもに向けていたのさ。知らず知らずのうちに。

横にいる、トモユキは、父親の言葉は聞こえない素振りで、新聞をみている。地元の記事が紹介される紙面だった。山王祭が出ていないかと目を凝らしているのだろう。弟のコウキは、まだ寝ているらしい。戻ってきたのは明け方の五時過ぎなのだから、仕方がない。

「川村さん、お吸い物、クロモいれたがでええかいね」。

台所から奥さんの真知子さんが尋ねた。

「なんでもええよ、かあちゃん、お任せします」。

僕は居間の入り口まで行ってそう答えると、小谷さんの向かいに座りなおした。酒は、残っていないが、さすがに少し、胃が重い。

それを僕は心理学を勉強するようになって、やっとわかったんよね。それで、自分が知らない間に自分の父親と同じことをしとることに気づかされたわけやね。そう、小谷さんは続けた。

彼は子どもや家族への考え方が、心理学や教育関係の本を読んだことで一変したと語る。その話を聞くのは、もうかなりの回数になる。彼の読んだ本のなかには、一般に膾炙した「恥の文化」や「タテ社会」といったコトバも含まれていたようだ。

「このザイの民度の低さが問題なのよ、川村君。文化人類学でも日本の社会は『タテ社会』と言われとるわね、この皆月いうところは、そういう意味では日本の昔のままのところがあるわけよ」。

だからこそ、親と子どもの間にもいろいろな問題があるのに、なかなか表に出てこない。そういう教育の問題を町ぐるみでもっと考えていけるようにしていきたい。それが、そのころ、彼が率先して取り組んでいきたい問題だということだった。

正直、最初はとまどった。彼の言葉にどのように返答したらよいのか。「人類学用語」から筋道立てて話し出せば、大学の講義を調査地でやらなければならなくなる。それは想像するだけで僕をウンザリとした気分にさせた。また、僕の態度がトラウマの結果かどうかはいざ知らず、調査地での居心地の悪さをつかれているような気がして、何ともいえない後ろめたさを感じたこともあった。

それでも、少し面白かったのは、彼が、繰り返す「改心」の語りのなかで、少しずつ自らの経験が語られていったことだった。父親だけでなく、母親もまた小谷さんを厳しく躾けたこと、高校時代にボクシングの強化選手として活躍していたころのこと、自分も子どもや妻に同じように厳しくあたっていた経験、父親を恐れ、憎んでいたはずなのに、彼がつけた「正奉」という名前には特別な思いがあることなどを、彼はふと思いついたように語ることがあった。それらの言葉は、自分についての素直な独白なのか、僕や子どもたちを意識したスタンドプレーが含まれているのか、簡単には判断がつかない。たぶん、そのどちらでもあるのだろう。

小谷家は、皆月のデブラで相上荘という民宿を営んでいる。僕が以前に世話になっていたロッジは、中尾さんが管理人を辞した二〇〇〇年以後、閉められた。その後、僕が皆月を訪れる時に、まるまる世話になるのがこの小谷家だった。二〇〇六年現在、小谷家は当主の小谷正奉さん、妻の真知子さんの二人暮らしになっている。二人の息子、トモユキとコウキは、石川県内の小松市で働いており、件の小谷さんの父親は兵庫県の宝塚市に一人で住んでいる。その奥さんであり小谷さんの母、シズさんは二〇〇五年の一〇月に他界された。僕も祭りの帰りに病院を見舞うこともあったが、病院で寝たきりの生活が続いていた。

かつて、そのシズさんからは、彼女の生活史の断片を聞き取ったこともある。

シズさんは一九一六（大正五）年に皆月の相上家に生まれた。九人兄弟の末だが、当時存命だったのは、すでにシズさんだけだった。「シナ事変」があった年には、もう神戸に嫁いでいた。嫁いだ先は、神戸の周辺で運送業や飲食業を営む小谷家であった。湊川駅内での運動業では、荷物をすべて馬で運んでいた。そのころ、小谷組では八頭の馬を持っており、馬の操り手も八人雇っていた。また、福原では料理店を営んでいたともいう。

ところが、彼女の夫は戦争に取られてしまい、終戦何日か前に公報が届いた。幹部候補生で、徴兵検査もなく「長い刀を持っていた人」であった。すでに長男が生まれていたが、小谷家の舅からは次男と再婚して家を継ぐか、家を出ていくなら子どもを置いていけと言われた。なかなか子どもを置いて行くこともできず、次男の方と再婚することになる。

戦後の一時期、その旦那さんも七浦に来ていたが、都会生まれのため、七浦になじめず、神戸に戻っていった。彼女は、七浦に戻ってきて商売を始めてそれで生計を立てていた。子どもは先夫との間にできた長男についで、二人の女子と末の男子の四人に恵まれた。姉は門前の本郷に嫁に行き、妹は五十洲の細川家に嫁いだ。長男は家をでてしまい、しばらく金沢にでていた正奉さんが、家を継ぐことになったわけである。

小谷さんは、今、皆月を含む門前町の町会議員の任についている。二〇〇二年に門前町の町会議員に立候補し、当選を果たした。それから、彼が語りだす話題は教育問題だけでなく、町のさまざまな政治的な思惑や町村の合併問題へと移っていった。いつのまにか僕は、小谷さんを父ちゃんとよび、彼の意見に二言目には「それは違う」といって、まくしたてるようになった。小谷さんが他の村人と議論する場でも、好きに持論を展開するようにもなっていた。

そこに何か決定的な契機があったのかと言われれば、それが思い当たらない。少しずつ、時を重ねることで、われわれは距離を縮めていったのかもしれない。また、そのような距離を橋渡ししてくれたのは、小谷さんの息子たち、トモユキとコウキだった側面も大きい。山王祭りを通じて知り合った二人とのつながりが、やがて小谷家との絆へと広がっていった。そんなふうにもいえるかもしれない。確かなことは、僕は、もう、あのいいようのない後ろめたさを感じることはなくなったということである。

家族の言葉を一々ノートにつけることはなくなったが、印象的なエピソードはそうそう、忘れるものではない。たとえば、村の人たちは相上荘のことを「ミカヅキ」と呼んでいる。「今日の昼は「ミカヅキ」で食べた後、オカリヤの前に二時に集合するぞ」といった具体だ。僕はその呼び名を、他の家がチョウザエモンやロクベエと呼ばれるのと同じく、この家の屋号だと信じていた。

だが、ある時、その由来を真知子さんから聞かされて驚いた。じつはミカヅキは昔、真知子さんが働いていた門前のスナックの名前だったというのである。その店に小谷さんが通って知り合いになったのが、そもそもの馴れ初めであったというおまけまで、その話にはついていた。それにしても、新たに村にやってきた妻の仕事先の名前が屋号として代用されるという事例を、民俗学者はどう考えるだろうか。僕はなかば他人事のように考えて、少しだけほくそ笑んだ。

今の僕にとって七浦にいくことは、「フィールドワーク」なのだろうか。そう、自問することがある。たぶん、違うだろう。小谷さんたちとしたたかに飲みながら、あるいはトモやコウキとカラオケで歌いながら、僕は、そう思っている。うまく言えるものではないが、それは、調査という枠にはまるものではない。小谷さんの兄姉の話、高校をでてから金沢でバーテンダーをやっていたころのエピソード、青年会の会長時代のこと。彼や真知子さんが語る話はつきない。だが、それらの話をここに書き止めようとは思わない。

誰も自分の家族についての民族誌を書きはしない。一言でいえば、そういうことだ。

✳H・B・W・C 5　フィールドワーク・一次資料・博士論文

調査論の欠如、一次資料の特権化、欧米の理論との癒着、論争の不在、それらは相互に助長し、連関し、結合し、補完しあう。以上の状況は、何をもたらしたのか。それは、この人類学共同体における、保守的な権力作用の温存であり、助長である。

そのような権力作用はわれわれが経験した人類学における方法論的な転回のなかでもみられる。それが本来、新たな理論の登場は、それらを担う新たな世代の台頭を意味しているはずだった。それがオリジナルであるか欧米のコピーであるか、はたまたシミュラークルであるかといったことが問題ではない。それが研究分野にインパクトを与えるものであるならば、それらのコトバを駆使できる者たちが、共同体で新たな影響力を獲得していくものである。

ところが、人類学においては、そのような代謝は円滑にはいかないか、きわめて表面的であった。なぜなら、新たな理論は旧来の理論を乗り越えるためではなく、たんに「新」であることによる商品価値を獲得する方向にしか、作用しなかったからである。やがて、「新」たさがなくなると、また、新たな理論が登場していくことによって、それはいとも簡単に代替される。その回転速度は、年を追うごとに早くなり、そのような理論に乗り遅れることに、誰も危機感さえ抱かなくなる。このような理論への関心の低下、つまり需要の低下は、供給を停滞させることで、理論そのものをも根腐れさせていく。

このような知の上滑りも、旧来の世代にはプラスに働く。上部構造がいくら変化したところで、下部構造は安定しているという寸法だ。そうやって、「旧」であることは、知識のストックと調査経験の両方をもつと思われる先行する研究者たちの権威を支えることになる。親族組織命名法、北米インディアンの民族名、そういったレベルの知識をもっているかどうかが、人類学者の権力を陰で支えることになるわけではない。だが、そのような「知識」と「経験」が並存する時、後続する世代は、それらをリスペクトするように主体化されてしまっているわけである。

そして、後続の研究者たちも、このような構造に馴致されていく。そもそもわれわれは、下部構造としてのフィールドワークとそこで採掘された「一次資料」を至上のものであると確信している。その重要性を否定できる者など、共同体の「内部」にいはしない。もちろん、自らが紹介したコトバがジャーゴンのまま速やかに周縁に追いやられていったことは、一面では影響力の失墜には違いない。だが、共同体「内」での自らの権力性からすれば、そのことは好都合でさえある。なぜなら、ジャーゴンのままに周縁化していったコトバは、彼らの世代にとっての「象徴資本」として再利用可能だからだ。[*9] 結果として、われわれはそのようなシステムに異議を唱えるどころか、受動的ながらも共同体のシステムに回収されていく。

こうして、われわれは、われわれとして存在している。

まず、われわれは、自らの関心のもとに調査地を選ぶべきだと思わされ、また、そのように振舞う。同時にわれわれは、自らの関心にそって調査をおこなうべきだと思わされ、また、そのように振舞う。

さらにわれわれは、自らの関心をまとめることで、論文を執筆し、その集体成として博論を書くべきであると思わされ、また、そのように振舞う。

こうして主体化された人類学共同体の内側では、そのような「調査」のあり方や調査論の欠落、欧米への寄生によって成立する言説空間や、資料批判に基づいた論争の不在といった問題への違和

*9 それは、「構造主義」というコトバをめぐる特定の世代（あるいは特定の人類学リネージ?）の動きを見れば一目瞭然である。

感は、ことごとく封殺されてしまう。

そのようなハードな局面において積極的に「文化」を記述すること。そのことに今、われわれは、いったい、どんな意義を見出すことができるのだろうか。

✳調査の終わり6　海

パソコンに日記を書いていた。昨夜のアマメハギの様子だった。アマメハギは、毎年、一月六日の夜におこなわれる。男鹿半島に伝わるナマハゲなどと同じく、鬼や天狗に扮した村の若者が家々を回り、その家を寿ぐと同時に怠け者や子どもを戒める。アマメとは囲炉裏にあたるとできるヒダコのことで、怠け者の象徴である。それを剥ぐからアマメハギと呼ばれる。メディアに膾炙した国指定重要無形文化財、アマメハギの概要だ。この家の兄弟、トモユキとコウキも、それぞれ面を被って村を回った。僕は三年ぶりにアマメハギに同行して、その様子をビデオカメラに収めた。

階段をかけ上がる音がして、声もかけずにトモユキが部屋の襖戸をあける。今日は、彼の車に乗せてもらって、金沢まで出る予定だった。トモには、早速今夜から、夜勤が入っているという。

「おいトモよ、昨日の話、ちょっと、まとめたからお前みてくれ」。

「ええかね、好きなこと書くぞ」。

「インフォーマントが書くんなら、仕方がない、かまわん、やれ」。

コウキがおいていったメンソールのタバコを銜えながら、僕はいった。皆月のアマメハギは、二班にわかれて村をまわる。昨日はトモではなく、コウキたちと回ったので、トモがみてもわかるのは、社務所の場面くらいかもしれない。いい終わってから気がついたが、トモは黙って最後までみてくれた。

「最後のほう、なに書いとるか、まったくわからん」。

「そうか、気にするな、酔っていたからな」。

僕は窓辺にもたれ、瓦屋根の向こうにみえる海をのぞきみた。たしかに酔っていたが、内容は覚えている。昨日の夜もまた、思いがけないことがあった。

昨日のアマメハギでは、川南（皆月の集落のなかで皆月川を挟んで南側に位置する地区）のある家で子どもが寝るから先に来てくれという依頼が青年会のほうにあったらしい。そのため、普段の順番をとばして、アマメハギの一行を車にのせて移動し、先に子どものいる家をまわった。するとそれに間に合わなかった新聞記者やテレビ局のスタッフが青年会の役員につめよってきた。彼らは、もう一度、子どもを脅かすシーンのやり直しまで求めたのである。子どもを脅かし、戒めるアマメハギの絵を写す／映すことだけが彼らにとっての行事の「真正な」紹介なのだろう。

僕はもう少しのところでその記者の胸ぐらをつかんで川に放り込んでやろうかと思った。だけど、対応にでた青年会の役員が冷静に受け答えしていたので、何とか我慢することにした。

メディアが侵食し、メディアの誘導によって再構成される儀礼。もちろん、実際にアマメハギをやり直すことはなかった。その後の打ち上げでは、メディアへの批判やその対処の仕方が、酒の肴にもなった。「あんたら。プロでしょ、プロなら自力でいい所をとりなさいよ、っていってやることにしとんるんよ、俺は」とは、元会長の言葉だった。挨拶もせずにあがりこんだカメラマンを後ろからけりつけた家があったことなどもそこではじめて知った。

これらの語りを地元の人びとによる読み替えとか、「対話」、「交渉」といったキーワードを用いて考えることはできるかもしれない。だが、そのような現場のなかで僕は、自分の立ち位置というものが揺らいでいくのを感じないわけにはいかなかった。僕は現場の外にいることはできない。同時に内部にいるわけでもない。それはけっして、研究者の視点という特権的な場所にいることも意味しない。われわれはつねにちぐはぐで、中途半端で、その場しのぎの日常の「文化」の表層をさらっているにすぎないのではないだろうか。そのようなハードな局面において積極的に「文化」を記述すること。そのことに今、われわれは、いったい、どんな意義を見出すことができるのだろうか。だいたい、そんな内容を書いたはずだった。短絡的で、脈絡のない話だといえば、それまでだろう。別にかまわない。事実関係以外の感想は、どこかで使い回しできるかもしれないから。

僕はタバコを消し、もう一度、窓の向こうを眺めた。冬の皆月にしては珍しく、海は穏やかだった。日差しも柔らかい。季節を間違えたかのような小さな綿雲が、はるか沖合いに浮かんでいる。晴れた日の午後だった。

あとがき

それは、二〇〇五年の春の兆しが訪れる少し前のことだった。二年後に予定されている福井勝義先生の定年退官を記念して卒業生で何かやらないか、というお誘いのメールが舞い込んだ。私は、卒業してバラバラになっていた同窓たちに会えるというだけでもうれしくて、赴任先の仙台から京都に向かった。最初の集まりは、編者になった元院生の三人と京都大学人文科学研究所の田中雅一先生、連絡係を担当した後輩の計五人からのスタートだった。「退官記念論集」を旗印にかかげながらも、かつて院生だった自分たちが教壇に立って教える側になった今、面白くてわかりやすい教科書になるような本を作りたい。その過程で、全国に散らばった元院生たちが昔のように集って、ざっくばらんな議論のできる期間限定の「同窓会ゼミ」を持てれば。そんな夢をふくらませながら計画は立てられていった。むろん、そうしたうきうきした気分の裏側には、退官される福井先生だけではなく、すでに退官された二人の先生方（当時は存命中だった故米山俊直先生と、今はイタリアにおられる谷泰先生）、また講座の現役の先生方（菅原和孝先生、田中雅一先生、山田孝子先生）の学恩に報いるものに仕上げなければという気負いも多分にあった。

そうした気負いがあったためか、はたまた同窓会ゼミの楽しさにうつつを抜かしていたためか、原稿の方はおいそれとは完成しなかった。まだまだ先のことと思っていた二年の歳月はあっという間に過ぎ、最終稿が出揃ったのはさらに一年後であった。また、その間にいろいろな紆余曲折もあり、文化人類学講座の第一期生だった三人が執筆者全員を代表して共同編集者になることになった。まだ駆け出しの三人が本当に本書の刊行まで漕ぎ着けられるのか、正直なところ不安も多々あった。しかし、誰でもいつかは「親離れ」をして巣立っていく。その思いと親しい仲間の存在とが、事あるごとにもたげてくる不安の芽を刈り取ってくれた。

編者になってからの八ヵ月間は、あれやこれやと仕事に追われもしたが、同時に一〇年以上前の大学院生の時に戻ったような香ばしい体験もすることができた。一見するとまとまりがないように見える執筆者全員の論文を、序論に書かれたような本書の全体構成にまとめあげるため、三人の編者は京都、大阪、仙台、東京と場所を変えながら都合九回もの編集会議を重ねた。それは、講座の全教官・全院生が集まる「合同ゼミ」で鍛えられた「語り合い」の技法をもってする楽しい侃侃諤諤《かんかんがくがく》のひとときであった。不遜を承知で敢えて言うならば、推薦文を寄せてくださった梅棹忠夫先生の時代から受け継がれてきた「京大風の知のあり方」を無意識のうちに継承している自分たちを再認識する機会でもあった。

また、何度も原稿を読み返し、議論を積み重ねるうちに、人文学も数値でカウントできると考える強引な「評価」のシステムが大学を蝕みはじめて久しい時代の流れの中にあって、「業績」に繋がる効率のいいフィールドワークを拒否するかのようなスタンスと気概を、本書の執筆者たちが分け持っていることにも気付かされた。若さゆえの暴走とも違う、ある種の頼もしさをそこに感じるとともに、そうした仲間とともに過ごした時にはもう戻れないのだという淋しさに襲われもした。

ただ、幸いなことに、本書を作り上げる過程で執筆者たちの間には、未来につながるような共同研究の萌芽が生まれたり、以前にはなかったような活発な交流が始まっている。今後こうした動きはいっそう活発化していくことだろう。もともとが互いに変な遠慮や隠し立ての無用な、気心の知れた同窓である。その点の良さを力に変えて、本書の刊行がすべてのきっかけだったと懐かしく語れる日を迎えられるよう、さまざまな企画や連携を実現させていきたい。そうすることこそが、本当の意味で学恩に報いることだと私は信じている。

最後になったが、本書誕生の立役者の一人でもあり、最初の原稿集めや批評作業において経験豊かな采配をふるってくださった田中雅一先生には特段の感謝を申し上げたい。またひよっこ三人組の危なげな足取りをあたたかく見守ってくださった昭和堂の鈴木了市さんと、あれこれ注文をつける編者たちの要求に入社一年生でありながら丁寧に応えてくださった松尾有希子さんにも感謝の気持ちを記しておきたい。

二〇〇八年三月

編者を代表して　李　仁子

推薦文献

青木保ほか編 1997『岩波講座 文化人類学〈第 3 巻〉「もの」の人間世界』岩波書店。

1980 年代後半からさかんになってきた新しい「もの」研究の流れがわかる論文集。「身体」や「消費」といった新しい視点から、「もの」をめぐる人間の営みの奥深さを知ることができる。

秋道智彌編 1999『自然は誰のものか――「コモンズの悲劇」を超えて』昭和堂。

人間社会が自然を資源として利用する時、どのように所有したり、管理したりしてきたのか。日本をはじめ、世界中の事例についてわかりやすく書かれた論文集。

我妻洋監修、我妻令子・菊村アケミ 1986『千枝さんのアメリカ――日系移民の生活史』弘文堂。

第 2 次世界大戦中、収容所で生まれた 2 世の菊村アケミが、UCLA の人類学の博士論文としてまとめた自身の母や日本の親族たちの生活史を、一般向けの日本語版用に編集したもので、心ゆさぶられる 1 冊。

綾部恒雄編 1984『文化人類学十五の理論』中央公論社。

文化人類学理論の流れを、文化進化論、文化伝播主義、機能主義人類学、文化様式論、オランダ構造主義、文化とパーソナリティ論、新進化主義、マルクス主義と人類学、構造主義、生態人類学、象徴論、認識人類学、解釈人類学、文化記号論、現象学と人類学、といった 15 の学説にわけて解説した学説史の入門書。1980 年代までの人類学の射程が理解できる。

今西錦司・梅棹忠夫編 1968『アフリカ社会の研究――京都大学アフリカ学術調査隊報告』西村書店。

1960 年代タンザニア、エヤシ湖畔のマンゴーラを中心として実施された京都大学アフリカ学術調査隊「人類班」による人文科学的・社会科学的研究の報告書（B4 版 439 頁）。長期間の住み込みによる人類学的調査によって、アフリカにおける狩猟採集民、牧畜民、半農半牧民、農耕民など、各種の生活様式をとる諸部族の特質、それらの諸部族からなる地域社会そしてスワヒリ都市の特徴が提示される。また当時の、海外学術調査（野外調査）企画の経緯と問題意識、研究成果発信の枠組み（英文・和文、学会・一般向け）さらには研究体制構築（基地の設営、必要物資の調達、現地機関・現地住民からの協力の取りつけ）といった実務的な側面も記載されている。

梅棹忠夫編 1974『人類学のすすめ』筑摩書房。

人類学とはどんな学問か？　入門書・概説書のかたちではなく「現役の人類学者にできるだけたくさん参加してもらって、それぞれの人たちがあゆんでこられた道をかたってもらう。それによって、現代日本の人類学の、実状に即した展望図を提供すると同時に、初学者への「すすめ」あるいは「はげまし」ともしたい、というかんがえ」のもとに編まれた本。通称「近衛ロンド」と称する週 1 回の研

究会を開催し、雑誌「季刊人類学」を編集･刊行しつつ、人類学を切り拓いていっていた「京都大学人類学研究会」の熱気が感じられる。

エヴァンズ＝プリチャード、E・E 1978『ヌアー族――ナイル系一民族の生業形態と政治制度の調査記録』向井元子訳、岩波書店。

南部スーダンのヌアー（ヌエル）族の生業、社会、政治体系を描いた民族誌。イギリス社会人類学の第一級の成果として今も広く読みつがれている。

エヴァンズ＝プリチャード、E・E 2001『アザンデ人の世界――妖術・託宣・呪術』向井元子訳、みすず書房。

妖術と託宣、呪術を用いて死や不幸に対処しつつ、世界を意味づけていくアザンデ人の豊穣な実践を描いた民族誌の傑作。

エマーソン、ロバート 1998『方法としてのフィールドノート――現地取材から物語作成まで』新曜社。

岡真理 2000『記憶／物語』岩波書店。

戦争や災害の被害者が自らの記憶を語るという営為についての論考。他者の記憶をわかりやすい物語として理解したがる（人類学者も含まれるだろう）聞き手の欲望に冷や水が浴びせられる。

オベーセーカラ、ガナナート 1987『メドゥーサの髪――エクスタシーと文化の創造』澁谷利雄訳、言叢社。

スリランカの聖地カタラガマにおける女性苦行者たちの「もつれ髪」を手がかりとして、宗教的指導者が用いるシンボルと個人経験の関係を考察した心理人類学的研究。

掛合誠編 1994『講座地球に生きる――2 環境の社会化』雄山閣出版。

多様な文化の諸相の検討から自然破壊や開発問題に対し発言してゆく、文化人類学の挑戦。

川田順造・福井勝義編 1988『民族とは何か』岩波書店。

民族とは何か？　民族学、民俗学、文化人類学、自然人類学、言語学、歴史学、政治学などの関連学問領域の研究者が、この概念がどう考えられ、どこまでは明らかであり、何が問題なのかを学際的な場で整理し、時間をかけて討議した国立民族学博物館共同研究の成果をもとに編まれた論文集。「人類が南北にも東西にも無関係では存在しえなくなった時代の、何十億分の一ずつの地球市民として、政治的擬制に対しても、共属意識の熱狂に対しても、ホモ・サピエンスの醒めた目をもちつづけたいという希求」がにじみ出ている。

川田順造他編著 1997-1998『岩波講座 開発と文化』岩波書店、全7巻。

「今、なぜ「開発と文化」なのか」「歴史のなかの開発」「反開発の思想」「開発と民族問題」「地球の環境と開発」「開発と政治」「人類の未来と開発」の7巻からなる、人類学、経済学、政治学、地域研究など分野を横断した研究者による開発論。なかでも人類学者たちが開発に対して批判的なスタンスを持っていることがわかる。

鬼頭秀一 1996『自然保護を問い直す――環境倫理とネットワーク』ちくま書房。

自然を「保護する」思想を問い直し、人間の文化や社会関係と自然とのつながりの回復をめざす、刺激的論考。

京都大学大学院アジア・アフリカ地域研究研究科、京都大学東南アジア研究所編 2006『京大式フィールドワーク入門』NTT 出版。

タイトルの「京大式」はともかく、大学院生がフィールドに出てから論文作成に至るまでのプロセスが具体的に記述・分析された異色のフィールドワーク論。

ギンズブルク、カルロ 1986『ベナンダンティ――16–17 世紀における悪魔崇拝と農耕儀礼』竹山博英訳、せりか書房。

近世イタリアを舞台に、魔女との戦いによって豊作をもたらす豊穣の司祭「ベナンダンティ」をめぐって、異端審問官の解釈と民衆の言述がせめぎあうさまを描いた歴史研究の書。

クラストル、ピエール 1987（初出 1974）『国家に抗する社会――政治人類学的研究』渡辺公三訳、水声社。

政治権力と国家の起源を、同一性原理に抗する南米のインディアン社会から根源的に問い直す書。

クラパンザーノ、ヴィンセント 1991『精霊と結婚した男――モロッコ人トゥハーミの肖像』大塚和夫・渡辺重行訳、紀伊國屋書店。

精霊を伴侶とするかわら職人トゥハーミとのインタビューを通して、民族誌的出会いにおける「現実的なるものとは何か」という問題にとりくんだ実験的民族誌。

神戸新聞社会部編 1997『ザ・仕事――阪神大震災聞き語り』神戸新聞総合出版センター。

有名なスタッズ・ターケルの『仕事』にならったインタビュー集だが、職業人として震災の体験を語ってもらっているところが異なる。さまざまな領域の仕事において、それぞれが受けた被害と、どのように復旧したかについての語りが 50 人分集まることで、厚みのある震災の記録となっている。

後藤明・松原好次・塩谷享編 2004『ハワイ研究への招待――フィールドワークから見える新しいハワイ像』関西学院大学出版会。

文化人類学、社会学、言語学、政治学などを専攻する学生たちを対象とした入門書。ハワイ先住民の文化とその復興運動、日系移民文化、現代ハワイのエスニック関係の 3 部構成で多角的に論じてある。

酒井敦 1990『沖縄の海人（ウミンチュ）』晶文社。

小浜島の糸満集落、細崎に生きる人びとを描いたノン・フィクション。凝縮された時間と人間関係が魅力。

佐藤郁哉 1984『暴走族のエスノグラフィー――モードの叛乱と文化の呪縛』新曜社。

佐藤郁哉 1992『フィールドワーク――書を持って街へ出よう』新曜社。

フィールドワークを始めるにあたって考えておきたいことがらがコンパクトにまとめられている良書。2006 年に増補・改訂版が出ている。

佐藤郁哉 2002a『フィールドワークの技法――問いを育てる、仮説をきたえる』

新曜社。

佐藤郁哉 2002b『組織と経営について知るための実践フィールドワーク入門』有斐閣。

サーリンズ、マーシャル 1984『石器時代の経済学』法政大学出版局。

経済人類学を学ぶための重要な古典の1つ。人類学が「経済」という現象をどうとらえてきたのか、「未開社会」を素材にした古典的な経済人類学のユニークさがよくわかる。

清水展 2003『噴火のこだま――ピナトゥボ・アエタの被災と新生をめぐる文化・開発・NGO』九州大学出版会。

フィリピンのピナトゥボ火山噴火によって被災した、先住民アエタの復興の民族誌。調査対象の危機に際して、人類学者としてどのように実践に踏み込むかを真摯に問うた書。

シュッツ、アルフレッド 1980『現象学的社会学』森川眞規雄・浜日出夫訳、紀伊國屋書店。

現象学と社会学の統合の上に独自の日常世界論を展開し、生活世界の構造と間主観性の問題について省察したシュッツの著作のアンソロジー。

須藤健一編 1996『フィールドワークを歩く――文科系研究者の知識と経験』嵯峨野書院。

文化人類学だけでなく、社会学や民俗学、歴史学、人文地理学など多彩な分野のフィールドワークが38名もの執筆者によって紹介されている。

スキナー、ウィリアム 1981『東南アジアの華人社会』山本一訳、東洋選書。

タイの華人社会の成立過程や華人をめぐるタイ国家との関係を歴史的視点から詳述した古典。

スペルベル、ダン 1979『象徴表現とはなにか――一般象徴表現の試み』菅野盾樹訳、紀伊國屋書店。

象徴表現を記号学的にとらえてきた象徴人類学や精神分析学的アプローチに対して、認知心理学的モデルを用いて象徴表現のはたらきを検討した刺激的論考。

関一敏編 1986『人類学的歴史とは何か』海鳴社。

歴史と人類学、歴史学と人類学の接点を求めようという問題意識のもとに編まれた論文集。王の名、音声、都市空間、身体、家畜といった「非文字媒体に運搬される歴史」「歴史が運搬される器」を考えるという共通の出発点から、「人類学的歴史」の可能性が模索されている。

ターナー、ヴィクター 1976『儀礼の過程』富蔵光雄訳、思索社。

中央アフリカ、ンデンブ社会の儀礼分析を中心に、境界状況において生起するコムニタスと構造の弁証法的関係を考察した象徴人類学の名著。

ダグラス、メアリ 1983（1970）『象徴としての身体――コスモロジーの探求』江河徹・塚本利明・木下卓訳、紀伊國屋書店。

社会構造は身体に象徴されるとして、宗教表現、罪の観念、意識統制のあり方を

通文化的に論じた構造機能主義の名著。

田中二郎・掛谷誠編 1991『ヒトの自然誌』平凡社。

アフリカの生態人類学的研究のエッセンスがつまった論文集。とくに富が分け与えられる平等主義社会がどのように成り立っているのか、いかに変容しつつあるのか、アフリカ社会の所有や分配を考える上で基礎となる論文が数多く収録されている。

デュモン、ルイ 2001（初出 1966）『ホモ・ヒエラルキクス――カースト体系とその意味』田中雅一・渡辺公三訳、みすず書房。

浄と不浄という序列化された概念によってカースト社会を貫くイデオロギーに挑んだ、インド社会研究の理論的支柱。

ド・セルトー、ミシェル 1987『日常的実践のポイエティーク』山田登世子訳、国文社。

人びとが日常生活のなかで営んでいる知のあり方（メティス）を、戦術概念としてきたえ上げた画期的な書。

鳥越皓之編 1994『試みとしての環境民俗学――琵琶湖のフィールドから』雄山閣出版。

日本人と自然のつきあいを「人の手の加わった自然」を鍵に問う。

中川敏 1992『交換の民族誌――あるいは犬好きのための人類学入門』世界思想社。

文化人類学の古典的なテーマである贈与や交換について、わかりやすく解説された入門書。人類学の有名な民族誌の事例から、自分たちの身近な事例まで、具体的な話からモノをめぐるやり取りの不思議さを考えさせられる。

中沢新一 1987『虹の理論』新潮社。

「われわれの身体は、虹の光でできている」というチベット密教の言葉にいざなわれ、人類の創造力の源泉に近づく探求の書。オーストラリア、ネパール、日本、インドネシア、南米などの地域を自在にまたぐ、複数の学問分野（人類学、音楽学、神話学、歴史学、宗教学）の視角が読者を魅惑してやまない。

野村進 2005『日本領サイパン島の１万日』岩波書店。

旧日本領サイパンに暮らした２組の日本人移民家族の足跡。周到な調査から移民の生き様をあぶりだす。

平松幸三編 2001『沖縄の反戦ばあちゃん――松田カメ口述生活史』刀水書房。

おばあはなぜ騒音問題に立ち向かうのか。その戦争体験から掘り起こされる。

フェルマン、ショシャナ 1991（初出 1980）『語る身体のスキャンダル――ドン・ジュアンとオースティンあるいは２言語による誘惑』立川健二訳、勁草書房。

言語と行為の間に横たわる不発と過剰の次元を論じた、言語を扱うすべての人を挑発する卓越した論考。

福井勝義 1991『認識と文化――色と模様の民族誌』東京大学出版会。

エチオピア西南部ボディ社会においては、色彩や模様の認識は、家畜とくにウシの毛色の認識や遺伝観を基盤にしており、彼らの世界観や個人のアイデンティティの形成と密接にむすびついていることを、認識人類学的アプローチにより実

証的に解き明かした民族誌。色・模様が、人びとのアイデンティティの対象や生きがいになっているばかりではなく、彼らの社会の人間関係を強化し、つぎの世代に継承させていく文化装置の核にもなっていることが描かれている。

福井正子 1981『キリントの歌』河出書房出版社。

「人類学なるものを、わたしは大学にはいってからもしらなかったし、おおくの友だちともちがって、アフリカとか、探検にあこがれを抱いたりしたこともない不精者が、結婚によってわざわざそんなところに行くはめになった。〔中略〕だが、現地ですごしているうちに、ボディ族たちのいるサバンナの１点に、いつのまにかひきこまれてしまった。ボディ族は、人間の魅力がなににあるのか、ということを気づかせてくれる」。

古田靖・寄藤文平 2005『アホウドリの糞でできた国——ナウル共和国物語』アスペクト。

アホウドリの糞でできた島国の人びとの悲喜劇。島嶼国の現代的問題を考える好著。

ベフ、ハルミ編 2002『日系アメリカ人の歩みと現在』人文書院。

日系アメリカ人による博物館展示、フェスティヴァル、演劇、太鼓などの実践現場から、国境や国籍などの境界を往来してきた日系アメリカ人の体験とダイナミズムが描かれている。

本多勝一 1967『極限の民族——カナダエスキモー、ニューギニア高地人、アラビア遊牧民』朝日新聞社。

ジャーナリスト本多勝一による探検的ルポルタージュ。絶版となって久しいが、フィールドワークの楽しさとともに文化の多様性を改めて感じさせられる。

前山隆 2003『個人とエスニシティの文化人類学』御茶の水書房。

「ブラジルで日本人を人類学する——『エスニック日本論』への道」は、ブラジルの永住権を取得し、日系ブラジル人と結婚し、「形の上では移民となった」前山にしか説けない独特の「日本論」である。必見。

宮本常一 1984『忘れられた日本人』岩波書店。

一昔前の日本人の生を記した聞き書きの秀作。なかでも盲目の老人の個人史、「土佐源氏」は鮮烈。

目取真俊 2002『魂込め（まぶいぐみ）』朝日新聞社。

沖縄の人びとが日々向き合う現実を描いた短編小説集。虚構の明るさとは無縁の沖縄像。

モース、マルセル・ユベール、アンリ 1983『供犠』小関藤一郎訳、法政大学出版局。

「人間が聖なるものに接近するための媒介」である供犠の共時的多様性を明らかにし、宗教・儀礼研究に多大な示唆を与えつづける古典的名著。

柳田国男 1989「遠野物語」『柳田国男全集 4』筑摩書房。

かつて遠野の山中には、平地人とは異なる「山人」が住んでいたという。あえて柳田自身の分析を加えず提示された、力強い伝承群。

与那原恵 2004『サウス・トゥ・サウス』晶文社。

東京の沖縄系二世によるノンフィクション。ものを書くことは「異物」でなければならないとし、「日本人でも沖縄人でもない」著者の視点は、ホームとフィールドで「異色」とされる移民の人類学とも重なる。

リーチ、エドモンド 1985（初出 1954）『高地ビルマの政治体系』弘文堂。

エスニシティを理解する上で画期的な民族誌。固定的な民族像ではなく、民族間関係や地域社会をめぐる政治、歴史的環境のなかで、可変する民族の動態を描きだしている。

ルイス、ヨアン 1985『エクスタシーの人類学——憑依とシャーマニズム』平沼孝之訳、法政大学出版局。

世界各地における宗教的エクスタシーのありかたを比較検討し、社会環境や社会構造と憑依／トランス概念の関係を考察した憑依とシャーマニズム研究の集大成。

レイン・リョウ・ヒラバヤシ、アケミ・キクムラ＝ヤノ、ジェイムズ・A・ヒラバヤシ編　2006『日系人とグローバリゼーション——北米、南米、日本』移民研究会訳、人文書院。

北米・南米と日本の日系人たちとグローバリゼーションに関する国際日系共同研究の成果の訳本。日系人の歴史と経験、アイデンティティ交渉について、人類学を含むさまざまな分野から論じられている。

ワトソン、ジェームス・L 1995『移民と宗族』瀬川昌久訳、阿吽社。

香港の一移民母村を対象にし、漢族移民とその家族や宗族をめぐる社会変化を歴史的かつ国外へのネットワークのつながりから体系的に論じた著作。

Rao, Aparna (ed.) 1987 *The Other Nomads: Peripatetic Minorities in Cross-Cultural Perspective*. Köln: Bohlau Verlag GmbH & Cie.

1980 年代に本格化する商業移動民、行商人研究の代表的な論文集。

Stewart, Michael 1997 *The Time of the Gypsies*. Oxford: Westview Press.

ハンガリーの周縁部に生きる、ロム（ジプシー）の日常とアイデンティティの問題を論じた民族誌。

Taussig, Michael 1993 *Mimesis and Alterity: A Particular History of the Senses*. New York: Routledge.

人類学を貫く自己と他者に関する問題設定を、ミメーシス（模倣的再現）という概念で読み解くスリリングで独創的な試み。

ニー（被り布）の事例より」『文化人類学』第70巻第1号、2005年。

川村清志（かわむら・きよし）

所属：札幌大学文化学部准教授

主な業績：「琴――近代日本クリスチャン女性の半生（1）」『比較文化論叢』第20号、2007年。「民謡を出現させた権力とメディア――「能登麦屋節」を中心として」赤坂憲雄編『現代民俗学の地平――権力』雄山閣、2004年。「フォークロリズムとメディア表象――石川県門前町皆月の山王祭りを事例として」『日本民俗学』第236号、2003年。「故郷と都市――『同窓会誌』にみる1910年代から1930年代における故郷表象の変容」『人文学報』第89号、2003年。

◎コラム執筆者

畑百合子（はた・ゆりこ）

所属：大阪家庭裁判所家庭裁判所調査官

金子潤（かねこ・じゅん）

所属：国際基督教大学高等学校教諭

高田理紀（たかだ・りき）

所属：株式会社日本総研ソリューションズ

見目佳寿子（けんもく・かずこ）

所属：ラックホールディングス株式会社法務部

比留間洋一（ひるま・よういち）

所属：静岡県立大学大学院国際関係学研究科助教

左古将規（さこ・まさのり）

所属：朝日新聞大阪本社社会グループ記者

平賀綾子（ひらが・あやこ）

所属：主婦（元毎日新聞記者）

井上卓哉（いのうえ・たくや）

所属：富士市立博物館（民俗担当学芸員）

版会、2005年。「戦いを奪われた民——農耕民マロ」『季刊民族学』第109号、2004年。「エチオピア西南部の山地農耕民マロのタロイモ栽培」吉田集而・堀田満・印東道子編『イモとヒト——人類の生存を支えた根栽農耕』(共著) 平凡社、2003年。

松村圭一郎 (まつむら・けいいちろう)

所属：京都大学大学院人間・環境学研究科助教

主な業績：『所有と分配の人類学——エチオピア農村社会の土地と富をめぐる力学』世界思想社、2008年。「所有と分配の力学——エチオピア西南部・農村社会の事例から」『文化人類学』第72巻第2号、2007年。「社会空間としての「コーヒーの森」——ゴンマ地方における植林地の拡大過程から」福井勝義編『社会化される生態資源——エチオピア　絶え間なき再生』(共著) 京都大学学術出版会、2005年。

石井美保 (いしい・みほ)

所属：一橋大学大学院社会学研究科専任講師

主な業績：『精霊たちのフロンティア——ガーナ南部の開拓移民社会における〈超常現象〉の民族誌』世界思想社、2007年。「もの／語りとしての運命——ガーナの卜占アファにおける呪術的世界の構成」『文化人類学』第70巻第1号、2005年。“From Wombs to Farmland: The Transformation of Suman Shrines in Southern Ghana.” *Journal of Religion in Africa* 35 (3), 2005.「土地相続の実践論理——ガーナ南部の多民族的なココア生産地域を事例として」『アフリカ研究』通巻64号、2004年。

三田牧 (みた・まき)

所属：国立民族学博物館機関研究員

主な業績：「漁師はいかに海を読み、漁場を拓くか——沖縄県糸満における海の埋め立てと漁場利用の変遷」『エコソフィア』第18号、2006年。「糸満漁師、海を読む——生活の文脈における「人々の知識」」『民族學研究』第68巻第4号、2004年。川端牧 (旧姓で発表)「民俗知識で彩られる魚——沖縄県糸満の女性による魚販売の事例から」『エコソフィア』第2号、1998年。

金谷美和 (かねたに・みわ) ＊

所属：日本学術振興会特別研究員 (国立民族学博物館)

主な業績『布がつくる社会関係——インド絞り染め布とムスリム職人の民族誌』思文閣出版、2007年。「「職人」とは誰か——民族誌のなかのインド職人カースト像の再考」稲賀繁美編著『伝統工藝再考　京のうちそと　過去発掘・現状分析・将来展望』思文閣出版、2007年。“Communities Fragmented in Reconstruction After the Gujarat Earthquake of 2001.”『南アジア研究』第18号、2006年。「民芸的なるものの誕生——クーマラスワーミーとの比較を契機にして」熊倉功夫・吉田憲司共編『柳宗悦と民藝運動』(共著) 思文閣出版、2005年。「布のつくるヒンドゥーとムスリムの社会関係——インド、グジャラート州カッチ県のオダ

城田愛（しろた・ちか）

所属：大分県立芸術文化短期大学国際文化学科専任講師

主な業績：「オキナワン・ハワイアン・スタイル――ハワイにおける沖縄系移民と先住民系文化の交差」白水繁彦編『移動する人びと、変容する文化――グローバリゼーションとアイデンティティ』（共著）御茶の水書房、2008年。「移住者たちと博物館展示を創る――オキナワボリビア歴史資料館の制作現場から」武田丈・亀井伸孝編『アクション別フィールドワーク入門』（共著）世界思想社、2008年。「フィールドワークから繋がるあらたな道のり」演劇「人類館」上演を実現させたい会編『人類館――封印された扉』（共著）アットワークス、2005年。"Eisaa: Identities and Dances of Okinawan Diasporic Experiences." In Ronald Y. Nakasone（ed.）*Okinawan Diaspora,* University of Hawai`i Press, 2002.

王柳蘭（おう・りゅうらん）

所属：京都大学大学院アジア・アフリカ地域研究研究科助教

主な業績：「移動をめぐる歴史的経験の重層性――タイ・ビルマ国境の雲南系漢族・雲南系回族の事例から」『社会人類学年報』第33号、2007年。"Hui Yunnanese Migratory History in Relation to the Han Yunnanese and Ethnic Resurgence in Northern Thailand." *Southeast Asian Studies* 44（3), 2006.「国境を越える『雲南人』――北タイにおける移動と定着にみられる集団の生成過程」『アジア・アフリカ言語文化研究』第67号、2004年。Wang Liulan, Weerachai Nanakorn and Katsuyoshi Fukui, "Food and Medicinal Plants Used for Childbirth among Yunnanese Chinese in Northern Thailand." *Journal of Ethnobiology* 23（2), 2003.「継承される医食同源と出産文化――フィリピンにおける福建系華人を事例として」『エコソフィア』第1号、1998年。

李仁子（い・いんじゃ）＊

所属：東北大学大学院教育学研究科専任講師

主な業績：「移住者にとっての故郷と故郷離れ」関根康正・新谷尚紀編『排除する社会・受容する社会――現代ケガレ論』（共著）吉川弘文館、2007年。「コリアンの生きる街」新谷尚紀・岩本通弥編『都市の暮らしの民俗学』（共著）吉川弘文館、2006年。「マイノリティとジェンダー」田中雅一・中谷文美編『ジェンダーで学ぶ文化人類学』（共著）世界思想社、2005年。

藤本武（ふじもと・たけし）

所属：人間環境大学人間環境学部准教授

主な業績：「作物資源の人類学――エチオピア西南部の少数民族における多様な作物の動態」『文化人類学』第72巻第1号、2007年。"Social Stratification and its Relevance to Ethno-history: A Case in Malo, Southwestern Ethiopia." In Siegbert Uhlig (ed.) *Proceedings of the XVth International Conference of Ethiopian Studies,* Wiesbaden: Harrassowitz Verlag, 2006.「作物資源をめぐる多様な営み――山地農耕民マロにおけるムギ類の栽培利用」福井勝義編『社会化される生態資源――エチオピア　絶え間なき再生』（共著）京都大学学術出

執筆者紹介〔執筆順、＊は編者〕

佐藤知久（さとう・ともひさ）＊

所属：京都文教大学人間学部文化人類学科専任講師

主な業績：「都市的共同性とは何か——都市人類学的研究の可能性をめぐって」京都文教大学『人間学部研究報告』第7集、2005年。「病いへのまなざし——日本におけるジェンダーとHIV/AIDS像の構築」田中雅一・中谷文美編『ジェンダーで学ぶ文化人類学』（共著）世界思想社、2005年。「HIVとともに生きる主体——ニューヨーク市ブルックリンにおけるサポートグループの事例から」田辺繁治・松田素二編『日常的実践のエスノグラフィー——語り・コミュニティ・アイデンティティ』（共著）世界思想社、2002年。「共通性と共同性——HIVとともに生きる人々のサポートグループにおける相互支援と当事者性をめぐって」『民族學研究』第67巻第1号、2002年。

縄田浩志（なわた・ひろし）

所属：大学共同利用機関法人人間文化研究機構総合地球環境学研究所准教授

主な業績：「シルック王クウォンゴとの対話——われわれの手で平和をもたらしましょう」松園万亀雄・縄田浩志・石田慎一郎編『アフリカの人間開発——実践と文化人類学』（共著）明石書店、2008年。「アシール山地の自然保護区と地域住民のかかわり」中村覚編『サウジアラビアを知るための65章』（共著）明石書店、2007年。「スーダンの飢餓・内戦へのまなざし——写真〈ハゲワシと少女〉撮影時の状況を探る」池谷和信・佐藤廉也・武内進一編『朝倉世界地理講座——大地と人間の物語 第11巻　アフリカI』（共著）朝倉書店、2007年。「香がたすける性のいとなみ——施術された性器と向き合うスーダン女性」松園万亀雄編『くらしの文化人類学第4巻　性の文脈』（共著）雄山閣、2003年。

岩谷彩子（いわたに・あやこ）

所属：広島大学大学院社会科学研究科准教授

主な業績：「夢が連鎖する空間と主体の生成——南インドの移動民が神の夢を語るとき」西井凉子・田辺繁治編『社会空間の人類学——マテリアリティ・主体・モダニティ』（共著）世界思想社、2006年。「語られる呪術を撮る——インド，移動民社会の変化のきざし」北村皆雄・新井一寛・川瀬慈編『見る・撮る・魅せるアジア・アフリカ！——映像人類学の新地平』（共著）新宿書房、2006年。"Strategic 'Otherness' in the Economic Activities of Commercial Nomads: A Case of the Vaghri in South India."『南アジア研究』第14号、2002年。「『宗教をもたない民』の改宗——フランスの『ジプシー』の事例より」『宗教と社会』第6号、2000年。

はじまりとしてのフィールドワーク——自分がひらく、世界がかわる

2008年3月31日　初版第1刷発行

編　者　李　仁　子
金谷美和
佐藤知久

発行者　齊藤万壽子

〒606-8224　京都市左京区北白川京大農学部前
発行所　株式会社　昭和堂
振替口座　01060-5-9347
TEL（075）706-8818／FAX（075）706-8878

印刷　中村印刷
ISBN978-4-8122-0817-5

内海成治 編
アフガニスタン戦後復興支援
――日本人の新しい国際協力――
定価 一九九五円

鵜飼正樹
高石浩一
西川祐子 編著
京都フィールドワークのススメ
――あるく・みる・きく・よむ――
定価 四二〇〇円

田中二郎・佐藤俊
菅原和孝・太田至 編
遊動民（ノマッド）
――アフリカの原野に生きる――
定価 一〇五〇〇円

滋賀県立大学環境
フィールドワーク研究会 編
琵琶湖発
環境フィールドワークのすすめ
定価 二五二〇円

山本太郎 編
ハイチ いのちとの闘い
――日本人医師三〇〇日の記録――
定価 二五二〇円

八木透 編
京都の祭りと民俗信仰
定価 二四一五円

昭和堂刊

定価は5% 税込みです。
昭和堂のHPはhttp://www.kyoto-gakujutsu.co.jp/showado/index.htmlです。